| 정부부처 | 공공기관 | 대기업 승진후보자 |

역량평가 실전 특강

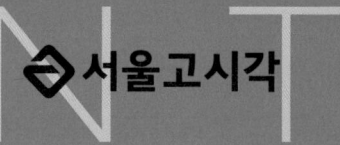

**Stand by
Strategy
Satisfaction**

새로운 출제경향에 맞춘 수험서의 완벽서

머리말

시험문제의 페이지마다 쉽게 이해되지 않는 글, 그림, 도표가 가득하다. 읽는 것으로 끝나지 않고 대안을 마련하여 답안을 작성하고, 이를 바탕으로 발표를 해야 한다. 그리고 이 모든 것은 당신의 승진이 걸려 있는, 심장이 쿵쾅거리고 팔다리가 마구 떨려오는 평가 상황 중에 일어나는 일이다.

나는 10년 가까운 시간을 역량평가와 관련하여 일해 일해왔지만, 현재의 공사/공무원 역량평가가 상식적인 수준에서 이해되지 않는다. 역량평가는 평가 대상자가 미래에 맡게 될 직무 상황 속에서 어떻게 역량을 발휘하는지 살펴보는 것이 원칙이다. 간단하고 가벼운 상황이 아닌, 숙고의 시간을 필요로 하는 복잡하고 어려운 딜레마 속에서 사람 간 역량의 차이가 보다 뚜렷해진다. 그래서 역량평가에서 제시되는 과제 상황은 어려워야 한다. 또한 역량평가에서 제시되는 업무 상황에는 정답이 없어야 한다. 복잡하고 다양한 업무를 해결하는 데 있어 한 가지 방법만 있는 것은 아니기 때문이다.

하지만 현재의 대한민국 공무원(혹은 공사) 역량평가는 짧은 평가 일정을 맞추기 위해 개개인에게 주어지는 평가의 시간을 줄이다 보니, 발표과제는 1페이지당 2분 만에 읽고 답안까지 작성해야 한다. 역량평가의 이름을 걸고 업무역량이 아닌 "순발력을 테스트"하는 것이다. 다른 유형의 평가과제에서도 평가의 초점은 어긋난다. 토론 중 문제 상황을 이해하지 못하고 자꾸만 훼방을 놓는 토론자는 제지하는 것이 성과를 위해 더 나은 선택임이 당연하다. 그럼에도 평가위원들은 방해꾼을 어떻게 잘 타이르는지 업무역량이 아닌 "성격에 주목"한다.

역량평가의 초점이 이처럼 어긋난 것에 대해 평가 대상자인 공무원들의 많은 이의가 있었고, 현재의 역량평가 제도는 정답이 있는 평가과제를 사용하는 것으로써 논란의 타협점을 찾았다. 모든 평가과제는 정형화된 풀이과정을 통해 과제 속 정답에 접근할 수 있도록 만들어졌고, 이제는 누가 더 '숨은 그림 찾기'의 요령을 잘 터득하고 있는지이 문제만 남게 되었다.

누가 보아도 뛰어난 역량을 가진 사람이 역량평가에서 탈락하거나 높은 점수를 받지 못하는 것은 이와 같이 변질된 역량평가를 이해하지 못하기 때문이며, 지금의 대한민국 공무원 역량평가는 요령만 남아 있다. 뛰어난 역량을 보유하고서도 억울한 평가를 받는 분들에게 도움을 드리고자 이 책을 쓴다. 본 책을 통해 보다 많은 사람들이 자신의 역량을 마음껏 펼칠 수 있길 바라며, 책이 출간되기까지 도와주신 서울고시각 김용관 회장님과 김용성 사장님 이하 편집부 직원분들께 감사를 전한다.

편저자 씀

역량평가의 발전 과정

역량평가는 최근 몇 년 사이에 5급 사무관 승진의 주요 코스로 자리 잡았으나 이는 갓 만들어진 실험적인 평가방법이 아니다. 1929년 독일군 장교 선발에 최초로 시도된 이후, 비군사 분야로는 70년대 영국의 인사위원회가 공무원 선발에 역량평가를 도입하였고, 현재는 미국 인사관리처(OPM ; Office of Personnel Management), 호주 연방정부 인사위원회(PSMPC ; Public Service & Merit Protection Commission), 캐나다 인사위원회(PSC ; Public Service Commission) 등 선진국에서 공무원의 리더십 역량을 측정하여 채용, 승진, 경력개발의 목적으로 역량평가가 시행되고 있다. 민간부문에서는 90년대 초 GM, IBM 등이 위기에 대한 본질적인 대처방안으로 역량평가를 도입하여 현재 대부분의 글로벌 기업에서 시행되고 있다.

국내 조직에서는 2000년 POSCO가 공통/리더십/전문 역량을 구분하여 역량평가를 시행한 것이 최초이며, 현재는 신입 채용부터 중간관리자급 인력의 배치/교육 및 CEO 후보자 선발 등 전 직급에 걸쳐 200개 이상의 기업에서 활용되고 있다. 정부부처에서는 2006년 1~3급 고위공무원단 제도의 시행과 함께 선발 장치로서 역량평가를 도입하여 현재 각 정부부처 및 산하기관에서 5급 승진후보자 승진심사 자격요건으로 확대되었고, 4·7·9급의 선발/교육 과정에 역량평가가 적용되고 있다.

이처럼 공공과 민간을 가리지 않고 역량평가의 확산이 이뤄지고 있는 이유는 성과의 근원에 대한 인식이 전환되었기 때문이다. 어떤 조직의 홈페이지를 보더라도 상단 메뉴의 첫 카테고리에는 조직의 미션과 비전을 담고 있는데, 이는 해당 조직에서 정의한 성과의 최종적인 형태를 말한다. 80년대 경영전략적 관점에 따르면 우수한 조직은 저마다의 핵심 역량(Core Competency)을 바탕으로 각종 제도와 시스템을 마련하고 관리하여 성과를 창출해냈다. 그러나 이는 80~90년대 중반까지의 전 세계적인 경제 호황에 기인한 경우가 많았다. 반면, 지금과 같은 저성장기에는 사람이 철저히 배제돼 있던 과거 전략적 성과관리 도구 편향의 경영방식에서 탈피하여 조직구성원 개개인의 역량(Competence)에도 초점을 맞춰야 한다는 시각이 지배적이다. 즉, 성과의 근원에는 개인의 역량이 존재하고, 이를 효과적으로 관리함으로써 보다 나은 성과를 가져올 수 있다고 보는 것이다.

역량평가의 특징

개인의 역량을 관리하기 위해서는 먼저 역량모델링을 통해 관리하고자 하는 조직의 직급과 직무에 필요한 역량을 정의해야 한다. 역량모델링은 여러 연구를 통해 거의 정형화된 하나의 방법이 사용되며, 조직의 여건에 따라 일부 과정이 생략되거나 축약된 형태로 진행되는 정도의 차이만이 존재한다. 문제는 역량모델링 이후 어떤 평가방식을 쓰는 것이 가장 효과적인지에 대해 오랜 기간 논쟁이 있었다는 점이다.

평가도구	타당도
Assessment Center	.65
Work Sample Test	.55
Ability Test	.53
Personality Test	.41
Researched Bio-data	.38
Structured Interview	.31
Typical Industry Interview	.15
References	.13

<표-1> 다양한 평가도구의 타당도

2002년 Nitin sawardekar(표-1)를 시작으로 많은 학자들의 연구를 통해 Assessment Center, 즉 역량평가의 성과 및 잠재능력 예측에 대한 높은 타당도가 드러나며 역량평가의 보급은 가속화되고 있다. 여기서 흥미로운 점은 실제 업무를 부여하여 수행능력을 평가하는 워크 샘플 테스트(Work Sample Test)보다 역량평가의 성과 예측이 우수하다는 점이다. 역량평가와 워크 샘플 테스트는 "장님 코끼리 만지기"에 종종 비유되곤 하는데, 두 평가방식의 차이는 워크 샘플 테스트가 특정한 몇 가지 상황에서의 업무능력을 평가하는 것이라면 역량평가는 훨씬 더 다양한 상황을 가정한다는 것에 기인한다.

그렇다면 역량평가는 대체 어떠한 특징에 의해 이처럼 높은 성과예측 타당도를 보이고 있는 것일까. 역량평가는 평가대상자가 미래에 수행하게 될 다양한 직무상황을 가상으로 구성하여 몇 개의 과제로 제시하고, 이를 어떻게 수행하는지 다수의 평가자가 관찰 및 평가하는 것을 기본으로 한다. 따라서 역량평가는 ① 객관성(역량모델링에 따라 평가기준을 설정), ② 공정성(평가자의 추측이나 선입견을 배제), ③ 종합성(개인/대면/그룹 과제를 통해 다양한 측면을 평가) 등을 확보할 수 있다.

역량평가도 장점만 있는 것은 아니다. 가장 큰 단점은 높은 비용과 많은 시간이 필요하다는 것이다. 지필검사로 통칭되는 일반적인 시험이나 온라인 다면평가는 짧은 시간에 다수를 평가할 수 있으며, 결과 해석이 비교적 간단하여 1인당 평가비용이 낮은 편이다. 그에 반해 역량평가는 다수의 시뮬레이션 과제, 다수의 숙련된 전문평가자, 다수의 운영요원 등을 필요로 한다. 그러나 조직 내 어떠한 제도의 시행에 대해서는 절대적인 비용과 시간만으로 가치를 논하기보다 시행에 따른 투자수익률 개념으로 접근하여야 한다. Thornton & Rupp의 2006년 연구에 따르면 역량평가는 2,500달러의 1인당 평가비용 대비 21,000달러의 효과를 거두어 무려 840%의 투자수익률을 보여 준다.

목차

I [이론]

- **01** 역량 사전 진단 · · · · · · · · · · · · · · · · · 2
- **02** 역량평가 일반사항 · · · · · · · · · · · · · · · 8
- **03** 역량이란 무엇인가 · · · · · · · · · · · · · · · 22
- **04** 과제의 종류와 특징 · · · · · · · · · · · · · · · 34
- **05** 평가 당일 참고사항 · · · · · · · · · · · · · · · 46

II [실습]

- **01** 발표(Presentation) · · · · · · · · · · · · · · · 52
- **02** 서류함(In-Basket) · · · · · · · · · · · · · · · 88
- **03** 역할수행(Role-Play) · · · · · · · · · · · · · · 134
- **04** 집단토론(Group-Discussion) · · · · · · · · · 166

III [부록]

주요 정부부처/공공부문 역량평가 개요 · · · · · · · 198

Assessment Center 역량평가 실전특강

Assessment Center 역량평가 실전특강

I [이론]

01
역량 사전 진단

01. 역량 사전 진단

> **01.** 역량 사전 진단 안내

학습하기에 앞서, 본인의 역량 수준을 정확히 인식(Self-awareness)하는 것이 무엇보다 중요하다. 부족한 역량에 초점을 맞춘 학습이 이뤄져야만 역량평가 합격기준을 충족시킬 수 있기 때문이다. 다음 페이지에서 제시되는 문항에 대해 5점 만점 기준으로 솔직하게 체크해 보기를 권한다.

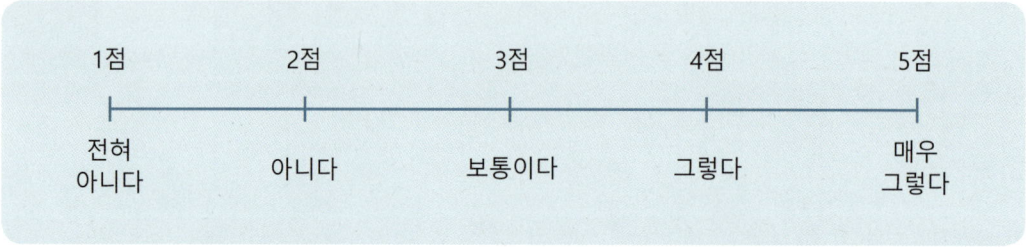

민간기업에서의 역량평가 결과는 적합한 인재 배치에 중점을 둔다. 특정 역량에 대해 특별히 우수한 성적을 거두었을 경우, (총점에 관계 없이) 해당 역량을 활용할 수 있는 부서로 배치가 이뤄지기도 한다. 예를 들어, 총점이 2점 초반대에 머물더라도 관리역량, 대인관계역량이 4.5점의 고득점을 보인다면 영업부서로 발령이 나는 경우가 있다는 것이다.

이와 달리 다수의 공공기관에서 역량평가 점수는 허들방식으로 활용되고 있다. 이는 상위 득점자 선발이 아닌 성적 저조자를 승진 대상자 명단에서 탈락시키는 데 중점을 두고 있다는 것이다(물론 상위 득점자 위주로 선발하는 기관이 없는 것은 아님). 따라서 역량평가를 준비하는 공무원의 경우에는 역량별 본인의 점수가 몇 점인지에 주목하기보다 특별히 떨어지는 역량을 파악하는 것에 의미를 두고 본 진단을 실시하는 것이 좋다.

진단에 사용되는 역량은 다양한 정부부처 및 기관에서 사용되는 역량을 MECE(Mutually Exclusive Collectively Exhaustive; 전체를 포함하면서도 상호 중복되지 않는) 관점에서 저자가 분류 및 정리한 것이다. 이는 5급 사무관의 역량을 기본으로 구성한 것이지만 다른 직급(고위공무원단, 4급, 7급 등)이나 민간기업에서 활용되는 역량모델과 사실상 크게 다르지 않다. 단, 위의 역량을 발현하는 과정 및 범위에 있어서는 직급별로 다소의 차이가 있으며, 이에 따라 역량명도 조금씩 달라질 수 있다.

02. 역량 사전 진단

No	질문	점수
1	나는 새로운 업무가 주어졌을 때, 업무 파악을 위해 사람(동료 및 상사 등)이나 문서(보고서 및 연구자료 등)를 통해 남들보다 더 많은 정보를 얻고자 노력한다.	
2	나는 업무적으로 문제가 발생했을 때, 해결책을 마련하기에 앞서 해당 문제가 발생한 근본적인 원인을 먼저 파악하고자 한다.	
3	나는 업무적으로 문제가 발생했을 때, 해당 문제상황으로 인한 파급효과를 여러 이해관계자별로 구분하여 고려한다.	
4	나는 여러 업무가 산재해 있을 때, 모든 업무에 대해 시급성/난이도/중요도 등 여러 요인을 감안하여 해결할 업무의 우선순위를 정한다.	
5	나는 업무 처리에 다소 시간이 걸릴지라도 항상 문제의 근본원인을 해결할 수 있는 대안을 마련하고자 한다.	
6	나는 업무적으로 문제가 발생했을 때, 해결책의 마련뿐 아니라 해당 문제가 확산되거나 재발하지 않도록 보완대책까지 수립한다.	
7	나는 일상업무에서 불필요한 형식이나 절차가 있을 경우, 이를 개선하는 것에 대해 적극적으로 건의하거나 추진한다.	
8	나는 소속 부서나 조직이 보다 성장하기 위해 바꾸어야 할 관행/규정이 무엇인지 알고 있다.	
9	나는 소속 부서나 조직이 보다 성장하기 위해 관행/규정을 개선해야 할 경우, 이를 추진하는 데 따르는 어려움이 무엇인지 알고 있다.	
10	나는 소속 부서의 제도/규정이 바뀌면 내가 손해를 보게 되더라도 부서나 조직 전체에 장기적인 발전을 가져오는 방향으로 제도/규정을 바꾸는 데 찬성한다.	
11	나는 더 나은 결과를 가져올 수만 있다면, 주변의 반대와 저항을 무릅쓰고라도 새로운 방식으로 업무를 추진한다.	
12	나는 변화가 필요한 경우, 변화에 따른 반대/저항 및 인적/물적 장애요인을 예측하고 각 요인에 대한 대안을 마련한다.	
13	나는 새로운 업무가 주어졌을 때, 소속 부처의 정책방향 및 단/장기적 관점에서의 구체적인 사업목표를 고려하여 업무의 방향성 및 실행계획을 수립한다.	
14	나는 업무목표를 수립함에 있어, 향후 다소 어려움이 예상되더라도 소속 부처가 추구하는 방향과 일치한다면 본인과 팀원에게 도전적인 목표를 설정한다.	
15	나는 조직 구성원에게 업무를 배분함에 있어, 구성원의 조직 내 역할뿐만 아니라 개인의 업무능력, 개인적 특성, 업무적 상황 등을 감안한다.	
16	나는 새로운 업무가 주어졌을 때, 활용 가능한 인적, 물적, 금전적, 자원 등을 파악하고 팀원의 업무를 재조정하는 데 남들보다 더 많은 고민을 한다.	
17	나는 업무계획을 수립하는 과정에 있어, 다양한 계획안을 마련하고 각 계획안의 장단점 및 실효성과 기대효과를 고려하여 최종안을 선정한다.	
18	나는 업무추진에 필요한 계획을 수립함에 있어, 차후 장애가 될 만한 요인을 유형별로 구분하여 각각의 대안을 마련한다.	

No	질문	점수
19	나는 내가 속한 부서의 구성원들이 개인보다 조직을 위해 협력할 수 있는 분위기를 조성하고자 노력한다.	
20	나는 내가 속한 부서의 구성원들에 대한 성향과 장단점을 파악하고 있으며, 다양한 채널을 통해 그들의 고민/어려움을 파악하고자 한다.	
21	나는 구성원과 업무를 공유함에 있어, 각 개인의 특성과 업무 부하량을 감안한 업무 분배를 추진하며, 업무 배분 시 개인의 의사를 반영한다.	
22	나는 부하직원의 성장을 위해서라면 그들의 업무수행 결과가 단기적으로 아주 만족스럽지 못하더라도 도전적인 업무 경험 기회를 제공한다.	
23	나는 상사의 지시가 없더라도 부하직원의 업무 및 조직생활에 대해 정기적/비정기적으로 건설적인 피드백을 제공한다.	
24	나는 부하직원의 경력관리에 관심이 많고, 이를 위해서라면 부서 업무에 지장이 있더라도 부하직원의 장기간 교육을 적극적으로 지원할 수 있다.	
25	나는 업무상 갈등 상황이 발생했을 때, 상대방의 입장이 이해되지 않는 경우는 없었다.	
26	나는 업무상 갈등 상황이 발생했을 때, 본인의 주장을 내세우기에 앞서 왜 갈등이 발생했는지 언제나 근본원인에 주목하고자 하였다.	
27	나는 업무정책을 추진할 경우 정책에 따른 수혜자뿐만 아니라 영향관계에 있는 모든 이해관계자를 유형별로 구분하여 항상 고려하였다.	
28	나는 갈등 상황을 발견했을 때, 개인적 친분에 관계없이 중립적인 태도/입장을 유지할 수 있다.	
29	내가 속한 부서가 손실을 입더라도 조직 전체적으로 더 큰 이득이 되는 방향으로 입장을 표명할 수 있다.	
30	바로 위 "29"의 상황에 대해 나는 내가 속한 부서의 구성원들을 충분히 설득할 수 있다.	
31	나는 회의시간에 부하직원들이 자유롭게 발언할 수 있도록 편한 분위기를 조성한다.	
32	나는 상대방의 의견이 틀리더라도 즉각적으로 잘못을 지적하기보다 추가적인 질문을 통해 상대방이 다른 각도에서 생각할 수 있는 기회를 제공한다.	
33	나는 상대방이 내 의견을 무시하며 반대되는 의견을 얘기하더라도 감정적으로 대응하지 않을 자신이 있다.	
34	나는 업무상 반대의견을 개진할 때, 경험이나 들은 것에만 의존하지 않고 논문/연구보고서/조사자료 등 객관적인 자료(구체적인 수치 등)를 참고 및 인용한다.	
35	자기주장이 강하여 주변으로부터 외면받는 사람일지라도 나는 설득할 자신이 있다.	
36	나는 현재의 내 업무상 어려움에 대해 지금 당장 초등학생도 이해할 수 있을 정도로 설명할 수 있다.	

03. 역량 사전 진단 채점하기

범주	역량명	하위	진단번호	평균 점수(5점 만점)
사고	전략적 사고	다양한 정보의 분석을 통해 문제의 핵심을 파악하고, 근본적/체계적인 해결방안을 제시함		
		문제 인식	1-3	
		문제해결	4-6	
	변화 지향	조직 내/외부 환경 변화를 적극 수용하여 업무 개선사항을 제시 하고 구성원들을 동참시킴		
		방향 제시	7-9	
		변화 주도	10-12	
업무	성과 관리	조직의 목표 달성을 위해 업무 방향성을 제시하고, 다양한 지원을 통해 성과를 지속적으로 관리하고 창출함		
		목표 수립	13-15	
		실행 및 달성	16-18	
	조직 관리	조직 내/외부 이해관계자들의 입장 차이를 이해하고, 합리적이고 수용 가능한 조정안을 제시함		
		자원 확보 및 조직화	19-21	
		육성	22-24	
관계	이해관계 조정	상대방의 의도를 파악하고, 자기 의견을 효과적으로 전달함		
		갈등요소 확인	25-27	
		조성안 제시	28-30	
	의사소통	조직 구성원들의 원활한 업무 수행과 조직 적응을 위해 피드백을 제공하고, 협력적 업무 분위기를 조성함		
		경청	31-33	
		효과적 의사전달	34-36	

- 역량의 범주
  ▷ 역량은 사고/업무/관계 역량으로 구분된다(p.25 참고).
- 진단 점수의 활용 기준
  ▷ 상위득점자 선발에 활용하는 곳도 있으나 보통은 2.5점을 승진 커트라인으로 규정한다.

I [이론]

02
역량평가 일반사항

02. 역량평가 일반사항

01. 역량평가의 등장

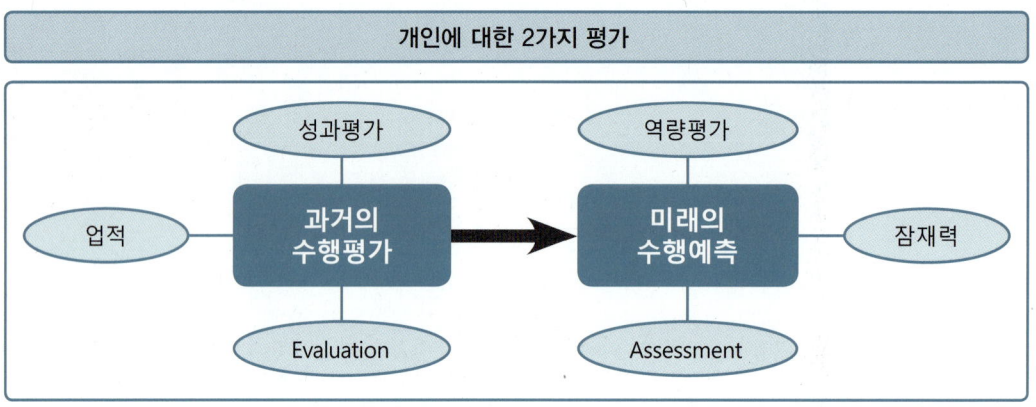

001 성과평가와 역량평가의 차이

조직이 요구하는 목표에 도달하기 위해 과거부터 지금까지 얼마큼 효과적이었는지 평가하고자 할 경우, 구체적으로 수치화된 자료를 바탕으로 성과평가를 실시한다. 반면, 미래의 성과를 예측하고자 할 경우에는 당사자가 미래의 업무 상황에 필요하게 될 역량을 얼마큼 보유했는지 살펴보는 과정으로써 역량평가가 실시된다. 즉, 역량평가는 과거의 성과가 아닌 미래 수행에 대한 잠재능력을 예측하기 위함이다.

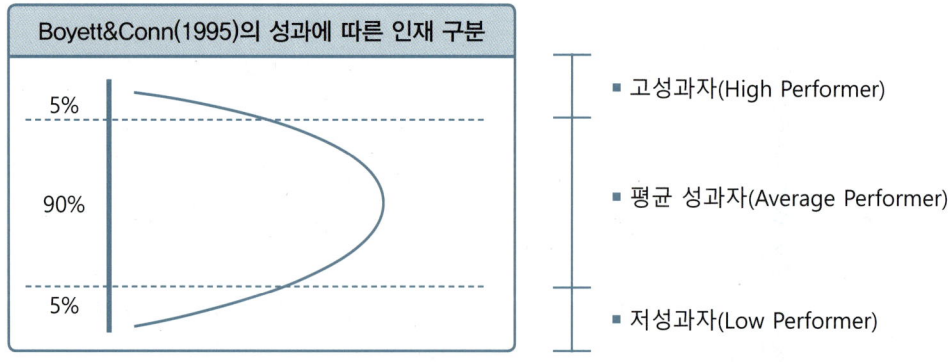

모든 평가에는 정량적, 정성적 평가기준이 마련되어야 한다. 역량평가는 상위 5%의 성과를 거두는 인재를 고성과자로 규정하고, 이들이 나머지 95%와 어떤 부분에서 다른지 살펴본 다음 그들의 행동특성을 몇 가지 종류의 "역량"으로 도출해 낸다. 일반적으로 각 역량별 5점 척도의 행동수준을 규정하여 평가기준을 마련하는데, 역량평가를 통해 평가 대상자가 특정 상황에서 어떤 행동을 보여주는지에 따라 평가기준을 적용하여 역량수준을 살펴보게 된다.

02. 역량평가의 국내 도입 배경

인사제도

과거	현재
■ 연공서열 ■ 단체주의적 조직문화 ■ 폐쇄형 임명체제	■ 능력중심 성과주의제 ■ 개인주의적 조직문화 ■ 개방형 채용 적용(전문가 확보)

승진시험

기존 승진시험제도의 문제점	역량평가의 장점
■ 과거의 수행을 평가 ■ 암기 위주 ■ 시험 준비로 인한 업무 공백 ■ 시험 준비기간의 불공평성	■ 승진 이후의 역할 수행 예측 ■ 역량 위주 ■ 시험 준비기간 단축 ■ 평가의 공정성 및 수용성 확보

001 기존 인사제도의 맹점

요즘 공무원 성과평가에 대한 불만의 목소리가 많다. 각자 맡은 업무가 다르며, 일 잘하는 사람과 그렇지 않은 사람을 구분할 수 있는 성과라는 것의 정의가 모호하기 때문이다. 기존의 승진심사나 시험도 이와 유사한 불만을 갖고 있다. 심사를 받게 되는 성과가 과연 적절한 평가요소인지의 문제가 있고, 시험 성적이 좋은 것만으로는 상위 직급의 업무를 능숙하게 잘 해낼 수 있는지 담보할 수 없기 때문이다. 특히 승진시험을 준비하는 공무원이 기존에 주어진 업무는 남에게 떠넘기거나 등한시한 채 시험 공부에만 매진하는 경우가 더러 있었다. 본인의 업무에 충실하면 공부할 시간이 부족하여 승진시험에서 탈락하는 아이러니한 상황이 발생하는 것이다.

002 역량평가의 공정성

승진은 한 개인의 과거 성과에 대한 보상 개념이라기보나 미래 업부수행에 내한 기내가 반영된 결과라 할 수 있다. 그런 의미에서 역량평가는 기존의 승진시험을 대체하기에 충분하다. 실무에 능숙한 대리급 사원이나 6급 주무관이 반드시 뛰어난 관리자가 되리라는 것을 보장할 수 없는데, 기존 승진시험이 과거와 현재의 업무수행 능력을 점검하는 반면 역량평가는 응시자가 미래에 담당하게 될 업무와 관련된 역량에 주목하기 때문이다. 또한 B급 인재가 하루아침에 A급 인재로 거듭날 수 없는 것처럼 역량은 단기기간에 습득되는 것이 아니므로 역량평가는 현 업무를 등한시할 수밖에 없도록 만들었던 기존 승진시험의 구조적인 문제를 해결할 수 있다.

PART I 이론

03. 역량평가 제도 도입 현황

세계 역량평가의 역사

독일군 장교 선발 (1920년대)	■ 최초의 역량평가(Assessment Center) 제도 도입
영국행정위원회 (1945)	■ 군 이외 조직에서 최초 도입
미국전략정보국 2차 세계대전 중	■ 스파이 선발
AT&T (1956)	■ 최초의 일반 기업 도입 ■ 신입 관리자에 대한 평가

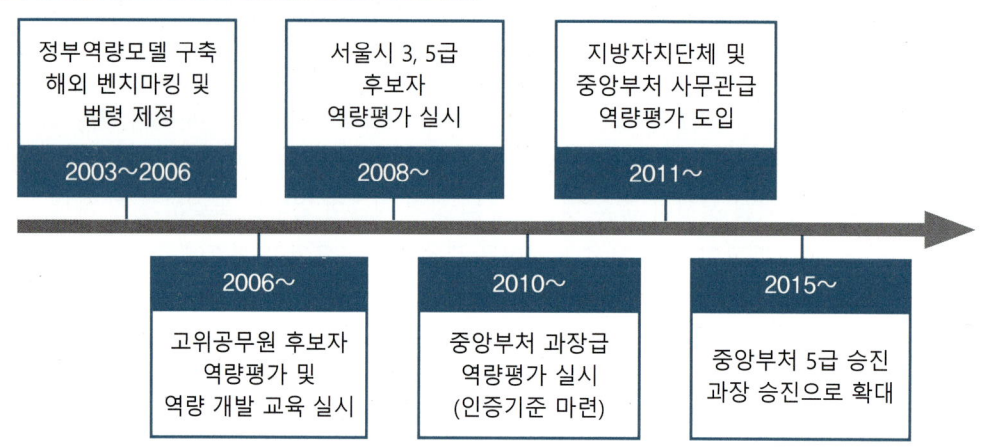

국내 역량평가 제도의 확대

001 역량평가의 확대

현재 가장 많은 역량평가가 시행되는 직급은 인사적체가 제일 심각한 5급 승진후보자 대상이다. 현재는 권고사항으로 역량평가가 시행되고 있으나 거의 모든 공공기관의 5급 승진후보자에 대한 역량평가가 시행되고 있거나 예정사항이다. 점차 확대되고 있는 추세이며, 머지 않아 역량평가는 필수사항으로 바뀔 것으로 예상된다.

002 활용 방안

역량평가는 평가 대상자가 향후 상위 직급의 업무를 맡았을 때, 수행능력을 살펴보고자 하는 것이다. 따라서 해당 직급에 적절한 사람을 선발하고자 하는 목적이 강하다. 이것이 공공기관에서 역량평가를 사용하는 주요 목적이며, 민간부문에서는 선발보다 역량 개발을 위한 훈련 과정의 일부로서 역량평가를 사용하는 편이다.

04. 역량평가란?

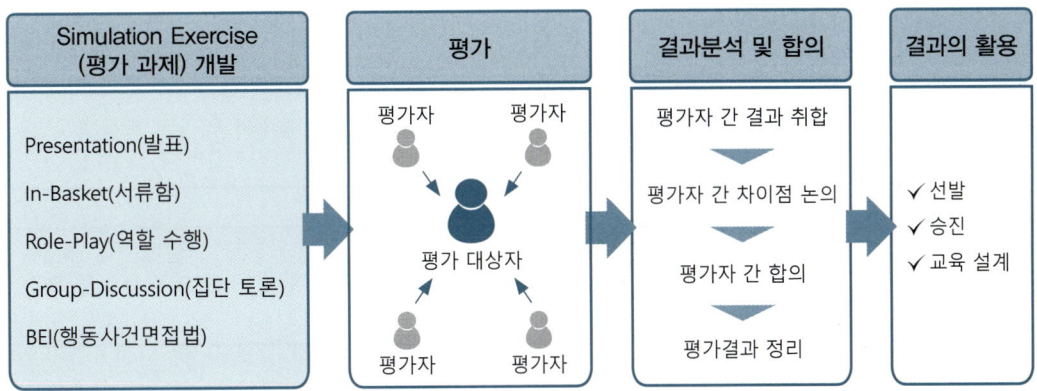

001 평가과제

공무원 역량평가에는 평가 대상자가 미래에 수행하게 될 실제 직무와 유사한 상황으로 구성된 2~4개의 평가과제가 사용된다. 개별 과제는 평가 대상자가 해결하는 과정에서 작성한 답안 혹은 말과 행동을 통해 특정 역량이 표출될 수 있도록 구성되며, 보통 1개의 과제에서 2~3개의 역량을 관찰한다. 평가를 시행하는 기관마다 다소의 차이는 있으나 일반적으로 4~6개의 역량을 평가한다.

002 평가

역량평가는 1개 역량에 대해 2개 이상의 과제에서 2명 이상의 평가자가 중복하여 관찰하는 것을 가장 기본이 되는 원칙으로 하고 있다. 그래서 다른 평가방법에 비해 상대적으로 높은 신뢰도를 보여 주는 편이다. 즉, 개발된 과제를 바탕으로 다수의 평가자가 한 명의 평가 대상자를 평가하는데, 일반적으로 1개 과제에 투입되는 평가자는 1명이며, 2개 이상의 평가과제가 사용되므로 평가 대상자는 복수의 평가자로부터 평가를 받는 형식이 된다. 평가자는 공공기관의 경우 현직 교수, 특히 심리학, 행정학 교수가 가장 많으며, 전/현직 고위공무원 혹은 역량평가를 진행하는 기관의 컨설턴트가 평가자로 위촉되기도 한다.

003 결과분석 및 합의

역량평가에서는 다수의 평가위원이 참여하여 평가의 신뢰성과 공정성을 담보하고자 하나 다양한 과제를 통해 다수의 평가자가 관찰한 결과는 항상 일치할 수 없다. 과제 상황에 대한 평가자의 적합성 정도나 평가자의 관점 등에 따라 결과는 달라질 수 있다. 일반적으로 역량평가는 5점 만점을 기준으로 하는데, 특정 평가 대상자에게서 관찰한 1개의 역량에 대해 평가자 간 1.5점 이상의 차이가 발생하면 회의를 거쳐 점수를 조정한다.

004 결과의 활용

공공기관에서의 역량평가는 승진자격시험의 의미를 가지는 경우가 많다. 5점 만점 기준일 경우, 2.5점 이상이면 통과로 처리하며, 기관에 따라 고득점자 순으로 승진후보자를 선발하는 경우도 있다.

05. 역량평가의 구성 요소

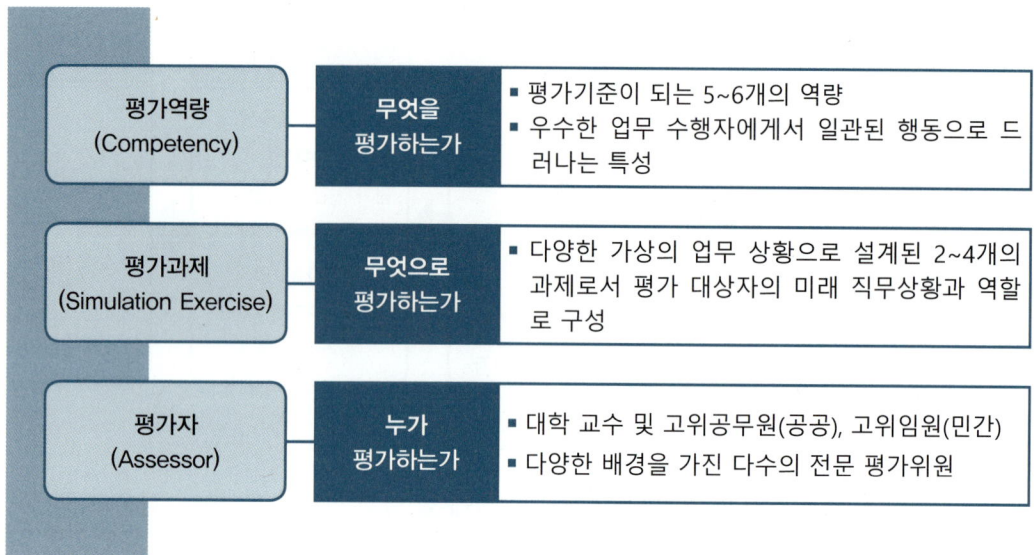

001 평가역량

모든 평가에서는 무엇을 살펴보고자 하는지 평가기준이 세워져야 한다. 역량평가에서는 평가 대상자가 향후 담당하게 될 업무를 수행하기 위해 가장 중요한 것으로 판단되는 역량을 5~6가지 추출하여 해당 역량에 대해서만 평가를 진행한다. 평가역량에 대해서는 뒤에서 보다 자세히 살펴보기로 한다.

002 평가과제

평가과제는 평가 대상자가 향후 담당하게 될 업무 상황 중에서도 평가역량을 살펴보기에 적합한 것을 기반으로 구성된다. 몇 년 전까지 평가과제는 해당 기관의 상황으로 구성되는 것이 보통이었다. 즉, A기관의 평가과제는 A기관 고유의 상황으로 구성되었다는 것이고, 이 경우 해당 상황을 겪어본 사람과 그렇지 못한 사람 간의 형평성 문제가 제기되기도 하였다. 이와 같은 특정 부서나 직무에 따른 유/불리의 공정성 이슈로 인해 요즘은 A기관의 평가과제는 B기관 혹은 C, D 등 기관 내 상황으로 구성이 된다.

003 평가자

평가자는 주로 대학 교수(심리/행정/경영학), 전/현직 고위공무원으로 구성된다. 사실 대학 교수는 공무원 업무에 대해 평가 대상자보다 더 잘 알지 못한다. 그럼에도 이들이 평가위원으로 위촉되는 두 가지 이유가 있다. 첫째, 대학 교수는 공무원 사회에서 전문가로 인정받을 수 있는 집단이다. 둘째, 평가과제가 실제 업무에 비해 지나치게 단순화되어 있기 때문에 현업에 밝지 못한 '일부 평가위원'도 참여할 수 있는 것이다. 이와 같은 두 가지 이유로 인해 역량평가는 시계열적인 측면에서 업무처리 프로세스만 살펴보는 요령 중심으로 흘러가고 있는 현실이다.

06. 역량평가(AC)와 개발센터(DC)

구분	AC(Assessment Center, 평가센터)	DC(Development Center, 개발센터)
목적	■ 선발 및 배치 ■ 결과에 기초하여 지원자 중 일부를 선발 또는 탈락시킴	■ 교육 및 훈련 ■ 육성을 위한 피드백과 향후 역량 개발 과정을 주된 목적으로 함
평가 방법	■ 자기 스스로 역량을 진단하지 않음 ■ 내/외부 평가자가 역량을 평가함 평가자 ↓ 관찰/평가 참가자 본인	■ 자기 평가 및 동료 피드백을 실시함 ■ 평가자의 개념이 없으며 FT(Facilitator)가 조별 활동을 독려함 교육생 1, 교육생 2, 교육생 3 FT 진행, 관찰, 피드백 → 참가자 본인 ← 관찰/피드백 교육생 4
피드백	■ 평가자 회의를 통하여 결과 취합/통보를 실시하고, 평가 대상자를 위한 피드백이 제한적으로 제공됨	■ 평가과제 풀이 이후 즉각적으로 동료 또는 FT에 의한 피드백 실시 ■ 피드백의 내용이 다양하고 풍부함

001 AC와 DC의 차이

AC와 DC는 결과 활용의 목적이 다르므로 평가과제의 상황이 다르게 구성된다. AC는 평가 대상자가 향후 상위 직급으로 승진하였을 경우 얼마만큼의 성과를 기대할 수 있는지 역량을 살펴보기 위한 것이므로 평가과제 속 평가 대상자의 역할은 상위 직급을 가정하게 된다. 5급 승진후보자에게는 사무관의 업무 상황을 가정한 평가과제가 만들어지는 것이다. 이에 반해 DC는 현 직급에서 더 나은 성과를 거두기 위한 역량 강화를 목적으로 하고 있으므로 평가 대상자의 현재 직급과 함께 친숙한 업무를 과제로 가져와 상황을 구성하게 된다.

따라서 전문가들은 AC와 DC를 분리해서 사용하거나 AC를 실시한 이후 DC를 실시하는 것이 적절하다고 말한다. 실제로 많은 민간기업에서는 이와 같은 순서로 AC와 DC를 사용하고 있다. 그러나 공무원의 DC는 AC 평가의 사전학습 단계로 사용되고 있다.

여기에는 그럴 만한 이유가 있다. AC를 사전에 접해 보지 못한 절대 다수의 평가 대상자가 내부적으로 이의를 제기하기 때문이다. 그래서 현재의 공무원 DC는 최초의 목적에서 벗어나 AC와 동일한 형태로 구성되며, 한 명의 FT(Facilitator, 퍼실리테이터)가 다수의 교육생을 맡아 AC를 대비한 훈련을 실시하는 식으로 변질된 것이다. 이처럼 현재의 AC와 DC는 과제의 형태가 동일하나 AC 과제는 단가가 싼 개발자(학생, 프리랜서 등)를 고용하여 개발하는 DC 과제보다 품질 측면에 있어 조금 더 낮다고 볼 수 있다.

07. 개발센터(DC)에서의 Facilitator 역할

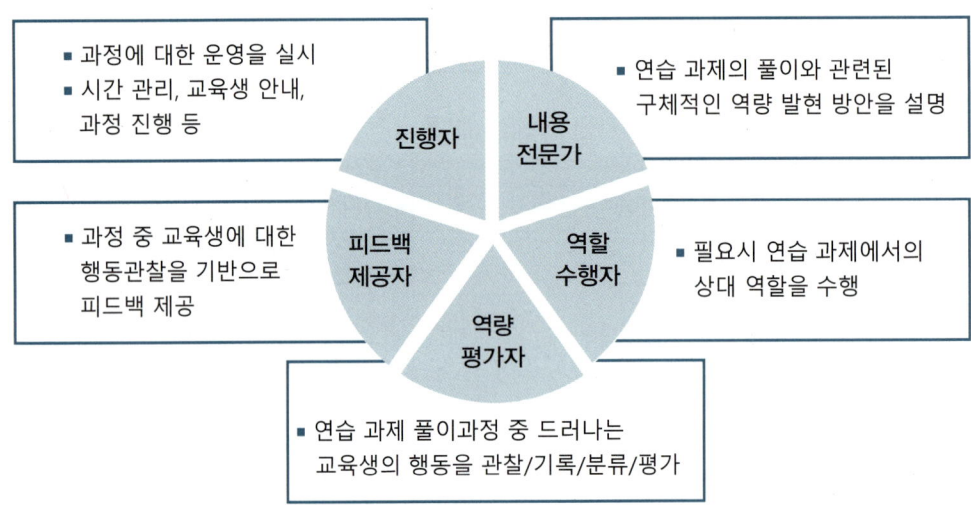

001 FT의 구성

Facilitator는 줄여서 FT라고 통칭된다. 역량평가의 평가자가 주로 대학 교수들로 구성된 반면, FT는 역량평가에 관여한 경험은 다수 있으나 대학 교수에 비해 타이틀이 비교적 떨어지는 역량평가 전문가(주로 역량평가 컨설팅사 직원이나 심리학 석박사급 등)로 구성된다.

002 DC 운영과정

개발센터(사전교육, 사전학습과정 등의 명칭으로 사용되기도 함)는 보통 1~3일 정도의 과정으로 운영된다. 평가과제가 4개인 경우는 3일 과정으로 운영되기도 하는데, 1일차는 강사의 주도하에 역량평가 과정에 대한 일반적인 소개와 역량에 대한 강의 위주의 교육을 실시한다. 2, 3일 차에는 FT의 주도하에 1일 2개씩의 평가과제에 대한 학습을 실시한다. 보통은 교육생 5~10명으로 조를 구성하여 FT 1인이 담당하는 방식이다.

003 FT의 역할

FT의 주 임무는 교육생이 역량평가에 대해 원활히 학습할 수 있도록 돕는 것이며, 이를 위해 다양한 역할을 수행한다. FT는 DC 과정을 진행하며 교육생의 평가과제 풀이에 대해 맞춤형 피드백을 제공한다. 피드백은 과제 특성에 따른 역량의 발현 관점에서 이뤄진다. 예를 들어, 서류함 기법에서는 다양한 안건을 처리함에 있어 우선순위를 어떤 식으로 고려해야 하는지, 부하직원에게 업무 지시는 어떤 식으로 내려야 하는지 등을 피드백하는 것이다. 즉, 역량평가의 평가자가 평가(평가점수의 기록 및 보고서 작성 등)만을 담당한다면, FT는 교육생의 과제 수행에 대한 관찰을 바탕으로 (역량평가에서 더 나은 득점을 위한) 피드백에 초점을 둔다.

08. 역량평가(AC)에서의 평가자 역할

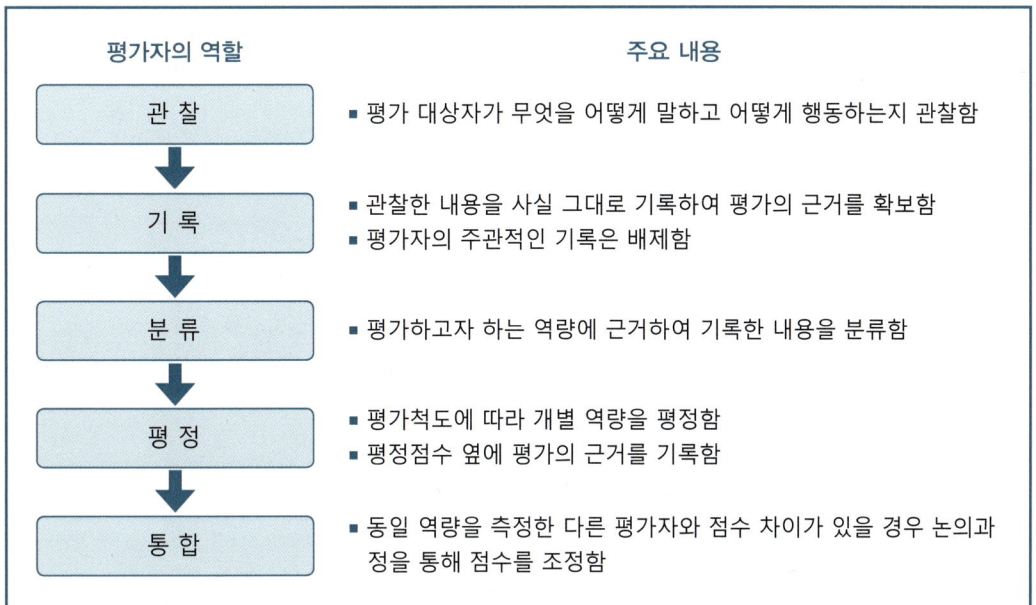

001 사교육 강사의 착각

사교육에서 예의에 대해 주목하는 경우가 많다. 평가실에 들어가자마자 정중히 인사해야 한다거나 상대방에 대한 칭찬을 해야 한다는 경우처럼 말이다. 단언컨대 이것은 절대적으로 평가요소가 아니다. 이와 같은 행동을 보이는 것이 마이너스로 작용하진 않겠지만 그렇다고 플러스 요소가 되는 것도 아니다. 특히 집단토론의 경우, 그 중에서도 남성 평가 대상자들에게서 잘못된 행동이 자주 관찰된다. 이는 토론의 주도권을 항상 쥐고 있어야 한다는 사교육 강사의 엉터리 주문이다. 한국사회의 조직문화적 측면과도 관련이 있는데, 내가 보아 온 대부분의 남성은 실제 회의나 토론 시 다른 사람의 의견을 주도적으로 이끌며 활기찬 분위기로 진행하는 경우는 거의 없었다. **보통은 토론 참여자 중 가장 높은 직급의 사람이 무거운 분위기로 토론 상황을 압박**하며, 참여자들은 조심스럽게 자신의 이야기를 짤막하게 개진하는 식이었다. 그런데 사교육을 겪은 평가 대상자는 집단토론 시간만큼은 손석희가 되어 서로 사회자 역할을 자청하며 나선다. 상대방이 별다른 얘기를 하지 않더라도 '그러시군요'하며 과장되게 고개를 끄덕이고, '다른 분은 어떠신가요?' 물으며 인자한 표정을 짓는다. 어디서 배워 온 티가 난다.

002 평가자의 관점

평가자는 평가과제와 함께 그들에게 주어진 평가자 가이드에만 근거하여 평가를 한다. 사교육의 향기가 물씬 풍기는 평가 대상자에 대해서는 감점을 주는 데 주저하지 않는다. 중요한 것은 역량이 어떤 방향으로, 어느 정도의 강도로, 얼마큼 자주, 어떤 상황에서 발현되는가 하는 것이다. 평가상황을 지나치게 의식하지 않고, 해당 과제에서의 평가 포인트가 무엇인지 제대로 알고 접근하는 것이 중요하다.

09. 평가과제의 유형

개인과제

▷ 서류업무 처리상황을 가정하여 구성된 평가과제로서, 문서 형태의 답안을 작성/제출하여 평가를 실시함
▷ 대체로 시간 압박을 전제로 구성되는 과제 유형임
▷ 개인적 특질, 관리 및 의사결정 스킬 등을 평가함

- **서류함(In-Basket)** : E-mail/메모/공문 등을 확인하여 단시간에 다양한 업무를 처리
- **사례 연구(Case Study)** : 복잡 다양한 사례를 바탕으로 현 이슈의 해결방안을 모색
- **스케줄링(Scheduling)** : 다양한 업무의 이해관계/중요도에 따라 시간/인적 자원을 배분

대인과제

▷ 평가자를 업무상황의 상대방으로 가정하여 업무 관련 지시나 보고, 면담을 실시함
▷ 대인관계 스킬, 동기부여 행위 등을 평가함

- **역할 수행(Role-Play)** : 업무/인적 자료를 바탕으로 1:1이나 1:2 대화로써 어려움을 해결
- **발표(Presentation)** : 분석 보고서를 기획/작성하여 상사에게 구두형태로 보고
- **진상 조사(Fact Finding)** : 제한된 정보만을 제공받은 평가 대상자가 평가자에게 다양한 질문을 통해 추가적인 정보를 수집하고 의사결정

집단과제

▷ 업무상 입장 차이가 있는 집단 간 상황을 가정하여, 주로 1:1:1 형태의 3자 간 토론을 실시함
▷ 개인관계적 스킬, 의사결정 스킬 등을 평가함

- **역할이 규정된 집단토론(Assigned Role Group Discussion)** : 소속 집단의 입장을 대변하여 상대조직의 대표자를 설득
- **역할 없는 집단토론(Non-assigned Role Group Discussion)** : 자신의 의견을 정리하여 상대방을 설득

10. 평가과제 유형에 따른 사용 빈도

과제 유형		약어	미국 기업	국제 표본 AC/DC	독어권 국가 (독일, 스위스, 오스트리아)
발표(Oral Presentation)		OP, PT	46%	62%/48%	89%
서류함(In Basket)		IB	82%	82%	53%
역할수행(Role Play)		RP	47%	53%/42%	3%
집단토론 (Group Discussion)	Non assigned	GD	44%		
	Assigned		59%	46%/37%	
	Non assigned or Assigned				95%
Behavior Event Interview		BEI	57%	71%/48%	87%
사례 연구(Case Study)		CS	49%	46%/51%	
보고서 작성(Written Test)		WT	3%		
진상 조사(Fact Finding)		FF	38%		65%
스케줄링(Scheduling)		Sch	40%		
비즈니스 게임(Business Game)		BG	25%		
표본수			215개	114개	281개

Source : [1]Spychalski et al.(1997); [2]Kudisch et al.(1999); [3]Krause and Gebert(2003); [4]G.C.Thornton and W.C.Byham(1982)

공무원 역량평가에서 현재 가장 많이 사용되는 유형은 발표(OP), 서류함(IB), 역할수행(RP), 집단토론(GD) 등 4가지이며, 기관의 기능과 업무 특성에 따라 BEI나 사례연구 및 보고서 작성을 활용하는 곳도 있다. 진상조사, 스케줄링, 비즈니스 게임은 다양한 이유로 인해 한국 공무원 역량평가에서 현재 사용되지 않는다. 진상조사의 경우 평가 대상자가 취할 수 있는 모든 경우의 가짓수에 따라 평가자가 어떤 추가 자료를 어떻게 제공해야 하는지 달라지므로 설계과정이 매우 복잡하다. 스케줄링은 서류함이나 발표과제를 통해 부분적인 대체가 가능하며, 공무원의 업무 특성(주로 사무직)을 감안했을 때 적합하지 않은 부분이 있다. 비즈니스 게임은 개발기간 및 비용의 문제가 있으며, 주로 생산 및 판매조직에서 활용되고 있다.

11. 평가과제 개발 프로세스

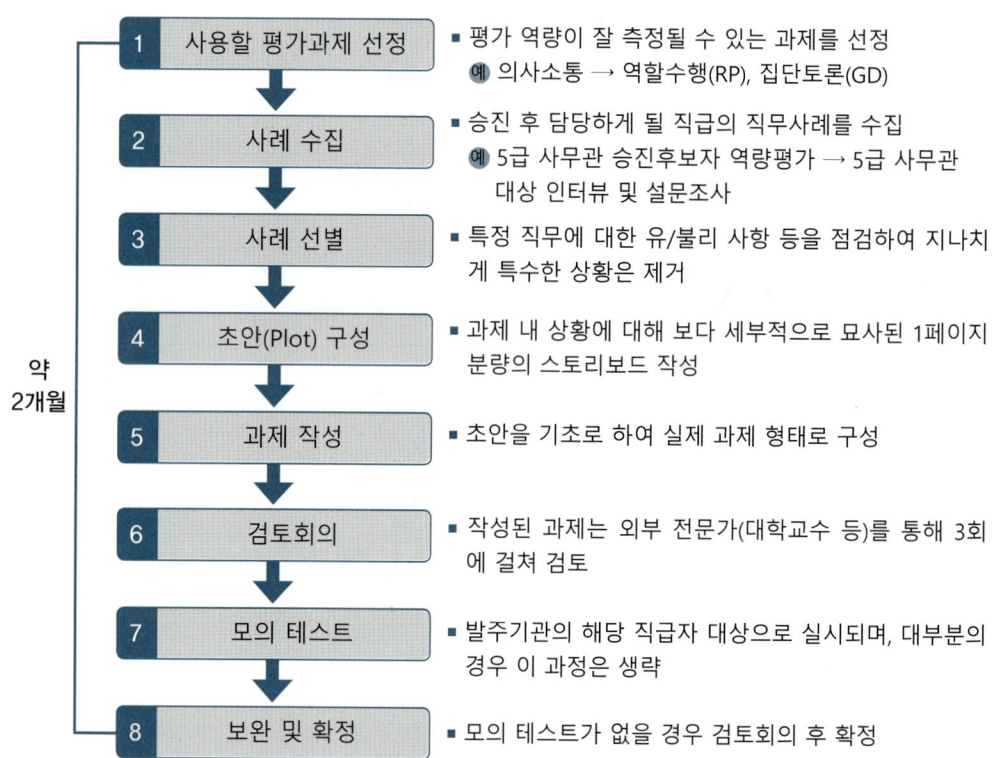

001 개발자

AC용 평가과제는 대부분 역량평가 수행 컨설팅 업체의 컨설턴트가 개발한다. 이들은 보통 대학원(산업조직심리학과) 졸업생이며 3~4년 이내의 경력을 갖고 있다. 혹은 개발단가를 낮추기 위해 대학원 재학생이나 프리랜서를 고용하는 경우도 있다.

DC용 과제는 연습용으로 분류되기 때문에 개발단가가 비교적 비싼 3~4년 이상 경력의 컨설턴트는 잘 투입되지 않는 편이다. 대체로 신입의 컨설턴트나 과제개발 경험이 없는 학생 및 프리랜서가 활용되기도 한다.

002 개발 과정

공무원 평가에 역량평가가 도입된 지 약 10년이 지나며 위 그림의 평가과제 개발 프로세스는 점차 단순화되고 있다. 그만큼 역량평가가 어느 정도 자리를 잡았다는 의미로 해석이 가능하다. 현재는 1, 7단계를 생략하는 추세이며, 사례의 수집 및 선별을 하는 2, 3단계는 축약된 형태로 실시된다. 이 부분은 평가 대상자들이 궁금해 하는 평가과제 내의 주제 상황과 가장 관련이 깊은데, 요즘은 직무전문가(SME)의 인터뷰보다 과제개발 시점에서 약간의 화제가 될 만한 사회문화적 이슈를 다루는 편이다.

12. 역량평가 운영 프로세스

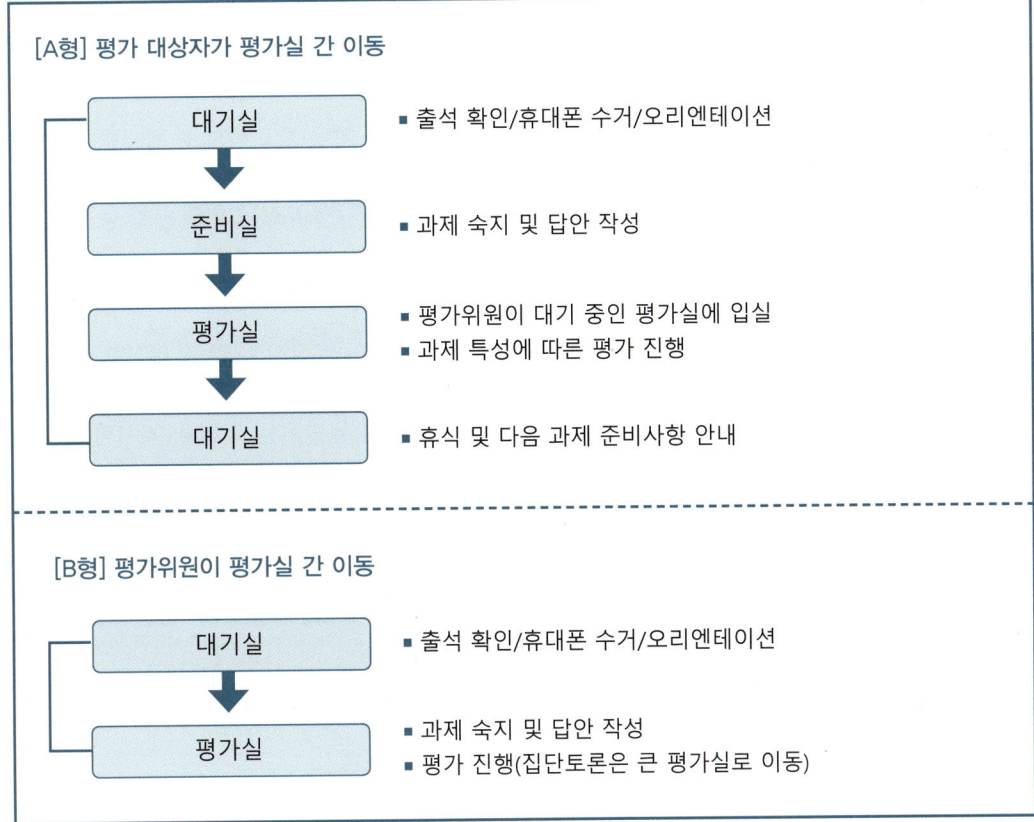

역량평가는 운영하는 업체에 따라 2가지 방식이 사용될 수 있다. 위 그림에서 A형은 1명의 평가위원이 1개의 평가실에 항상 상주하며, 평가 대상자가 대기실, 준비실, 평가실을 이동하는 방식이다. B형은 평가 대상자가 1개의 평가 시작부터 평가를 마칠 때까지 지정된 하나의 평가실에 상주하며 평가를 받는 것이다.

A형은 운영하는 업체 측의 관리 편의성에 초점을 맞춘 방식으로서, 평가 대상자에게는 여러 방을 이동하는 것이 번거로울 수 있다. 또한 평가과제가 바뀔 때마다 약 30분에서 1시간 정도의 대기시간이 주어지기도 하는데, 이때는 반납한 휴대폰을 쓸 수도 없고 가지고 간 책이나 노트를 볼 수도 없다.

B형은 평가 대상자의 편의를 최대한 보장하는 방식으로서, 평가 대상자는 평가시간 전체에 걸쳐 하나의 방에서만 모든 것을 해결하게 된다. 이 방식에도 문제점은 있다. 운영하는 업체 측에서 과제 숙지 시간이나 휴식시간 중 평가 대상자를 일일이 통제하기가 어렵기 때문에 보안상의 이슈(예 휴대폰은 반납했으나 다른 스마트기기를 사용하는 등)가 발생할 수 있다.

13. 평가점수 기준

평점	수준	평정기준
5.0	매우 우수	■ 치밀한 자료 파악/분석으로 해결과제/제약조건/인과관계 등을 정확히 파악함 ■ 핵심을 파악하여 창의적인 대안을 매우 효과적으로 제시함 ■ 답안의 내용이 논리정연하며, 구체적·현실적 대안을 제시함
4.0	우수	■ 자료 파악/분석을 잘하며, 해결과제/제약조건/인과관계 등을 대부분 파악함 ■ 핵심을 파악하여 필요한 조치를 제시하였으며, 의견을 적극적으로 제시함 ■ 답안의 내용이 논리적이며, 구체적·현실적 대안을 제시함
3.0	보통	■ 자료 파악 및 정보 분석을 통해 전반적인 상황 이해 수준에 그침 ■ 핵심에 대한 파악이 다소 미흡하여 일반적인 대안을 제시함 ■ 답안의 내용이 논리적이지만 구체성, 현실성이 부족함
2.0	미흡	■ 자료 파악/분석이 미흡하나 평가위원이 상황을 설명해 주어야 이를 이해함 ■ 핵심을 파악하지 못하여 대안이 진부함 ■ 답안의 논리 구성이 서툴고, 현실적으로 해결될 수 없는 대안을 제시함
1.0	매우 미흡	■ 자료 파악/분석이 전혀 되지 않고, 평가위원이 설명을 해도 이해하지 못함 ■ 핵심적인 이슈를 전혀 파악하지 못함 ■ 답안의 내용이 전혀 논리에 맞지 않음

001 점수 기준

역량평가는 7점 만점을 기준으로 하는 기관도 있으나 일반적으로 5점 만점을 기준으로 평가가 이뤄진다. 활용 방안은 크게 두 가지로 구분해 볼 수 있는데, 첫째로는 고득점자 순으로 선발을 하기 위함이다. 이 경우, 평정은 절대평가 방식으로 실시되나 점수 결과에 대한 활용은 상대평가 방식이 적용된다. 또 다른 방안은 일정 점수 이상을 받으면 통과가 되는 Pass/Fail 방식이다. 커트라인은 보통 5점 만점의 절반인 2.5점을 기준으로 하고 있다(민간부문에서는 보통 3.0을 기준으로 설정함). 2.5점 미만을 3회 연속으로 기록한 경우에는 승진후보자군에서 완전히 배제되기도 한다.

역량평가 점수기준에 따라 1~2회 탈락한 경우에는 레벨업 과정이 운영되기도 한다. 이때는 탈락자만 모아 문제풀이 과정을 집중적으로 반복한다. 족집게 과외와 유사하게 실제 평가위원이 FT(Facilitator; 퍼실리테이터)로 투입되어 평가와 피드백을 동시에 진행하는 경우도 있다. 하지만 실제 평가에서 이들에 대한 인간적인 구제가 이뤄질 것이라는 기대는 하지 않는 것이 좋다.

Ⅰ [이론]

03
역량이란 무엇인가

03. 역량이란 무엇인가

01. 역량이란?

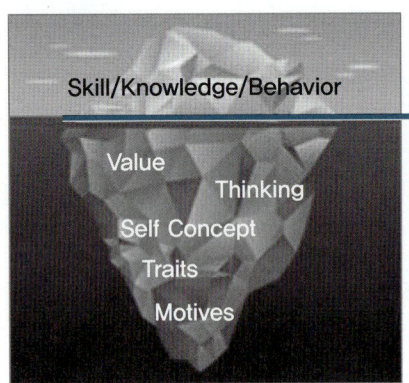

관찰과 측정이 용이함

수면

감춰져 있어 평소에는 잘 드러나지 않음

좌측의 빙산 모형에서 역량은 수면 아래에 숨겨져 있는 다양한 내적 특성에 기반하고 있다. 역량은 다양한 상황에서 다양한 형태로 표출되며, 비교적 장시간 지속되는 행동 및 사고방식을 의미한다.

Skill	특정한 업무를 수행할 수 있는 신체적/정신적 능력
Knowledge	특정 분야에 대해 보유하고 있는 정보
Self Concept	태도/가치관/자아 등
Traits	신체적/정신적 특성 혹은 정보에 대한 일관적인 반응 태도
Motives	일관된 행동의 원인이 되는 내적 특성

001 역량이란?

교과서적 의미의 역량은 높은 성과를 나타내는 사람에게서 공통적으로 관찰되는 특징으로서, 지식/기술/가치관/사고유형/성격 등 다양한 요소로 구성되며, 행동을 통해 관찰된다. 하지만 공무원 역량평가 현장에서의 역량은 이와 조금 다르다. 공무원은 업무 특성상 높은 성과의 정의를 내리기가 어렵기 때문이다. 따라서 공무원에게 요구되는 역량은 특정 직급으로 승진할 경우를 가정하여 해당 직급을 무난하게 수행하기 위해 필요한 특성을 간추리고, 이를 OO부/OO청 OO급 역량으로 규정하고 있다.

002 부처별 역량

각 부처의 기능에 따라 다소의 차이는 존재한다. 예를 들어, 국립외교원의 경우에는 다른 부처에 없는 '신속한 위기상황대응' 역량을 평가하고, 심사 업무를 주로 다루는 부처에서는 '문서작성' 역량을 평가하기도 한다. 하지만 이러한 역량은 넓게 보았을 때 다른 부처의 역량과 크게 다르지 않다. '신속한 위기상황대응'은 보편적으로 쓰이는 '문제해결' 역량과 유사하며, '문서작성' 역량은 '의사소통' 역량과 궤를 같이 한다고 볼 수 있다.

003 직급별 역량

중앙의 5급 사무관의 역할은 '실무'에, 지방의 5급은 '관리'에 보다 치중돼 있다. 한쪽에 치우쳐 평가역량을 구성할 경우 형평성의 문제가 있으므로 모든 부처의 5급 사무관 역량은 관리와 실무의 균형을 맞추고 있으며, 이는 다른 직급에서도 마찬가지로 적용된다.

02. 역량의 개념 및 정의

학자	역량에 대한 정의
McClelland(1973)	▪ 우수한 수행자로부터 '핵심행동면담(Critical Incident Interview)'을 실시하여 관련 행동을 수집하고 분석한 결과, 우수한 수행을 이끌어 내는 측정 가능한 행동 특성 ※ 핵심행동면담 기법 실제 직무에서 일어난 주요 사건을 토대로 인터뷰를 실시하여 직무수행과 관련된 지식/기술/능력을 파악하는 방법
Klemp(1980)	▪ 업무에서 우수한 수행을 하거나 뛰어난 결과를 내는 사람의 내재된 특성
Boyatzis(1982), McLangan(1982)	▪ 직무나 역할을 수행함에 있어 성공적인 결과를 이끌어 내는 개인에 관련된 능력 특성
Dubious(1993)	▪ 삶에서의 역할을 성공적으로 수행하는 개인의 특성
Spencer&Spencer(1993)	▪ 직무나 다양한 상황에서 뛰어난 수행과 연관된 개인의 특성

001 역량의 개념 및 연구결과

역량의 개념은 D. McClelland(Harvard 심리학과) 교수에 의해 개발되어 현재까지 지속적으로 발전된 형태로 다양한 조직에 적용되었다. 맥클레란드 교수는 1973년에 발표한 본인의 논문(Testing for Competence Rather than Intelligence)을 통해 고성과자의 실제 행동을 분석하여 역량을 정의하였다. 또한 당시 인력선발의 기준으로 활용되고 있던 IQ가 실제 성과와 상관관계가 거의 없으며, 이를 대신하여 역량(Competency)을 인력선발의 기준으로 삼아야 한다고 주장하였다. 즉, 고성과자와 저성과자의 차이를 발견하기 위해서는 직접 관찰하는 것이 필요하며, 고성과자가 동일한 직무를 보다 성공적으로 수행할 수 있는 이유는 "역량"을 가지고 있기 때문이라는 것이다.

002 고성과자의 행동방식

Spencer&Spencer(1995)는 역량을 다음과 같이 규정하였다.
① 상황 인식이 다르다(문제의 본질에 대해 언급함).
② 표현하는 내용이 다르다(고객의 요구에 대해 언급함).
③ 사고 방법이 다르다(복잡한 자료 속에서도 패턴이나 테마를 파악함).
④ 지향하는 목적이 다르다(업무를 통한 바람직한 결과의 성취에 비중을 둠).
⑤ 감정을 통제하는 정도가 다르다(성과를 위해 본인의 사적인 감정을 통제할 수 있음).
⑥ 비슷한 상황일지라도 대처 방법과 스킬이 다르다(상황에 가장 적합한 방안을 적용함).

03. 역량의 특징

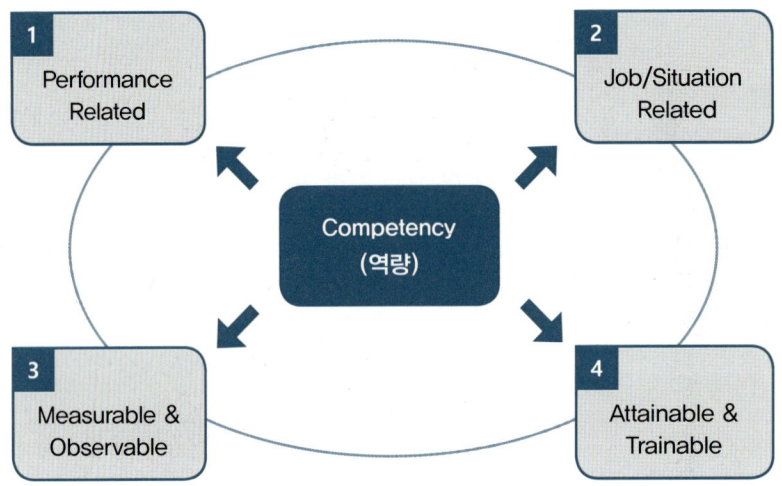

001 역량은 직무성과와 관련된 행동이다

대인관계가 대단히 우수한 사람일지라도 그러한 능력이 현재 맡고 있는 직무의 성과 창출과 연관성이 없는 경우, 대인관계능력이 뛰어나다고는 할 수 있으나 직무에 적합한 역량을 갖추었다고 보기는 어렵다. 이를테면 연구직인 경우에는 대인관계능력이 역량으로 분류되기 어려우나 영업직에게는 필수적인 역량이라 할 수 있다.

002 역량은 직무나 상황에 따라 다르다

연구직/사무직/영업직/관리직 등 직무에 따라 필요한 역량은 같지 않으며, 동일한 사무직일지라도 사무실 내부에서 문서작업만 하는 사람과 민원업무가 잦은 사무직에게 요구되는 역량은 다를 수 있다.

003 역량은 측정/관찰이 가능하다

역량은 표출되는 행동의 근원에 자리잡고 있기 때문에 세부 행동단위에 대해 세밀하게 관찰하는 것으로써 역량 수준을 파악할 수 있다. 단, 역량의 관찰을 위해서는 여러 역량 간 명확한 구분이 필요하므로 역량의 상호 독립성이 전제되어야 한다.

004 역량은 획득/훈련이 가능하다

성과로 이어지는 행동특성에 대한 장단점의 명확한 인식이 이뤄질 경우, 피드백을 바탕으로 교육이나 코칭, 자아성찰 혹은 반복된 학습 및 훈련 등의 방법을 통해 역량을 개발할 수 있다.

04. T/W/R 역량의 구분

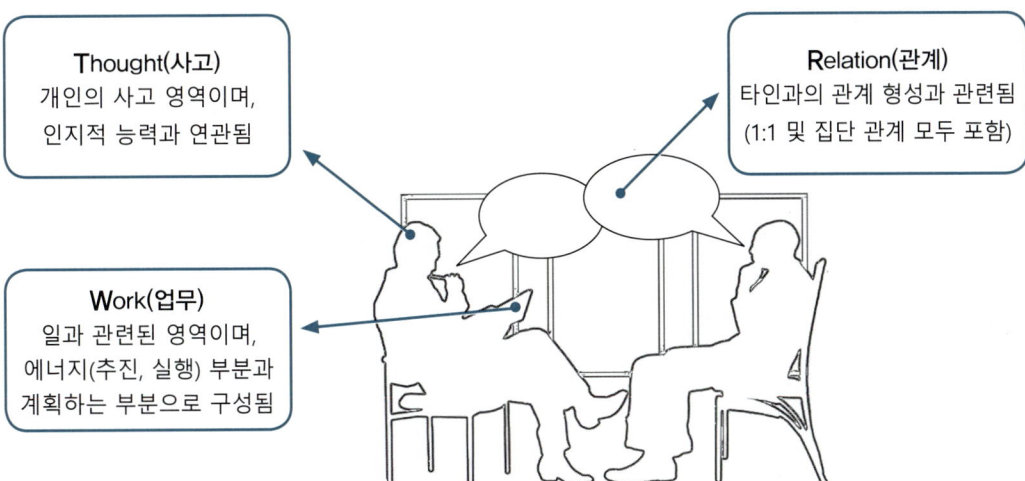

Thought(사고)
개인의 사고 영역이며, 인지적 능력과 연관됨

Relation(관계)
타인과의 관계 형성과 관련됨
(1:1 및 집단 관계 모두 포함)

Work(업무)
일과 관련된 영역이며, 에너지(추진, 실행) 부분과 계획하는 부분으로 구성됨

001 T/W/R 역량

모든 역량은 T/W/R의 범주 안에 포함되고, 어떤 직무나 직급이든지 역량에 있어 T/W/R의 균형을 갖추는 것이 필요하다. 예를 들어 영업직의 경우 "관계 역량"만 갖추면 될 것처럼 여겨지기도 하나 영업전략에 필요한 "사고 역량"이나 실적관리에 필요한 "업무 역량" 없이는 우수한 영업을 할 수 없다는 것이다.

002 T 역량

사고, 인지 역량은 다양한 정보를 바탕으로 핵심내용을 도출해 내고 어떻게 대응할지 판단하는 능력을 말한다. 종합적인 사고력과 기획력을 요구하므로 지능이나 학습능력과 (정비례한다고 말하기엔 어려우나) 어느 정도 관련이 있다. 조직의 업무 방향성을 설정하는 데 있어 가장 중요한 역량이므로 고위직에게 더 많이 요구된다.

003 W 역량

업무 목표가 설정되면 세부적인 실행계획을 세워야 한다. 이때 요구되는 것이 업무 역량이다. 구체적인 실행계획을 장/단기로 구분하여 수립하고, 실행과정 중 발생 가능한 장애요인을 예상하여 대책까지 마련하는 역량을 말한다. 일반적으로 '저 직원은 일을 참 잘해'라고 할 때 보통은 업무 역량을 지칭하는 것이며, 실천하는 행동능력과도 관련이 있다. 이는 주로 하위직이나 중간관리층에 요구된다.

004 R 역량

자신과 상대방의 상황에 대한 이해를 바탕으로, 원만하고도 발전적으로 의사소통할 수 있는 능력을 말한다. 주의할 것은 '성격이 좋다'고 여겨지는 것과 R 역량이 우수한 것은 연관성이 높지 않다는 것이다. 조직 차원에서 R 역량은 더 나은 성과에 기여할 수 있어야 한다는 조건이 동반되기 때문이다. 이 역량은 상/하위 직급 간 연결고리 역할을 담당하는 중간관리층에 주로 요구된다.

PART I 이론

05. 역량 모델링

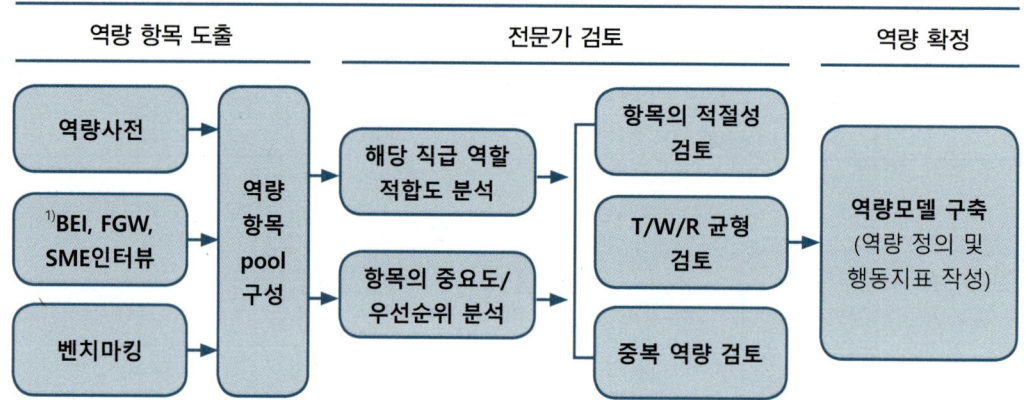

[1] BEI(Behavior Event Interview): 행동사건면접법(과거 업무수행에 초점을 맞춰 실시하는 인터뷰)
FGW(Focus Group Workshop): 해당 조직 내 직무/역할에 대한 내부 전문가 집단의 워크숍
SME(Subject Matter Expert): 직무전문가(도출하려는 직급역량의 해당 직급자나 상위 직급자)

001 역량모델링

특정 조직에서 특정 직무 및 직급의 역량을 도출하고 검토 및 확정하는 과정 그 자체를 역량모델링이라고 한다. 이 과정은 보통 3~4주 정도의 시간이 소요된다.

002 역량 항목 도출

콘 페리社의 FYI(For Your Improvement), Leadership Architect 등 역량 관련 전문서적에는 광범위한 직무나 업종에 적용할 수 있도록 보편적인 역량 수십 가지를 목록으로 정리해 두고 있다. 대부분의 역량사전은 이를 근거로 구성된다.

공무원 역량평가가 가장 많이 시행되는 5급 사무관의 역량을 도출하고자 할 경우, BEI나 SME 인터뷰는 1~4급 대상으로 실시된다. 1~2급 대상으로는 조직의 미션이나 전략 등 방향성을 근거로 5급 사무관에게 요구되는 역량을 도출하고, 3~4급은 실무적인 관점에서 우수 역량을 보유한 사무관의 특징을 통해 역량을 도출해 낸다. FGW는 현 5급 3~4명 혹은 수십 명을 모으고, 몇 시간 혹은 1박 2일 동안 설문과 토론을 통해 언급된 역량의 빈도와 중요도를 감안하여 실제 업무 수행에 따른 주요 역량을 도출한다.

역량 항목의 pool을 구성하기 위해서는 이처럼 역량사전, 전문가 인터뷰와 함께 다른 정부부처나 공공기관의 유사직급 역량을 검토하여 자주 언급되는 역량을 모으게 된다.

003 전문가 검토

역량 pool이 마련되면 다시 한 번 조직 내부의 직무전문가를 통해 우선순위와 중요도를 체크하고 역량을 점차 추려나가는 Screening 작업을 진행한다. 이 과정에 대학 교수 등의 역량평가위원이 투입되어 역량평가에 적합한 수준으로 역량모델을 구축하며, T/W/R이 균형적으로 고려되었는지, 중복된 역량은 없는지 등을 검토하게 된다.

004 역량 확정

확정된 역량은 교육/평가를 위해 구체적인 수준의 정의/행동지표가 마련된다.

06. 역량의 위계 구조

범주	구성	부가설명
역량 영역	리더역량　공통역량　직무역량	공무원 역량평가의 경우 영역의 구분이 없음
역량 속성	T(사고)/W(업무)/R(관계)	T/W/R의 균형을 고려하여 직급별 5~6개의 역량으로 구성
역량명 및 정의	[역량명] 전략적 사고 [정의] 다양한 정보의 분석을 통해 핵심을 파악하고 근본적/체계적 해결방안을 제시함	
하위요소	문제인식, 문제해결	역량당 2~3개의 하위요소 보유
행동지표	[문제인식] ■ 사실관계 및 문제상황을 파악 ■ 문제의 근본원인을 규명 ■ 문제상황을 이해관계자에게 공유 [문제해결] ■ 문제의 경중/시급성을 고려한 세부적 계획 제시 ■ 해결안의 파급효과/장애요인 예측 ■ 재발방지대책 수립	요소별 약 3개의 행동지표 보유

* "전략적 사고"역량 예시

001 역량의 구조적 특징

역량모델은 다층적인 속성을 가진다. 역량을 구분하는 가장 상위의 범주는 리더/직무/공통 역량으로 구성되는 영역의 구분이다. 다만, 공무원 역량평가에서는 이를 구분하지 않고 혼합하여 사용하므로 공무원 역량은 아래의 모든 특성을 모두 가지고 있다.

① 리더역량 : 조직의 성과를 향상을 위해 관리자로서 갖춰야 할 역량이며 계층적으로 요구된다.
② 직무역량 : 해당 직종에서 반드시 갖추어야 할 경쟁우위 요소를 말한다.
③ 공통역량 : 신입부터 최고위 관리직까지 어떤 직무나 직렬이어도 동일 조직의 일원이라면 기본적으로 누구나 반드시 갖추어야 할 역량을 말한다.

역량 영역의 하위에는 T/W/R로 대표되는 속성의 구분이 필요하다. 역량은 더 나은 성과를 거두기 위해 필요한 행동적 특징을 말하는 것이며, 모든 행동은 사고/업무/관계 측면에서 구분하여 살펴볼 수 있다. 특정 직급, 직무에 요구되는 역량은 보통 5~6개 정도로 규정되는데 물론 더 많은 역량이 성과에 영향을 미치기도 한다. 그러나 역량의 가짓수가 늘어날수록 또는 역량이 모호할수록 역량을 기반으로 한 평가/교육/훈련의 효율성은 떨어지므로 필수 역량을 적정 개수로 한정하고, 확정된 역량이 구체적인 행동으로 어떻게 나타나야 하는지 하위요소와 행동지표를 통해 구체적으로 명시한다.

07. 자주 사용되는 역량

구분	범주	역량명	하위요소
학습용 표준 역량	T (사고)	전략적 사고	문제인식/문제해결
		변화 지향	방향 제시/변화 주도
	W (업무)	성과관리	목표 수립/실행 및 달성
		조직관리	자원 확보 및 조직화/육성
	R (관계)	이해관계 조정	갈등요소 확인/조정안 제시
		의사소통	경청/효과적 의사전달

001 학습용 표준 역량

위에 제시된 그리고 지금부터 살펴볼 6가지 역량은 다양한 정부부처 및 기관에서 사용되는 역량을 MECE(Mutually Exclusive Collectively Exhaustive; 전체를 포함하면서도 상호 중복되지 않는) 관점에서 저자가 분류 및 정리한 것이다. 이는 5급 사무관의 역량을 기본으로 구성한 것이지만 다른 직급(고위공무원단, 4급, 7급 등)에서 활용되는 역량모델과 사실상 크게 다르지 않다. 단, 위의 역량을 발현하는 과정 및 범위에 있어서는 직급별로 다소 차이가 있으며, 이에 따라 역량명도 조금씩 달라질 수 있다.

002 T/W/R의 구분

이전 페이지를 통해 모든 역량은 T/W/R의 범주로 구분이 가능함을 학습했다. 그런데 모든 역량이 칼로 자른 것처럼 각 범주로 구분할 수 있는 것은 아니다. 예를 들어, '변화 지향' 역량의 경우 변화의 방향을 제시하는 측면에 있어서는 사고의 과정이 주로 사용되지만 변화를 주도하는 데 있어서는 상대방의 변화를 이끌어 내기 위한 관계적인 측면도 고려되어야 한다. 보다 큰 비중에 따라 범주가 구분되는 것이다.

003 행동지표

다음 페이지에서 제시되는 행동지표는 역량을 정의하는 최소 단위로서, 평가자의 관점에서 기술된 것이다. 따라서 역량평가 상황 중 해당 행동을 어떤 강도로 얼마나 자주 보이느냐에 따라 평가점수가 달라진다고 보면 된다. 이를 공개하는 것은 정답을 먼저 알려주고 평가를 시작하는 셈이지만 짧은 평가시간 중 관련 행동을 언제, 어떻게 표출하는지는 실습을 통해 적당한 요령을 쌓아야 하는 부분이다.

004 선진국의 공무원 역량평가

미국, 일본, 영국, 호주 등에서 실시되는 공무원 역량평가는 실시 목적에 있어 우리나라와 차이를 보인다. 선진국은 주로 교육훈련을 위주로 역량평가를 운영한다. 이에 따라 미국의 경우 공무원의 역량요소를 5개의 '핵심자질요건'으로, 영국은 10가지의 '공무원 역량모델'을 선정하여 학습자가 교육훈련 프로그램에 투입되기 전부터 해당 역량과 행동지표를 공개하고 있다. 우리나라는 선발에 초점을 두고 있어 거의 모든 기관이 역량모델을 비공개로 하고 있었으나 평가대상자들의 요구에 따라 사전정보를 제공하는 것으로 점차 바뀌어 가고 있다.

역량	역량 정의		
전략적 사고	다양한 정보의 분석을 통해 문제의 핵심을 파악하고, 근본적이고 체계적인 해결방안을 제시한다.		
	하위요소	행동지표	
	문제인식	▪ 다양한 정보를 활용하여 사실관계 및 문제상황을 파악한다. ▪ 다각적인 분석을 통해 문제의 근본 원인을 규명한다. ▪ 발생된 문제 상황을 조직 구성원 및 이해관계자와 공유한다. ▪ 문제상황으로 인한 파급효과를 고려한다.	
	문제해결	▪ 문제의 시급성, 경중 등 우선순위를 고려하여 대안을 제시한다. ▪ 근본원인 해결에 초점을 맞춘 대안을 제시한다. ▪ 대안이 미칠 파급효과 및 장애요인을 예측한다. ▪ 문제가 확산되거나 재발하지 않도록 보완대책을 수립한다.	
변화지향	조직 내/외부 환경변화를 적극 수용하여 업무 개선사항을 제시하고 구성원들을 동참시킨다.		
	하위요소	행동지표	
	방향 제시	▪ 변화가 가져올 결과/파급효과를 인식한다. ▪ 기존 관행/절차의 문제점을 인식한다. ▪ 변화를 긍정적으로 받아들여 기존 업무관행을 창의적으로 개선한다.	
	변화 주도	▪ 다양한 방안을 통해 팀원들이 변화에 참여할 수 있도록 유도한다. ▪ 변화의 장애요인을 예측하고 대안을 제시한다.	

역량	역량 정의	
성과관리	조직의 목표 달성을 위해 업무 방향성을 제시하고, 다양한 지원을 통해 성과를 지속적으로 관리한다.	
	하위요소	행동지표
	목표수립	▪ 조직의 미션 등 전략적 방향과 일치하는 목표를 구성원들에게 제시한다. ▪ 도전적이면서 달성 가능한 목표를 수립한다. ▪ 조직 구성원별 특성과 상황을 파악하여 역할을 배분한다.
	실행 및 달성	▪ 우선순위에 따라 업무를 계획하고 추진한다. ▪ 업무 추진 단계별 구체적인 추진사항 및 점검사항을 제시한다. ▪ 업무 추진 시 발생할 수 있는 다양한 변수를 고려하여 대안을 마련한다. ▪ 계획한 일정을 점검하여 업무 진행에 차질이 없도록 관리한다.
조직관리	조직 구성원들이 상호 협력할 수 있는 업무 분위기를 조성하고, 업무를 통해 모두가 성장할 수 있도록 원활한 업무 수행을 지원한다.	
	하위요소	행동지표
	자원 확보 및 조직화	▪ 업무 추진에 필요한 자원(집단/인적/물적/금전적/시간적 등)을 파악하여 확보한다. ▪ 다양한 채널을 통해 현재 보유한 자원의 한계점을 파악하여 해결방안을 마련한다. ▪ 자원 특성과 업무 상황의 적합성을 고려하여 업무를 배분한다.
	육성	▪ 조직 구성원의 성장을 위해 도전적인 업무 경험을 제공한다. ▪ 업무 및 조직 생활에 대한 피드백(지도/조언)을 제공한다. ▪ 구성원들을 격려하고 권한을 부여하여 자신감을 갖도록 돕는다.

역량	역량 정의	
이해관계 조정	내/외부 이해관계자들의 입장 차이를 이해하고, 합리적이면서 수용 가능한 조정안을 제시한다.	
	하위요소	행동지표
	갈등요소 확인	■ 갈등관계에 있는 이해관계자가 누구인지 파악한다. ■ 갈등상황에 대한 각 이해관계자의 입장을 파악한다. ■ 갈등이 발생한 근본적인 원인을 파악한다.
	조정안 제시	■ 이해관계자 중 한쪽에 치우친 개선안을 제시하기보다 전체적인 입장에서 더 큰 이득이 될 수 있는 방향으로 개선안을 제시한다. ■ 개선안에 대해 이해관계자가 납득할 수 있는 합리적인 근거를 제시한다.
의사소통	상대방이 전달하고자 하는 내용을 명확하게 파악하고, 자신의 의견을 논리적이고 효과적으로 전달한다.	
	하위요소	행동지표
	경청	■ 상대방이 편하게 발언할 수 있도록 적절한 질문을 던지고 충분한 발언 기회를 준다. ■ 적절한 제스처를 통해 상대방에게 집중하고 있음을 표시한다. ■ 상대방의 발언을 요약하여 확인함으로써 집중하고 있음을 표시한다.
	효과적 의사전달	■ 자료나 근거 등 사실에 근거하여 의견을 전달한다. ■ 논리성/체계성을 갖추어 상황에 적합한 의견을 전달한다. ■ 상대방이 이해했는지 중간중간 확인하며 발언한다.

08. 인사혁신처에서 제시하는 직급별 역량 예시

구분	범주	역량명	하위요소
고공단	사고	문제인식	정보의 구조화/문제 파악/원인 규명
		전략적 사고	환경분석/대안 수립/효과적 의사결정
	업무	변화관리	변화 수용/변화 주도/저항 극복
		성과지향	실행방안 제시/실행력 확보/실행 지원
	관계	고객지향	적극적 경청/효과적 의사전달/정책 수혜자 지향
		조정통합	이해관계 파악/협력적 분위기 조성/대안의 효과성
과장	사고	정책기획	현안 파악/정책의 타당성 검토/대안 제시
	업무	조직관리	내외부환경 이해/자원 확보/자원의 조직화
		성과관리	목표 수립 및 공유/업무방향 제시/실행 모니터링
	관계	의사소통	적극적 경청/효과적 의사전달
		이해관계 조정	이해관계 파악/갈등상황 해결 노력/협력적 관계 구축
		동기부여	부하 특성 파악/업무에 대한 피드백/관심 및 격려
5급	사고	기획력	창의적 정책 개발/업무계획 수립/효과적 보고서 작성
		논리적 사고	정보 수집/정보분석 및 활용/문제분석 및 해결안 발굴
	업무	상황인식/판단	문제 발굴 및 예측/주기적 업무 점검/효과적 문제 대응
	관계	의사소통	팀워크 촉진/상하매개/효과적 의사전달
		조정	네트워크 구축/의견 조율

001 역량 범주의 균형

역량 구성의 비중은 기관별, 직급별 다소의 차이가 있으나 큰 틀에서는 대동소이하다. 일반적으로 높은 직급일수록 사고→관계→업무 역량의 순서로 비중이 높으며, 중요하게 여겨지는 역량에 대해 보다 세분화하여 역량을 모델링한다.

I [이론]

04
과제의 종류와 특징

04. 과제의 종류와 특징

01. 주로 사용되는 평가과제의 종류와 특징

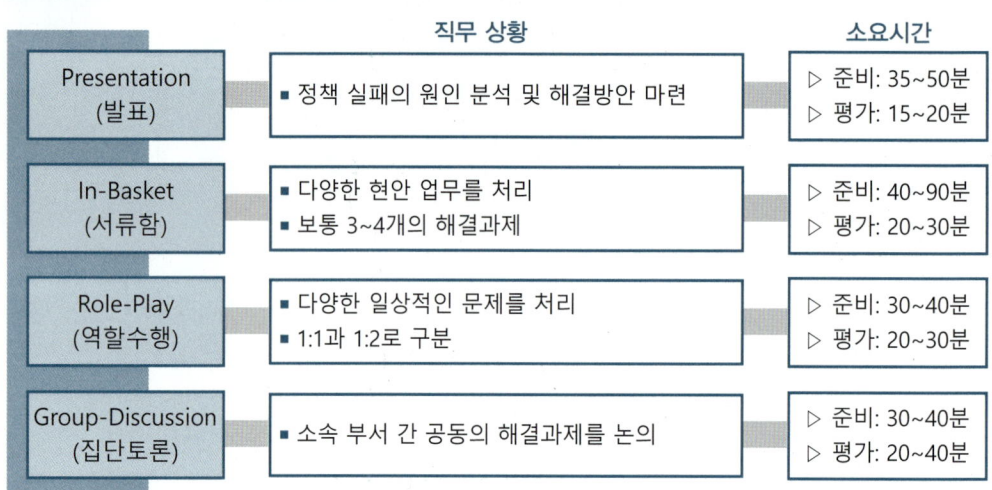

001 과제의 종류
공무원 승진후보자 역량평가는 보통 2~4개의 평가과제를 취급한다. 교과서적인 기준에 따르자면 2개의 평가과제를 사용하는 것은 역량평가로 구분되지 않으나 짧은 평가일정을 맞추기 위해 약식으로 활용되는 것이다. 최근에는 위의 4가지 과제 이외에도 'BEI(행동사건면접법)'를 시행하는 경우도 있다.

002 발표
기존 정책의 문제점을 파악하여 해결하는 기획보고서를 작성하는 형태로 구성된다.

003 서류함
서류함은 역량평가가 도입된 초기에 비해 가장 많은 변화가 있었다. 초기의 서류함은 50분 정도의 시간 동안 10~15개의 작은 해결과제가 주어지는 형태였으며, 대부분 일정을 조정하는 스케줄링 과제로 구성되었다. 이는 공무원의 업무와 상이한 부분이 많아 현재는 발표과제가 축약된 형태로 3~4개의 해결과제가 주어지는 방식이다.

004 역할수행
1:1 역할수행의 경우, 업무 내/외적으로 어려움을 겪는 부하직원을 코칭하는 유형이 많다. 대외적인 인터뷰나 발표가 많은 부처의 경우에는 기자와의 인터뷰, 업무대책 발표 등의 주제를 다루기도 한다. 1:2 역할수행의 경우에는 부서나 부처 간, 혹은 직원 간 갈등 상황에 대해 상급자의 입장에서 조정하는 상황으로 구성된다. 갈등의 조정 및 중재를 다루고 있으므로 상위직급으로 갈수록 1:1에 비해 1:2 역할수행을 다루는 경우가 많다.

005 집단토론
부처나 부서 간 특정한 목표 달성을 위해 의사결정 회의를 하는 상황으로, 예산을 배분하는 형태의 문제 상황이 가장 자주 등장한다.

02. 역량×과제 매트릭스

역량×과제 매트릭스	평가 역량					
	T(사고)		W(업무)		R(관계)	
	전략적 사고	변화 지향	성과관리	조직관리	이해관계 조정	의사소통
과제유형 Presentation	○	○			○	
과제유형 In-Basket	○		○	○		
과제유형 Role-Play		○	○	○	△	○
과제유형 Group-Discussion			△		○	○

001 역량×과제 매트릭스

역량평가에서는 일반적으로 5~6가지의 역량을 살펴보는데, 하나의 역량에 대해 2개 이상의 과제에서 2명 이상의 평가자가 살펴보는 것을 원칙으로 한다. 이를 전문용어로 MTMM(Multi Trait Multiple Method)이라고 하며, 역량을 중복 측정하도록 구성함으로써 평가의 타당성을 확보하는 것이다.

하나의 과제에서 살펴볼 수 있는 역량의 적정 개수는 2~3개로 판단된다. 살펴보는 역량의 수가 적을 경우 역량을 중복 측정하기가 어려우며, 4개 이상일 경우 역량을 깊이 있게 살펴볼 수가 없기 때문이다.

002 ○, △ 표기

○로 표기된 부분은 해당 평가과제와 역량을 살펴보기에 적합도가 높은 것이고, △ 표기는 해당 역량을 과제 내 미션과 상황을 어떻게 꾸미는가에 따라 어느 정도 해당 역량을 살펴볼 수 있는 경우를 뜻한다.

03. Presentation(발표)

구분	상세
과제 컨셉	"기존 정책의 문제점을 발견하여 최적의 개선안을 제시할 수 있는가"
과제 특징	과제풀이실(약 35~50분): 기존 정책안 / 신문기사(현황자료) / 조사/연구 보고서 / 이해관계자 의견 → 자료 검토 및 답안 작성 (평가 대상자) → 이동 → 평가실(약 20분): 평가자 ↔ 평가 대상자 (발표/질문)
분량	약 15~20페이지
평가 역량	주로 T 역량(전략적 사고)을 평가하며, W/R 일부(이해관계조정 등) 평가 가능함
평가 초점	발표한 내용에 대해서만 평가함

시간(분)	과정		세부내용
35~50	문제 풀이	가상 상황 이해	평가과제를 읽고 해결방안을 수기나 PC로 작성함 (정해진 시간 내에 답안 작성까지 완료해야 함)
		답안 작성	
5~10	답안 복사 및 이동		운영요원이 평가자에게 전달할 답안을 1부 복사하고, 평가 대상자는 평가실로 이동함
5	평가	발표	과제 내 다양한 상황에 따라 어떻게 처리할 것인지 발표하고, 평가자의 추가 질문에 답변함
10~15		Q&A	

001 과제의 구성

발표과제는 백이면 백, 기존 정책의 문제점을 발견하여 개선안을 제시하는 상황으로 구성된다. 따라서 과제의 도입부에는 현재의 상황에 대한 대략적인 소개와 함께 기존 정책이 제시되고, 중반부에는 다양한 이해관계자의 의견과 조사/연구 보고서, 후반부에는 문제 상황을 해결하는 데 참고가 될 만한 벤치마킹 등의 자료가 제시된다.

002 평가 초점

발표과제는 과제 유형상 '대인과제'로서, 평가 대상자가 작성한 답안은 평가의 참고용으로만 사용되며 실제 평가는 발표한 내용에 근거하여서만 이뤄진다. 그럼에도 불구하고 작성 답안의 내용에만 의존하여 평가를 진행하는 평가자도 있기 때문에 가급적 발표할 내용 전부를 답안지에 기재하는 것이 안정적이다.

003 평가자의 질문

발표과제를 통해 어떤 역량을 평가하든지 평가자는 다음과 같은 순서로 질문을 한다. 따라서 다음의 질문을 사전에 숙지하여 이에 적합한 형태로 답안을 작성할 필요가 있다. 답안은 본인의 평소 지론에 따른 추상적인 것을 지양하고, 주어지는 자료에 근거하여 구체적으로 작성해야 한다.

① 상황
  ▷ 현재 어떤 상황입니까?
  ▷ 그 중 가장 큰 문제라고 생각하는 것은 무엇입니까?
  ▷ 본 정책의 목표는 무엇입니까?
② 행동(대안)
  ▷ 현 상황을 해결하기 위한 주요 방안은 무엇입니까?
  ▷ 그러한 대안을 선정/제시하신 이유/기준은 무엇입니까?
  ▷ 대안을 어떻게 실행할 것인지 구체적으로 말씀해 주시겠습니까?
③ 결과
  ▷ 대안을 실행할 경우 예상되는 기대효과는 무엇입니까?
  ▷ 대안을 실행할 경우 예상되는 장애요인은 무엇이며, 어떻게 대처하시겠습니까?

004 자주 출제되는 유형

발표과제는 가장 정형화된 평가과제로서 어떤 기관에서 어떤 직급을 대상으로 하는 것이든 동일한 유형으로 구성되고 풀이구조 또한 단순한 편이다. 현 정책의 문제점을 발견하여 개선사항을 제시하는 것이기 때문이다. 반면 과제 상황에 적용되는 주제는 가장 다양하다. 정책의 실패 사례는 어느 분야에서도 어렵지 않게 발굴할 수 있기 때문이다. 평가과제를 만드는 컨설턴트들은 본인의 기호에 따라 전통문화, 교육, 관광, 사회적 취약계층 등 다양한 분야에서 주제를 찾아낸다. 따라서 역량평가에 대비하고자 기존 평가과제의 족보 등을 찾아 주제에 대해 연구할 필요는 없다.

PART I 이론

04. In-Basket(서류함)

구분	상세
과제 컨셉	"짧은 시간 동안 다양하고도 많은 일상적인 업무가 몰려드는 상황 속에서 평가 대상자는 얼마나 빠르고 명확한 의사결정을 내리는가" ▷ 전통적인 서류함 기법은 시간의 압박을 전제로 하고 있으므로 서류함 기법에 한해서는 '순발력 테스트'의 성격을 띠는 것이 적절하나 발표과제가 축약된 형태의 현 서류함은 발표과제와 동일하게 접근하는 것이 좋다.
과제 특징	과제풀이실(약 40~90분) [이메일, 메모, 회의록, 전화 ...] → 자료 검토 및 답안 작성 → 평가 대상자 → 이동 → 평가실(약 20분) 평가자 ↔ 평가 대상자 (발표/질문)
분량	약 15~25페이지
평가 역량	모든 역량을 평가할 수 있으나 주로 T/W 역량(전략적 사고, 성과관리 등)을 평가함
평가 초점	작성한 답안에 대해서만 평가함

시간(분)	과정		세부내용
40~90	문제 풀이	가상 상황 이해	평가과제를 읽고 해결방안을 수기나 PC로 작성함 (정해진 시간 내에 답안 작성까지 완료해야 함)
		답안 작성	
5~10	답안 복사 및 이동		운영요원이 평가자에게 전달할 답안을 1부 복사하고, 평가 대상자는 평가실로 이동함
5	평가	발표	과제 내 다양한 Task별로 어떻게 처리할 것인지 발표하고, 평가자의 추가 질문에 답변함
10~15		Q&A	

001 전통적인 서류함

기존의 서류함은 시간적인 여유가 있다면 누구나 처리할 수 있는 다양하고도 가벼운 일상적인 업무로 구성되었다. 대신에 매우 제한적인 수행시간을 전제조건으로 하여, 바람직한 행동에 대한 고민의 시간이 부족했다. 즉, 평가 대상자의 평소 생각과 행동이 그대로 드러나게 되는 방식이었다.

과제의 첫 페이지에는 반드시 달력과 업무 스케줄이 제시되었고, 수행할 업무는 활용 가능한 시간적/인적 자원이 유기적으로 얽히고설켜 있다는 것이 가장 큰 특징이다. 업무 처리는 구체적 실행 계획까지 작성할 필요가 없으며, 위임/즉시 수행/연장/기획안 선정/취소 등 가벼운 의사결정을 내린 후 대략적 업무 처리 방향성을 설정하는 방식이다.

002 현재의 서류함

전통적인 서류함 기법은 현재 국내 대기업에서만 사용되며, 공무원의 경우, '축약된 발표과제가 연관성 없이 3~4개 나열된 형태'로 바뀌었다. 왜 현재의 서류함은 전통적인 방식과 차이를 보이게 되었을까. 이는 공무원의 업무가 대체로 정(靜)적인 것에 편향돼 있는 것과 관련이 있다. 평가가 가능한 수준으로 과제 상황을 구성하기 위해서는 여기저기서 돌발적인 변수가 발생하는 것으로 꾸며져야 하는데, 이 경우 현실적인 업무와의 괴리감이 발생한다. 따라서 평가 이후 관련 문제로 이의를 제기하는 것을 방지하기 위해 지금의 형태로 과제의 형태가 변형된 것이다. 사실, 과제 상황을 통해 활용 가능한 자원이 유기적으로 얽혀 있지 않고 단순히 단독 과제가 여러 개 출제되는 형태는 엄밀히 말해 서류함 과제로서의 의미가 없다. 그럼에도 불구하고 변형된 형태의 서류함이 평가도구로서 유지되는 것은 서류함이라는 이름하에 온갖 업무 상황을 다 몰아 넣으면 T/W/R기준, 역량의 모든 영역을 전반적으로 평가할 수 있기 때문이다.

003 과제의 구성

서류함은 일상적인 업무 상황을 가정하고 있기 때문에 다양한 형태의 자료(예 업무일정표, 메모, 이메일, 전화통화 내용, 보고서, 회의록 등)로 과제가 구성된다.

004 평가 초점

서류함은 과제 유형상 '개인작업' 과제로 분류된다. 따라서 과제를 통해 주어지는 상황을 어떻게 해결하는지, 평가 대상자가 작성한 답안을 근거로만 평가한다. 질의응답 시간은 작성된 답안이 역량을 관찰하기에 모호한 경우 추가 질문을 통해 재확인하는 과정이지만 사실 구색 갖추기식이다. 작성된 답안에서 드러나지 않았으나 질의응답을 통해 역량이 확인될 경우에도 평가 점수에는 반영이 되지 않기 때문이다. 이는 역량을 점검한다는 역량평가의 근본 취지에서 벗어나는 것이며, 이와 같은 비상식적인 규정은 개선될 필요가 있다.

005 자주 출제되는 유형

평가 대상자는 가상 기관의 특정 부서에 소속된 사람으로 가정되며, 약 3가지의 해결과제가 주어진다. 보통 2가지는 기존에 추진한 정책의 개선방안을 마련하는 것이고, 나머지 1개는 업무 인력조정에 관한 해결과제로 구성되는 편이다.

05. Role-Play(역할수행)

구분	상세
과제 컨셉	"부하직원의 업무 수행상 어려움을 파악하여 업무를 조정하고 동기부여 할 수 있는가"
과제 특징	과제풀이실(약 30~40분): 업무결과 보고서, 이메일, 업무분장표, 성과평가서 → 자료 검토 (평가 대상자) → 이동 → 평가실(약 20~30분): 평가자 1, (1:2일 경우) 평가자 2, 면담 (평가 대상자)
분량	약 10~15페이지
평가 역량	주로 W/R 역량(성과관리, 동기부여, 의사소통 등)에 대해 평가함
평가 초점	대화 내용에 대해 평가함

시간(분)	과정	세부내용
30~40	가상 상황 이해	평가과제를 읽고 해결방안을 마련(작성할 답안은 없음)
5	이동	평가실로 이동
20~30	면담	평가자(면담대상자 役)의 업무상 어려움을 어떻게 처리할 것인지 대화를 통해 해결

001 전통적인 역할수행

기존의 역할수행은 평가 대상자가 검토하는 과제 상황 내에서 자료가 충분하지 않을 경우 평가 상황 중 대화를 통해 평가자에게서 문제 해결을 위한 추가적인 정보를 얻을 수 있게 구성되었다. 이를테면 진상조사(Fact-Finding)의 특징이 일부 포함된 형태였다. 여기에는 두 가지 이유가 있다. 첫째, 모든 역할수행은 부하직원과의 면담 상황으로 구성되기 때문이다. 둘째, 역할수행에서는 주로 의사소통, 동기부여, 성과관리 등의 역량을 평가하기 때문이다. 이 두 가지 이유를 정리해 보면, 역할수행은 부하직원이 다른 사람에게 말하기 어려워하는 업무 내/외적인 어려움을 발견하여 그가 원활히 업무를 수행할 수 있도록 환경을 조성하고 동기를 부여해야 한다는 것이다. 따라서 평가 대상자가 문서 형태로 제공받는 평가과제에는 부하직원이 어려움을 겪는 상황을 아주 구체적으로 묘사하지 않아야 한다. 실제 대화를 통해 어려움을 파악하고 상대방이 공감할 만한 대안을 제시하는 것이 역할수행의 기본이기 때문이다.

002 현재의 역할수행

엄밀히 말하면 모양새만 유사하게 갖췄을 뿐 현재의 역할수행은 서류함(IB)이나 발표(OP) 과제에서의 질의응답(Q&A) 시간과 다를 것이 없다. 거의 모든 역할수행은 면담의 형태를 띠고 있고, 면담의 실시 이유는 문서만으로 파악하기 어려운 상대방의 여건 등을 파악하여 그에 적합한 조치를 내려준다는 것인데, 현재의 역할수행은 평가 대상자가 과제 검토를 통해 이미 결론을 내린 상태에서 면담을 실시하기 때문이다. 이러한 조건에서는 본인이 주도적으로 대화를 이끌어 나가는 것보다 서류함과 마찬가지로 상황을 인식하여 대안을 마련하는 것에만 집중하는 것이 중요하다.

003 과제의 구성

역할수행에는 보통 3~4개의 이슈(해결과제)가 포함된다. 1~2개는 기존에 추진한 정책의 개선방안을 마련하고, 나머지 1~2개는 면담대상자(평가자)의 동기부여 및 구성원 업무 재분장 등으로서 구성 측면으로 살펴보면 대체로 서류함(IB)과 유사하다.

004 평가 초점

역량평가의 모든 평가 상황 중에는 **본인이 수령한 과제 및 작성한 딥인/메모 등 모든 자료를 참고하며 평가에 임할 수 있다.** 따라서 역할수행 평가 중에 얼마든지 자료를 살펴보는 것이 가능하나 아이컨택이 많지 않을 경우 평가자의 성향에 따라 감점 요인이 될 수 있으므로 가급적 자료 살펴보는 시간을 짧게 가져가도록 한다.

005 자주 출제되는 유형

해결과제 중 기존 정책의 개선방안을 마련하는 유형은 발표과제만큼의 복잡성은 띠지 않고, 서류함과 유사한 수준으로 볼 수 있다. 다만 차이가 있다면 서류함은 문서로만 평가하고, 역할수행은 대화로만 평가한다는 것이다.

동기부여 역량을 점검할 경우의 해결과제는 ① 조직 내부 구성원 중 업무 성향상 맞지 않는 사람으로 인한 심적 고생, ② 조직문화와 업무에 대한 부적응, ③ 업무 과다 상황 등으로 구성된다. 또한, 성과관리 역량의 경우에는 ① 적임자 선정, ② 업무 과다 등으로 구성된다.

06. Group-Discussion(집단토론)

구분	상세
과제 컨셉	"공동의 목표 달성을 위해 어떤 기준을 마련하여 3자 간 협의/조정 과정을 진행할 것인가"
과제 특징	과제풀이실(약 30~40분): 1차 사업 결과 보고서, 실태조사 보고서, 2차 사업 기획안 → 자료 검토 → 평가 대상자 → 이동 → 평가실(약 20~40분): 평가자 1, 평가자 2, 평가자 3 관찰 / 참가자 2, 평가 대상자, 참가자 3
분량	약 15~25페이지
평가 역량	주로 R/W 역량(이해관계조정, 의사소통, 성과관리 등)에 대해 평가함
평가 초점	토론 내용 및 태도에 대해 평가

시간(분)	과정	세부내용
30~40	가상 상황 이해	평가과제를 읽고 해결방안을 마련(작성할 답안은 없음)
5	이동	평가실로 이동
20~40	토론	하나의 미션에 대해 서로 다른 입장을 가진 3인의 평가 대상자가 토론을 통해 이해관계를 조정하여 합의점을 도출

001 집단토론의 유형

① 역할 없는(Non-assigned), ② 역할 고정(Assigned)의 2가지 유형으로 구분된다. 먼저, 역할 없는 집단토론을 살펴보면 4명 이상인 다수의 평가 대상자가 한 토론에 참가하는 경우에 사용된다. 이는 민간기업에서 신입사원을 선발하거나 교육하는 경우 적절한 방식이며, 점검하고자 하는 역량과 함께 성격적인 측면까지 살펴볼 수 있다.

반면, 거의 모든 공무원 역량평가에서는 역할이 고정된 집단토론 방식을 사용한다. 토론에 참가하는 인원은 3명으로서 각자의 역할은 다르나 토론 시 부여받은 역할에 따른 유/불리가 특별히 발생하지 않도록 과제를 개발하는 단계에서 밸런스 조절을 한다.

002 집단토론 과제의 변화

공무원 역량평가의 집단토론은 항상 3인이 참여하는 1:1:1 방식으로만 진행된다. 기존의 집단토론 과제는 본인을 제외한 나머지 토론 참가자 2인의 대략적인 역할에 대해서만 알 수 있도록 구성되었다. 예를 들어, 7번 토론 참가자에게는 "A역할 가이드"를, 8번 토론 참가자에게는 "B역할 가이드", 9번 토론 참가자에게는 "C역할 가이드"만이 제공된 것이다. 따라서 토론에 참가하는 상대방의 상세한 정보와 입장은 실제 토론과정을 통해서만 알 수 있었다. 이는 집단토론이 주로 커뮤니케이션 역량을 살펴보는 것이기 때문이다. 즉, 상대방과의 대화를 통해 필요한 정보를 주고받는 것도 평가 역량 중 일부였다는 것이다. 그런데 실제 역량평가 상황 중에는 참가자들이 각자의 정보를 잘 공개하려 들지 않거나 거짓된 정보로 토론을 본인에게 유리한 방향으로 이끌어 가는 경우가 종종 발생했다. 이에 대한 이의제기가 누적되어 현재는 토론에 참가하는 모든 사람들의 상세 역할가이드를 온전히 볼 수 있는 것(A/B/C 역할 가이드 전체를 7/8/9번 참가자 모두가 볼 수 있음)으로 바뀌었다.

003 토론 전략

역량평가는 상대평가가 아닌, 평가자 가이드에 근거한 절대평가 방식을 따른다. 따라서 토론에 참가하는 상대방은 경쟁상대가 아니다. 즉, 집단토론은 제로섬(Zero-sum) 게임처럼 상대방을 이기는 데 주력할 것이 아니라 하나의 공동 목표를 달성하기 위해 거시적 관점에서 파이를 키울 수 있도록 포지티브섬(Positive-sum) 게임으로 접근하는 것이 적절하다. 과제 상황 내 소속 조직 혹은 정책 수혜자 입장에서 봤을 때 보다 큰 이익이 될 수 있는 방향으로 합의점을 도출하도록 한다.

004 자주 출제되는 유형

① 예산 배분(어느 부서가 추가 편성될 예산을 더 많이 가져갈 것인가), ② 인력 차출(신규 사업을 위해 어느 부서에서 더 많은 인원을 차출할 것인가), ③ 우선추진사업 선정(각 부서에서 기획한 사업 중 어떤 것을 우선적으로 추진할 것인가) 등의 3가지 유형이 주로 출제된다.

005 주의사항

과거에는 토론의 결론을 내지 않더라도 토론의 과정을 통해 측정된 역량으로만 평가를 진행하였으나 현재는 결론이 나지 않는 경우 감점 요인으로 분류하므로 주의해야 한다.

07. BEI(Behavior Event Interview, 행동사건면접법; 업무실적평가)

구분	상세
컨셉	"과거 2~3년 사이에 어떠한 도전적인 업무를 수행하며 역량을 발현했는가"
특징	**성과 검토(평가 1~7일 전)**: 평가 대상자가 인사정보 제출 → 평가자에게 업무실적 보고서 작성 및 제출 → **이동** → **평가실(약 20~50분)**: 평가자에게 발표, 질문
인터뷰	**BEI 질문 구조 / 질문 예시** **메인 질문** • 그동안 담당했던 업무 중 특별히 어려웠던 업무가 있습니까? • 부하직원을 육성하기 위해 특별히 취한 행동이 있습니까? **보조 질문** • S(Situation) : 어떤 상황이었습니까? • T(Task) : 해결과제에는 어떤 것이 있었습니까? • A(Action) : 구체적으로 어떻게 대응하셨습니까? • R(Result) : 그 결과는 어떠하였습니까? **심층 질문** • 그 상황이 발생한 배경은 무엇입니까? • 어떤 어려움이 있었고, 어떻게 극복했습니까? • 그 상황에서 당신은 구체적으로 무슨 역할을 하였습니까? [인터뷰 내용] 평가 대상자가 과거에 수행한 실제 업무를 기반으로, 평가하고자 하는 역량에 따라 메인→보조→심층 질문 순서로 인터뷰를 실시한다. [인터뷰 대비 방법] 조직문화, 인적/물적 자원, 관행 등의 한계로 인해 수행에 어려움을 겪었던 특정 업무를 슬기롭게 대처하는 시나리오 2~3가지를 본인이 사전에 직접 작성해 보는 것이 좋다.

Ⅰ [이론]

05
평가 당일 참고사항

05. 평가 당일 참고사항

01. 각 실의 배치

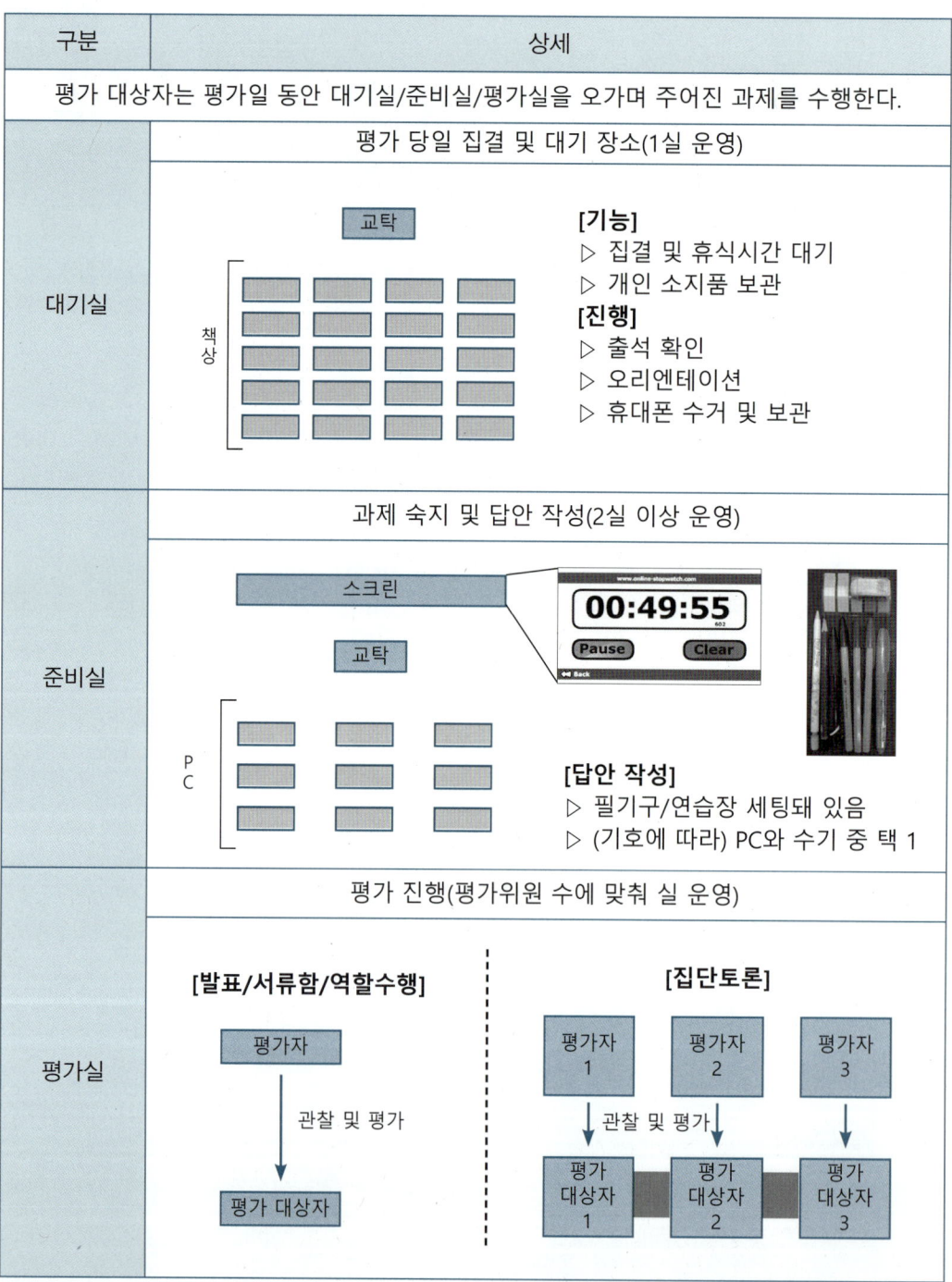

02. 자주 물어보는 질문

유형	구분	상세
비즈니스 매너	복장	역량평가 안내문에서는 평가 당일 자유복장을 권한다. 의상은 평가와 무관하므로 굳이 넥타이까지 다 갖춰 입을 필요는 없으나 등산복/트레이닝복/슬리퍼 차림은 평가위원들이 좋아하지 않는다. 비즈니스 캐주얼 정도가 가장 무난하다.
	인사	평가실에 들어서며 평가위원에게 90도로 인사할 필요는 없다. 인사는 평가에 아무런 영향을 미치지 않는다. 특히 평가를 마치고 나오며 "잘 부탁드린다"는 청탁성 인사는 절대 하지 않도록 한다.
	칭찬	상대방에 대한 칭찬은 평가에 영향을 미치지 않는다. 특히 역할수행 중 상대방 역할을 수행하는 평가위원이나 집단토론 중 다른 참가자에게 외모/목소리 등에 대한 칭찬은 전혀 필요하지 않다. 대신 과제 상황 속 상대방의 업무 수행이나 의견에 대한 칭찬/격려는 사실에 근거하여서만 하되, 과도한 띄워주기에 시간을 들이는 것은 지양하는 것이 좋다. 평가를 통해 점검하고자 하는 역량을 드러낼 수 있는 시간이 생각보다 많지 않다.
평가과제	과제 관리	모든 평가과제의 검토는 대기실에서 이뤄진다. 여기에서는 평가과제/PC/필기구/메모지/답안지 등이 주어지고 주어진 시간 동안 과제를 숙지하고 답안을 작성한다. 평가과제는 그 위에 메모를 해도 되고, 자신이 보기 편한 대로 찢거나 뜯어서 봐도 무방하다.
	정보의 진위	역량평가 과제에는 불필요한 정보가 들어가 있지 않다. 일부 사기업 고위급 역량평가 과제에는 왜곡된 정보를 통해 함정을 마련하여 평가 대상자 수준의 변별을 보다 두드러지게 만드는 경우도 있으나 공무원 역량평가 과제는 모든 자료가 단순한 1차 해석에만 기반하여 활용 가능하게 구성되어 있다. 정보를 복잡하게 구성하여 다각도로 해석할 수 있도록 만드는 것은 진상조사(Fact Finding) 과제에만 국한된다.

유형	구분	상세
답안 작성	분량 (서류함의 경우)	역량평가가 도입된 초기에는 답안을 간결하게 작성하더라도 평가 대상자의 발표, 평가자와의 질의응답 시간을 통해 역량이 확인될 경우 점수를 인정하였다. 그러나 요즘에는 실제로 작성한 답안에 근거하여서만 평가가 이뤄지고 있으므로 최대한 구체적으로 작성하는 것이 좋다.
	PC	PC로 답안을 작성할 경우 "한글" 프로그램을 이용하게 되는데 프로그램 활용의 숙련 정도는 평가와 아무런 연관이 없다. 그럼에도 불구하고 보기 좋게 만들기 위해 도형을 그려 넣는다든가, 표에 음영을 넣거나 글씨 크기/색깔을 다양하게 하는 데 많은 정성을 쏟는 평가 대상자가 있다.
	수기	PC와 수기의 선택에 따른 평가의 유/불리는 전혀 없으며, 수기를 선택할 경우 많은 사람들이 본인의 필체에 대해 걱정한다. 역량평가에 투입되는 평가자들은 경험이 많아 악필을 읽어내는 데 크게 어려움을 겪지 않으므로 염려하지 않아도 된다.
	해결과제 수	서류함 과제 안에는 3~4가지 정도의 작은 해결과제가 포함돼 있다. 서류함은 과제 특성상 기본적으로 시간 압박을 전제로 하고 있으므로 완벽한 답안을 시간 내에 작성하기가 어렵다. 만약 4개의 해결과제가 주어질 경우 3개를 완벽하게 처리할 것인지, 4개를 75% 수준으로 처리할 것인지 고민하는 평가 대상자가 많다. 이는 역량평가의 활용 목적에 따라 다르다. 2.5점 이상 득점한 사람에게 승진후보 자격이 주어지는 허들방식일 경우 4개의 과제를 모두 건드려 주는 것이 안정적이고, 상위득점자 순으로 선발할 경우에는 3개의 과제를 완벽히 처리하는 것이 유리하다. 단, 이 경우 남은 1개의 해결과제에 답안을 구체적으로 작성하지 않더라도 해결 방향에 대해 대략적으로 대안을 마련할 필요는 있다. 해당 해결과제는 질의응답 시간을 통해 평가 대상자에게 업무처리 방향성에 대해 언급할 수 있는 기회가 주어진다.

유형	구분	상세
답안 작성	분석기법	현업에서 문제 상황을 분석하는 데에는 다양한 전략적 프레임워크(Strategic Framework)가 활용될 수 있다. 예를 들자면 SWOT, STP, 4P, 3C 등이 그것이다. 민간기업에서 역량평가를 진행하면 이를 활용하는 평가 대상자가 많으나 공무원 역량평가에는 굳이 사용할 필요도 없고, 사용한다 하더라도 좋은 평가를 받기가 어렵다. 평가자가 주로 심리학, 행정학 교수로 구성되어 있는데 그들은 해당 도구의 활용에 익숙하지 않기 때문이다. 분석도구를 사용할 경우 문제 상황에 복잡하게 접근한다는 부정적인 인상을 심어 줄 가능성이 있다.
	정답	역량평가는 업무 수행에 따른 결과물로 평가하는 것이 아니라 수행과정상의 논리를 살펴보는 것이다. 따라서 역량평가에는 정답이 없는 것이 원칙이며, 사전교육에서도 그렇게 교육을 하고 있다. 그럼에도 최근의 공무원 역량평가 과제(집단토론 제외)는 사실상 단 하나의 정답을 과제 속에 숨겨둔 채로 개발한다. 이는 ① 평가의 일관성을 유지하고, ② 평가과제 개발자의 편의를 확보하기 위함이다. 하나의 정답만이 존재해야 과제를 개발하는 입장에서도, 평가를 진행하는 입장에서도 편하다.
	인용	과제 속 문제 상황을 해결함에 있어서는 과제를 통해 제시되는 자료와 정보만으로 처리해야 한다. "본인의 과거 경험상 이러이러하게 했더니 잘 해결되더라"는 방식의 접근방법은 옳지 않다. 해결과제의 대안 마련은 항상 평가과제 내에 제시되는 자료에만 기반하여야 한다.
자료 활용	참고	평가실로 이동할 때에는 본인의 과제/메모를 가지고 갈 수 있으며 해당 자료를 보면서 평가에 임할 수 있다. 그러나 시선을 시종일관 자료에만 두고 그대로 읽는 것은 지양해야 한다. 서류함의 질의응답, 역할수행, 집단토론 중에는 가급적 상대방과 시선을 맞춰주는 것이 좋다.

유형	구분	상세
평가 상황	경청	역할수행이나 집단토론에서 항상 평가되는 역량 중 하나인 경청은 무조건적인 듣기 능력을 평가하는 것이 아닙니다. 상대방이 자신의 의견을 말할 수 있도록 ① 본인이 먼저 적절한 질문을 던져야 하고, ② 상대방이 발언 시 시선을 맞춰준다거나 추임새(예 네, 그렇죠 등), 고개를 끄덕이는 등 언어/비언어적인 행동을 통해 본인이 집중하고 있음을 알리고, ③ 의견을 듣고 난 이후에는 발언 내용을 요약하여 상대방에게 재확인함으로써 경청 역량을 드러낼 수 있다. 그리고 듣기를 잘한다는 것은 귀로 듣는 것만이 아니라 상대방 의견에 적절한 피드백을 하는 것도 포함돼 있다. 상대방의 의견을 재확인한 이후 본인 의견과의 차이점을 정확히 짚어내고 적대적 관계가 아닌 공생의 입장에서 타협점을 찾아가는 것이 적절하다.
	의견 수용	역할수행과 집단토론에서 상대방과 본인의 이견을 좁혀갈 때 일방적인 태도는 지양하는 것이 좋다. 당연한 얘기지만 상대방의 의견을 무조건 수용한다거나 본인의 의견만 주장하지 않아야 한다. 역할수행이 집단토론에서는 평가 대상자가 과제를 숙지하는 시간 동안에 상대방에게 어떤 요구를 할지 대화/토론 전략을 수립하게 된다. 이후 상대방을 대면했을 때 ① 자신이 수립한 전략만을 고집한다거나 ② 자신이 다음 발언 기회 때 할 말을 찾기 위해 자료만 쳐다보고 있는 평가 대상자가 대단히 많다. 그런데 역할수행과 집단토론 과제는 사람 간의 역동 상황에서 발현되는 역량을 살펴보는 과제이므로 본인이 최초에 수립한 전략은 상대방과의 대화를 통해 얼마든지 수정될 수 있다는 자세로 임하는 것이 적절하다.
	의사결정 시점	모든 평가과제 내 해결과제는 해당 직급자의 권한 범위를 벗어나지 않는다. 따라서 과제를 통해 제공되는 자료가 부족하다 여겨지는 경우에는 의사결정을 미루지 말고 현 조건에서 가장 바람직한 방향으로 대안을 마련하여야 한다.

Ⅱ [실습]

01
발표(Presentation)

| 평가 과제 | 해설 |

본 책에서는 주로 사용되는 4가지 유형의 과제와 함께 해설을 수록하였다. 파트별로 좌측 페이지에 평가과제, 우측에는 해설이 배치돼 있다.

01. 발표(Presentation)

 **Presentation**

[발표]
- 평가과제 -

평가 대상자 확인사항

평가과제는 총 16장으로 구성되어 있습니다.
빠진 페이지나 잘못 인쇄된 페이지가 없는지 확인 후
하단의 응시번호 및 성명을 기재하시기 바랍니다.

응 시 번 호	
성 명	

 **해설**

⊙ 과제풀이에 앞서

평가과제는 보통 스테이플러를 찍은 형태로 만들어진다. 좌상단에 심을 박은 경우도 있고, 책자 형태로 정 가운데에 심이 박혀 있는 경우도 있다. 과제를 풀다 보면 페이지를 오가는 경우가 많은데, 최초의 형태를 유지한 채로 과제에 임하지 않아도 된다. 자신이 보기에 편하도록 스테이플러 심을 제거하거나 낱장으로 하나하나 뜯어 뒤섞어 놓더라도 평가점수와는 아무런 관련이 없다.

⊙ 필기용품

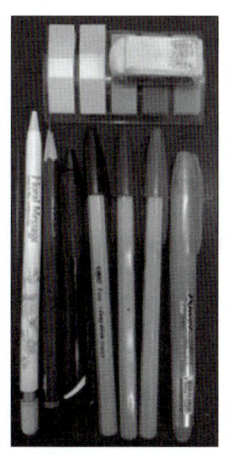

포스트잇, 연필, 지우개, 색깔 볼펜, 형광펜 등 필기에 필요한 기본적인 도구는 모두 제공된다. 특히 가장 자주 쓰이는 검은색 펜의 경우, 사용자의 다양한 취향을 고려하여 볼펜, 수성펜, 사인펜 등 종류대로 마련해 두는 경우가 많다. 그러나 본인이 평소에 손에 익은 필기구만을 사용하고 싶다면 평가장에 갖고 들어가는 것도 좋다. 특별한 허가를 필요로 하진 않으나 되도록이면 사용 전 평가장을 관리하는 운영요원에게 미리 이야기해 두는 것을 권한다.

⊙ 시간관리

당연히 문제풀이를 하는 평가장에서는 스마트폰이나 스마트 워치 등 스마트 기기를 가지고 들어갈 수 없다. 최초 집결지에서 스마트 기기를 회수하며, 일반적인 손목시계만 허용한다. 평가를 운영하는 측에서는 전면의 스크린을 통해 좌측 그림과 같은 스탑워치 프로그램을 띄워 놓거나 커다란 벽걸이 시계를 마련해 둔다. 또한 완료 10분, 5분, 1분 전 등 주요 시간대마다 남은 시간을 알려주기도 한다.

PART II 실습

01. 평가 대상자 가이드

과제안내	■ 발표(Presentation) 과제는 1. 평가 대상자가 가상의 상황에 대한 다양한 자료를 파악하고, 2. 의사결정, 최적안 선정, 기획 등을 정리하여 평가자에게 보고하고, 3. 발표 내용에 대한 질의응답을 진행하는 방식입니다. ■ 진행 안내 ▷ 50분: 과제 숙지 및 답안 작성 ▷ 10분: 답안 복사 및 이동 ▷ 05분: 발표 ▷ 15분: 질의응답

참고사항	■ 제시된 가상 조직에 관한 사항을 숙지해야 합니다. 과제 내에 어떠한 자료가 제시되어 있는지를 먼저 파악하는 것이 도움이 됩니다. ■ 해당 상황에 등장하는 "사람들"과 "날짜", "e-mail", "첨부파일" 등의 내용을 신속하게 파악해야 합니다. ■ 본 과제와 관련하여 정해진 답안은 없습니다. 중요한 것은 의사결정 결과뿐만 아니라 결정 과정에서 어떠한 사항과 절차들을 고려했는지 하는 것입니다. ■ 과제에 지시된 상황을 실제 상황처럼 여기고 자신이 할 수 있는 최선의 해결책을 마련하여 답안지에 자세히 서술해야 합니다.

유의사항

- 본 과제에 제시된 자료는 현실 상황을 반영하여 평가 목적에 맞게 재구성한 것입니다. 내용이 현실과 다소 다르더라도 주어진 상황에 맞게 과제를 진행해야 합니다.
- 자신이 현재 담당하고 있는 업무 내용 및 전문지식을 기반으로 진행해서는 안 됩니다. 다만 자신의 경험을 예시로 제시할 수는 있습니다.
- 과제를 해결할 때에는 첨부된 자료를 활용하시고, 제시된 자료와 반대되거나 일치하지 않는 현실정보는 활용할 수 없습니다.
- 자신이 자료에 제시된 역할에 해당하는 인물이라고 생각하고 진지하게 최선을 다해 역할을 수행해야 합니다.

 해설

⊙ 주요사항

역량평가 기관에 따라 본 페이지는 생략되거나 훨씬 간략하게 정리돼 있다. 거듭 얘기하지만 현재의 역량평가는 시간과의 싸움이다. 실전에서는 과제풀이 시간을 조금이라도 더 확보하는 것이 중요하므로 해당 페이지는 건너뛰는 것이 바람직하다. 따라서 어떠한 내용이 들어가 있는지에 대해서는 지금 읽어보고 숙지할 것을 권한다.

⊙ 과제 안내

평가를 시행하는 기관마다 과제의 평가시간은 제각각 다르다. 따라서 본 페이지에서 주의해야 하는 부분은 평가시간 관련된 사항 하나뿐이다. 시간 관련 안내는 평가 현장에서 여러 번 언급되며, 문제풀이 전에도 다양한 형태로 숙지할 수 있는 기회가 주어진다.

⊙ 참고사항

과제에 정답이 없다는 문구는 역량평가의 홍보에 단골처럼 등장하는 것이지만 역량평가의 과제 내에는 항상 정답의 단서가 여기저기에 배치돼 있다. 앞서 이론 파트에서 역량평가에 대해 소개한 바에 따르면 역량평가는 정답이 존재할 수 없으며, 문제 해결을 위한 단서는 즉각적으로 적용 가능한 것과 응용하여 적용해야 하는 것으로 나뉘어진다. 그러나 현재의 공무원 역량평가에서는 정답이 존재하며, 정답의 단서는 대부분 조합만 잘 하면 정답을 만들어 낼 수 있다.

과제를 어떤 식으로 살펴보며 단서를 수집해야 하는지, 어떻게 단서를 조합하여 정답을 만드는 것인지에 대해서는 본 파트에서 살펴보기로 한다.

⊙ 유의사항

문제 상황 해결을 위한 단서는 항상 과제 내에서 발견한 것만으로 한정된다. 과제와 유사한 실제 상황을 예로 들어 작성된 답안은 평가위원이 인정해 주지 않으므로 유의한다.

PART Ⅱ 실습

02. 상황 개요

오늘은 2020년 9월 1일입니다.

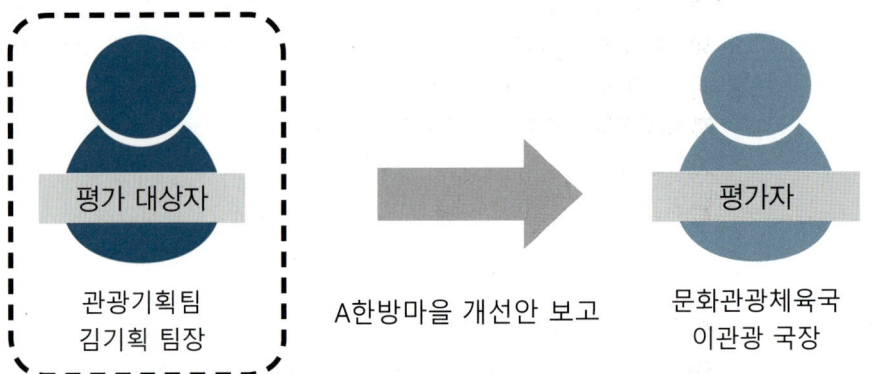

평가 대상자 — 관광기획팀 김기획 팀장
A한방마을 개선안 보고
평가자 — 문화관광체육국 이관광 국장

과제 상황

- 지난 2017년 1월, A시는 침체된 지역경기를 되살리고자 중앙구(區)의 좌동, 중동, 우동 일대에 보존돼 있는 한옥을 중심으로 "A한방마을"을 조성하였다.
- 한방마을을 통해 지역경제는 성장세로 돌아섰으나 외지 방문객 대상 조사를 통해 접근성과 체험 프로그램 부족 등 몇 가지 문제점도 지적되었다.
- A시는 문제점을 보완하고자 'A한방마을 개선사업'을 기획하였다.
- 본 개선 사업에 대해 좌동, 중동 주민들은 찬성하는 반면, 우동 주민들은 보다 형평성 있는 계획을 요구하며 반발하고 있다.

평가 대상자 역할

- A시 문화관광체육국 문화관광정책과 관광기획팀 팀장의 역할을 맡아, 문화관광체육국 국장에게 'A한방마을 개선안'을 보고해야 함

평가 대상자 해결과제

1. A한방마을의 문제점 파악
2. 다양한 이해관계자의 시각에서 지역의 개발 방향성을 분석
3. 갈등 상황을 타개할 수 있는 조정안을 마련하여 제시

 해설

▶ 과제사항

다른 모든 유형의 평가과제와 마찬가지로 발표과제에서도 가장 먼저 살펴보아야 하는 부분은 현 상황에 대한 전반적인 파악이고, 특히 갈등구조, 문제의 발생원인에 집중할 필요가 있다.

▶ 메모하기

평가 상황 중에는 메모지와 필기구가 제공된다. 메모하는 순서는 다음과 같다.

평가 중 제공되는 A4용지(연습장)에 메모하기

①
A한방마을 개선사업 기획

②

	+	-
좌동		
중동		
우동		

발표과제는 역량평가의 주요 4개 과제(서류함, 발표, 역할수행, 집단토론) 중에서 서류함에 이어 두 번째로 시간이 부족한 과제이다. 숙지하는 시간을 최소화하여 해결방안 마련에 필요한 시간을 더 많이 확보할 필요가 있으므로 메모는 가급적 간결하게 해야 한다. ①과 같이 현재의 이슈가 무엇인지만 적고, ② 주요 이해관계자(등장집단)를 칸 안에 기입한다. 평가과제 내의 상황은 특정 이해관계자에게 유리하기만 하거나 불리하기만 한 상황이 아닌, 보다 다층적인 구조로 이뤄진다. 따라서 과제를 읽어 나가며 개별 이해관계자에 있어 유/불리한 부분을 기입할 수 있도록 A4용지 한 페이지 가득하게 칸을 미리 만들어 놓고 과제를 읽어 나가는 것이 중요하다.

PART II 실습

03. 자료 목록

No.	자료명	세부
1	지역 현황	▪ A시 중앙구 소개
2	조직 현황	▪ A시청 소개
3	이메일	▪ A시 문화관광체육국 문화관광정책과 박문화 과장의 업무 지시 이메일
4	신문기사-1	▪ A한방마을 관련 신문기사
5	A한방마을 조성 사업 결과	▪ A한방마을 조성사업 개요 ▪ 세부 시행 내용 및 사업 성과
6	A한방마을 개선 사업 기획안	▪ 사업 목적 ▪ 추진 방향
7	신문기사-2	▪ A한방마을 코스 특성 및 지역관광 정보
8	회의록	▪ 2차 사업 방향에 따른 지역주민의 불만사항
9	신문기사-3	▪ 2차 사업 방향에 대한 지역주민의 요구사항
10	칼럼	▪ 타 지역 한옥마을 사례

 **해설**

🔵 자료 목록

발표과제(OP)는 자료 구성 측면에서 역할수행(RP)과 함께 가장 정형화된 과제이다. 답안지(수기/PC 선택 가능)를 작성하여 제출 및 보고해야 하는 미션이 주어지는데, 해결 주제가 무엇이든지 구성내용의 형태는 대동소이한 편이다. 보다 세부적으로 살펴보자면 추진하려는 사업에 대한 소개를 시작으로, 추진에 걸림돌이 되는 요소(갈등 상황 부각) 그리고 장애요인을 잘 극복한 사례 등 크게 3부분으로 구성된다. 따라서 발표과제(OP)의 경우 평가 상황 중에는 자료 목록이나 목차에 대한 페이지는 소제목을 볼 필요도 없이 건너뛰어, 문제풀이에 사용할 수 있는 시간을 조금이라도 더 확보하는 것이 바람직하다.

🔵 자료 구성

발표과제는 보통 다음과 같은 순서와 내용으로 구성된다.

쪽수	소제목	내용	자료 형태
1	표지	▪ 과제명/응시번호/성명	
1	유의사항		
1	목차		
1	상황 개요	▪ 상황/해결과제의 요약	
1	조직 소개	▪ 조직도 및 조직미션	조직도
1	미션 소개	▪ 해결과제 부여	상사의 이메일
1	미션 상세	▪ 문제의 발생원인 소개	신문기사
2~4	사업 소개	▪ 문제 상황의 구체화	사업기획서, 타당성 조사
3~5	갈등 상황 부각	▪ 찬성/반대/기타 의견	회의록, 뉴스, 온라인 게시판
1	전문가 의견	▪ 문제 상황의 해결단서	인터뷰, 연구보고서
1~2	국내외 사례	▪ 벤치마킹 사례	칼럼

04. 지역 현황

| A 시청 안내 | 브랜드/상징 | 비전 | 역사 | 정보 |

정보
- 기본현황
- ✓ 행정구역
  - 중앙구
  - △△구
  - ○○구

☐ **중앙구 기본현황**

▎**행정구역**
- 3개 동(좌동, 중동, 우동)

▎**인구 및 세대수**

구분	좌동	중동	우동
인구수(명)	2,129	2,953	1,524
세대수	983	1,042	860
[1)]한옥보존율(%)	38	42	78

[1)] 한옥보존율 : 전체 가옥 수 대비 한옥 비율

▎**경제산업**

구분	좌동	중동	우동
농업	51%	24%	43%
관광업	37%	63%	41%
기타	12%	13%	16%

▎**도시개발**
- 1971년 옛 도읍지로서의 문화재 보호를 위한 고도 제한 및 한옥보존지구 지정
- 1996년 개발제한구역 완화에 따른 야영장, 산림욕장 설치 허가
- 2018년 한옥지구 정비사업 추진을 통해 일부 지역 상업시설 허가
- 2019년 A한방마을 개장

▎**지역 특색**
- 우리나라를 대표하는 전통문화유산의 보고로서 세계적인 역사문화 도시이며, 특히 중앙구의 3개 동에 걸쳐 옛 도읍터가 남아 있음
- A시는 농업이 발달된 도농복합시이며, 중앙구는 다른 구에 비해 관광업 비중이 높음
- 좌동과 중동은 평지로서 접근성이 좋고, 경사지형에 위치한 우동은 제한적인 개발로 인해 한옥이 잘 보존돼 있으며 옛 성곽의 흔적이 남아 있음

해설

⊙ 주요사항

발표과제를 포함한 모든 역량평가 과제에서 제시되는 자료의 수치는 크게 부각되는 것만을 주의해서 살펴보는 것이 적절하다. 예를 들어, 실제 업무에서는 1% 혹은 0.1%의 차이가 크게 다른 결과를 가져오기도 하지만 역량평가에서 그 정도의 차이는 사소한 것으로 치부해 버린다. 가령, 좌측에 제시된 표에서 "인구 및 세대수" 중 "한옥보존율"을 살펴보면 좌동과 중동은 4% 차이를 보여 주고 있다. 이는 우동의 한옥보존율과 비교했을 때 상대적으로 작은 차이인 것이다. 따라서 해당 표에서는 '우동의 한옥보존율이 다른 두 지역에 비해 상대적으로 높다.'는 메시지만 체크하고 넘어가는 것이 적절하다.

⊙ 메모사항

과제 상황 중 특이한 부분에 대해서는 역량평가 과제 위에 체크와 메모를 하거나 현장에서 제공되는 연습장 등에 기록하여 답안 작성에 참고하도록 한다. 단, 아래와 같이 문장 전체를 만들지 말고, 본인만 알아볼 수 있도록 보다 효과적, 효율적인 방법으로 기록하도록 한다.

1. 우동의 한옥보존율은 다른 두 지역에 비해 상대적으로 높다.
2. 중동은 다른 지역에 비해 농업의 비중이 낮고, 관광업의 비중이 높다.
3. 중앙구는 잘 보존된 한옥 등을 바탕으로 한방마을을 개장했다.

과제에 따라 문제 상황이 발생한 해당 지역의 기본정보는 다양한 형태로 제시된다. 어떤 유형이 정보가 어떻게 제시되는 것과 상관없이 지역의 면적, 기후, 인구, 인종, 언어, 정치적 환경 등은 과제를 수행해 나가는 데 있어 아무런 영향을 끼치지 않는다. 이는 대한민국의 특정 지역을 떠올리지 않도록 하기 위해 가상의 환경을 꾸민, 즉 보조적인 장치에 불과하기 때문이다(단, 국립외교원 과제는 제외). 따라서 과제의 정보를 습득할 때는 보다 큰 틀에서 살펴보는 것을 기본으로 한다.

05. 조직 현황

☐ **시정 방침**

1. 함께하는 복지도시
- 기본적인 복지를 세심하게 보장하여 한 사람도 소외되거나 차별당하지 않는 도시

2. 품격 있는 문화도시
- 깊은 역사를 바탕으로 A시의 격을 한 단계 높이고 창조적 아이디어를 접목하여 가장 한국적인 세계도시로 위상을 제고

☐ **조직도**

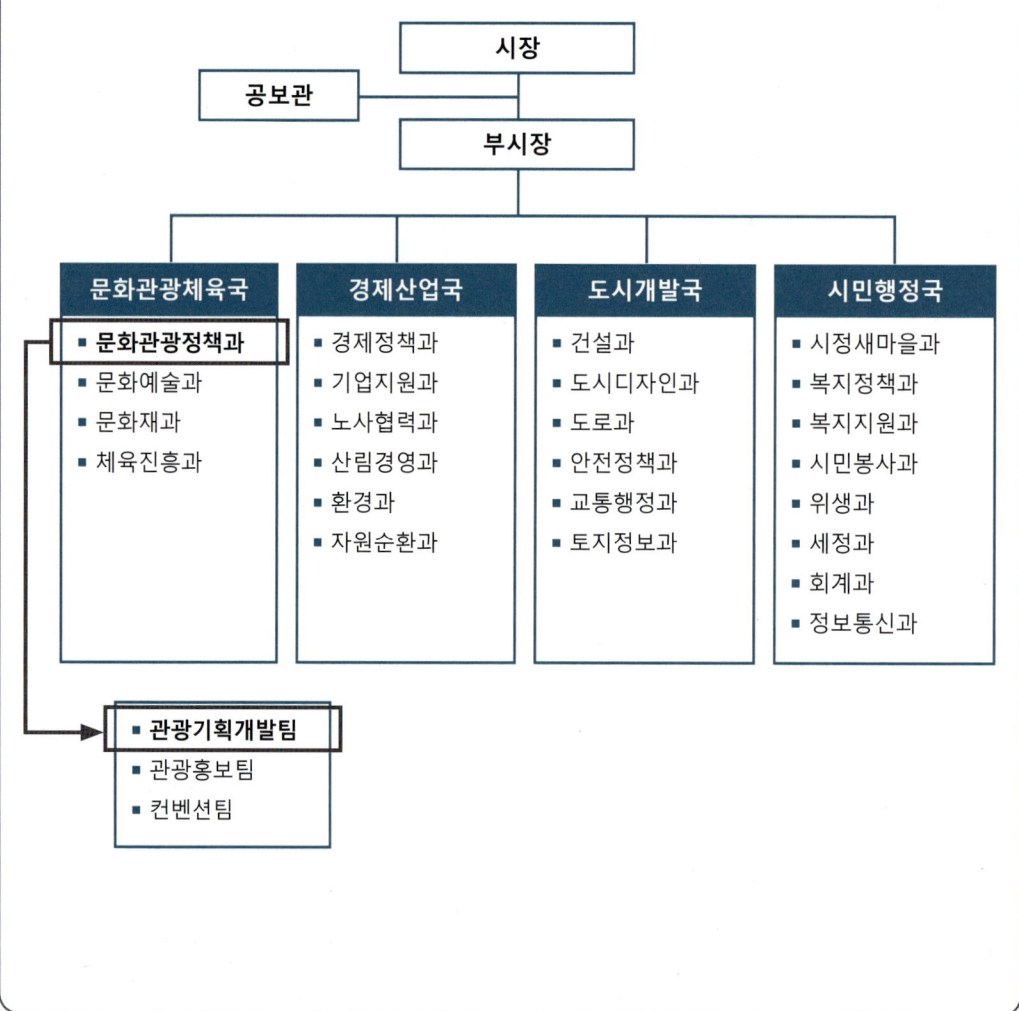

 해설

⊙ 주요사항

조직도가 나오는 페이지에서 중요하게 살펴보아야 하는 것은 역설적으로 조직도가 아니다. 조직도를 보여 주는 이유는 평가 대상자가 어떤 가상의 조직에 속해 있는지를 알려 주고자 하는 것인데, 이는 대략적인 업무 파악을 위한 것으로서 조직도를 살펴보지 않더라도 파악이 가능한 부분이다.

조직도가 나오는 페이지에서는 일반적으로 국정 방침, 시정 방향 등의 전략적 차원에서 조직이 추구해야 하는 것을 함께 표기해 두거나 평가 대상자가 속한 가상조직이나 팀의 미션, 업무 등이 기술돼 있다. 역량평가에서 고득점을 원한다면 유의해야 하는 부분은 바로 여기에 있다. 발표과제에서 문제 상황을 개선하기 위해 마련해야 하는 기획안은 조직의 방향성과 일치해야 하기 때문이다.

본 평가과제에서는 시정방침 2가지를 보여주고 있다. 이를 근거로 하여 과제를 추리해 보자면, A시 내에서는 현재 특정 집단이 소외되거나 차별받고 있으며, A시의 오랜 역사와 창조적 아이디어가 제대로 결부되어 있지 못한 상황임을 알 수 있다. 따라서 답안은 이러한 부분을 반드시 건드려 주어야 하며, 시정 방침에 적합한 문제해결 대안을 제시하고 있음이 드러나야 한다.

⊙ 메모사항

A시의 시정 방침에 따르면 소외/차별 없는 복지도시, 오랜 역사에 아이디어를 접목한 문화도시를 지향한다.

06. 이메일

받은 메일함

[답장] [전체답장] [전달] [간편답장] [삭제] [스팸신고] [이동]

제목: 2차 A한방마을 개선사업 계획 수정보고 관련
보낸 날짜: 2020년 9월 15일(수) 09:27:11
보낸 사람: 문화관광체육국 문화관광정책과 박문화 과장
받는 사람: 문화관광체육국 문화관광정책과 관광기획팀 김기획 팀장

안녕하세요, 김기획 팀장님. 문화관광정책과장 박문화입니다. 팀장님이 부임한 지 얼마 되지 않았는데 이렇게 어려운 일을 맡겨드리게 되었네요.

우리 A시는 지역 고유의 문화유산을 바탕으로 관광산업 활성화를 통해 침체된 지역경제를 되살리고 지역 슬럼화를 방지하고자 2018년 1월 중앙구에 "A한방마을"을 조성하였습니다. 사업 이후 방문객과 운영수익 측면에서 기대 이상의 성과를 거두고 있습니다. 특히 20~30대 젊은 층의 반응이 좋아 SNS를 통해 지속적으로 화제가 되고 있는 부분이 긍정적입니다.

그런데 예상을 훨씬 웃도는 방문객의 증가로 인해 몇 가지 개선되어야 할 측면이 두드러졌고, 이를 해결하기 위해 "A한방마을 개선사업"을 추진하고자 합니다. 이번 사업기획에 대해서는 중앙구 주민 간 갈등이 심화되고 있습니다. 좌동과 중동 주민들은 원안대로 시행하는 것에 찬성하고 있으나 우동 주민들은 생활권 침해를 우려하며 계획의 전면적인 수정을 요구하고 있습니다.

장기적으로 한방마을이 더욱 성장하기 위해서는 "A한방마을 개선사업" 계획에 대한 재검토가 필요한 것으로 보입니다. 이에 대해 이관광 국장님께서 팀장님에게 보고를 지시하셨습니다. 팀장님은 관련 자료를 검토하여 중앙구 주민들의 불만사항 및 주민 간 갈등 원인을 파악하고, "A한방마을 개선사업"에 대한 의견을 작성해 주시기 바랍니다. 국장님은 오후에 일정이 있으신 관계로 한 시간 후에 보고받고자 하십니다.

개선의견 정리 시에는 한방마을의 취지에 어긋나지 않는 방향으로 의견을 주시길 부탁드립니다.

 해설

⊙ 주요사항

모든 역량평가 과제의 도입부에는 상사가 보내 온 이메일이 보인다. 과제의 미션을 보여주기에 가장 자연스러운 방식이기 때문이다. 사실, 이메일의 내용은 과제 앞부분에 배치된 "상황 개요" 페이지를 풀어서 서술한 것에 지나지 않는다.

동일한 내용을 두 번 보여주는 것은 역량평가 과제의 시대적 변화와 관련이 있다. 역량평가가 도입된 초기에는 "상황 개요" 페이지가 없거나 있다 하더라도 지금처럼 과제 내용을 상세하게 담고 있지 않았다. 이는 글자 수를 줄여 과제풀이에 필요한 시간을 단축시킴과 동시에, 해결해야 하는 과제 상황을 평가 대상자 스스로 정의 내려 수행할 수 있도록 환경을 구축하기 위함이다. 즉, 역량이 없는 사람은 그냥 넘어갈 만한 상황에 대해 역량이 있는 사람은 해결해야 하는 문제로 인식하는 차이가 있을 것이라는 가정이다.

기존의 방식이 역량을 평가하기에 매우 효과적이지만 이에 대해 역량평가 대상자인 공무원들의 많은 민원이 제기되었다. 일반적인 공무원 선발시험에서 문제가 명확한 것과 달리 역량평가에서는 대체 무엇을 해야 하는지 모르겠다는 것이 민원의 주된 내용이다. 역량평가를 보급하고 확산시키기 위해서는 이러한 민원에 대처할 필요가 있었으므로 지금의 형태로 과제가 변형된 것이다.

⊙ 메모사항

"상황 개요" 페이지 내용의 반복이므로 특별히 메모힐 것은 없다. 실제 역량평가 현장에서는 과제 상황을 한 번 더 숙지한다는 느낌으로 본 페이지를 빠르게 읽으며 넘어가는 것이 좋다.

07. 신문기사-1

A한방마을 관광객 급증이 불러온 명암

K일보

2020년 8월 25일
강정원 기자(jwkang@ktoday.com)

A시 중앙구에 위치한 A한방마을 방문객이 올해 상반기에만 130만 명으로 집계됐다. A한방마을은 A시에서 지역경제 발전을 위해 조성한 공간으로, 2019년 1월에 개장한 이후 지금까지 약 320만 명의 관광객이 방문하였다. 5년 전 K한옥마을의 성공 이후 전국적으로 한옥마을이 우후죽순처럼 조성되고 있어 A한방마을의 이와 같은 폭발적인 반응은 예상하기 어려웠다.

전문가들은 기존에 형성돼 있던 다른 지역의 여러 한옥마을은 지나치게 평준화되어, A한방마을만의 차별적인 요소가 방문객을 유인할 수 있었다는 분석이다. 특히 다른 한옥마을이 젊은 층의 방문에 대한 의존도가 높은 반면, A한방마을의 경우 유소년층의 체험 현장 교육을 위한 민속촌과 중장년층을 겨냥한 한방의료 테마가 더해져 다양한 연령층을 끌어들일 수 있었다는 점이 돋보인다. 또한 방문객 대상 설문조사에 따르면 A한방마을의 재방문 의사는 68.3%로서 유사한 다른 한옥마을의 53%를 크게 웃도는 수치를 보이고 있다.

그러나 한방마을 조성 전 실시했던 수요예측조사보다 지나치게 많은 방문객이 몰려, 협소한 주차장은 주차 공간을 찾으려는 방문객을 입장하기 전부터 지치게 하고 있다. 게다가 체험 프로그램이 다양하지 못하여 입장 이후에도 프로그램별 평균 약 1시간의 긴 대기시간을 필요로 하고 있다. 전문가들은 "현재까지는 A한방마을이 지역경제에 큰 기여를 하고 있는 것이 사실이나 A한방마을이 한 단계 더 성장하기 위해서는 곳곳에서 드러난 문제점을 반드시 해결해야 한다"고 지적한다.

 해설

주요사항

발표과제 전체를 놓고 봤을 때 약 3/5 지점까지는 상황에 대한 설명이 주로 나온다. 이후 4번째 구간에서는 개선안의 방향성 및 제약조건 제시, 마지막으로 대안 마련에 활용할 수 있는 벤치마킹 자료가 배치된다.

신문기사나 뉴스 형태는 상황이 구체적으로 묘사되기에 앞서 대략적으로 문제 상황을 알려주는 데 적합하다. 따라서 해당 페이지에서는 상황을 대략적으로 파악하는 데 중점을 두는 것이 적절하며, 구체적인 수치에 방점을 찍어가며 읽을 필요는 없다.

메모사항

대략적인 상황을 파악할 때는 도식화하여 메모하는 것이 보다 유리하다. 발표과제를 푸는 동안 문제 상황을 해결해 나가는 명확한 기준을 세워 두고 접근해야만 일관성 있는 대안을 제시할 수가 있는데, 도식화된 메모는 문제가 발생하게 된 순서와 해결해 나가야 하는 방향을 보다 단순하게 보여주기 때문이다. 단순한 기준을 세워 놓고 추가자료를 통해 얻는 정보를 덧붙여 가는 것이 답안을 보다 논리적으로 만드는 방법이다.

```
┌─────────────────────────────────────────────┐
│   A시는 지역경제 발전을 위해 A한방마을을 조성    │
└─────────────────────────────────────────────┘
                      ↓
┌─────────────────────────────────────────────┐
│              폭발적인 반응 이유                 │
│  ① 평준화된 타 지역 한옥마을과 달리 차별적인 요소가 존재 │
│  ② 유소년층의 체험 기능                         │
│  ③ 중장년층의 한방의료 테마 체험                 │
└─────────────────────────────────────────────┘
                      ↓
┌─────────────────────────────────────────────┐
│               수요예측의 실패                   │
│  ① 협소한 주차장                               │
│  ② 긴 입장 대기시간                             │
└─────────────────────────────────────────────┘
```

단, 이러한 사항을 모두 연습장에 적는 시간을 절약하기 위해, 평가과제에 색깔 있는 볼펜으로 번호를 붙여가며 표기해 두는 것이 적절하다.

08-1. A한방마을 조성사업 결과(1/2)

A시 「A한방마을 조성사업」 추진결과 요약 보고서

A시청 문화관광체육국 문화관광체육과
2020.07.20

■ **A한방마을 조성사업 개요**

○ 조성 목적
  ▷ 지역경제 기반 구축 및 품격 있는 문화 관광도시로서의 위상 확립

○ 추진 일정

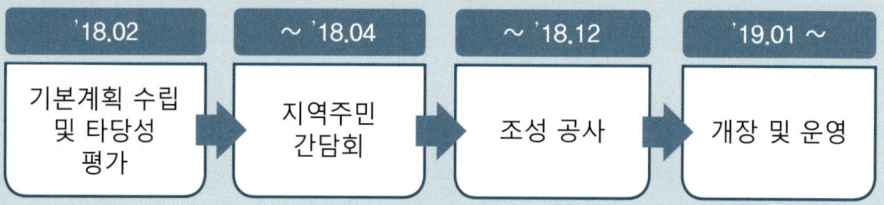

○ 위치 및 구성

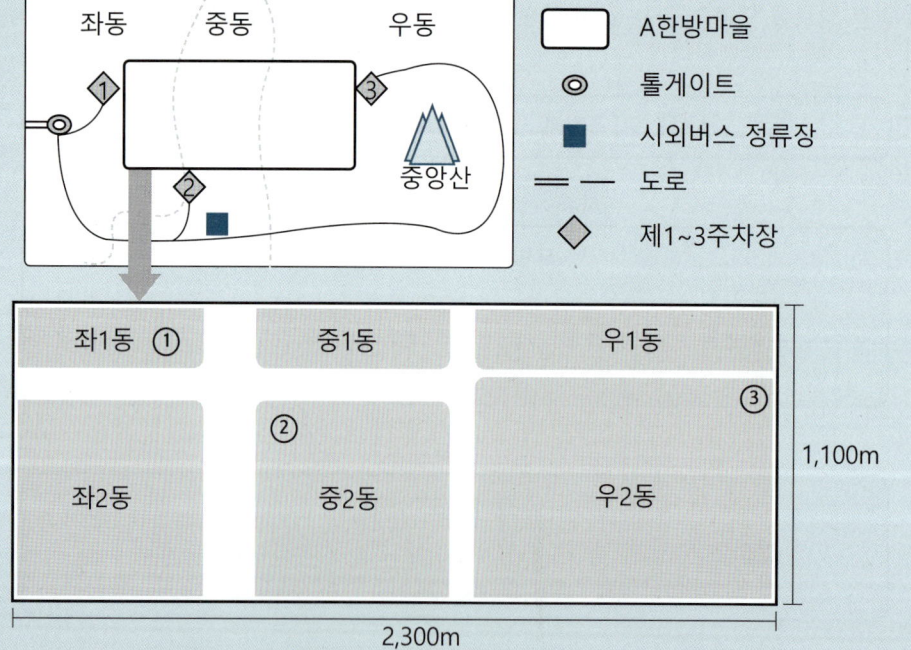

▷ 위치: A시 중앙구 소재(면적 2,530,000m²)
▷ 구성: 현재 좌/중/우동 2,985가구, 6,606명 거주(총 2,124동 중 한옥은 1,629채)
  ① 민속촌   ② 한방의료 체험관   ③ 민속박물관

해설

▶ 주요사항

거의 모든 발표과제는 기존에 추진했던 어떠한 사업에 대해 개선안을 마련하는 유형을 보이고 있다. 따라서 발표과제에는 거의 필수적으로 사업계획서나 사업결과보고서가 포함되므로 역량평가 대상자는 평소에 몇 가지 다양한 정책 관련 사업계획서나 사업결과보고서를 살펴보고 그 형태에 익숙해지는 것이 좋다. 단, 과제에서 제시되는 사업계획서 및 결과보고서는 실제 문서와 달리 2~3페이지 정도로 간략하게 구성되므로 핵심 내용만 담겨져 있다. 도입부와 달리 여기부터는 과제를 보다 꼼꼼하게 읽는 것이 중요하다.

과제를 읽을 때 '중간중간 어떠한 함정이 숨겨져 있는 것은 아닐까'하며 의심을 가지는 사람들이 있다. 그런 사람들은 자료의 디테일에 대단히 많은 신경을 기울여 큰 흐름을 놓치기도 한다. 예를 들어, 제시된 추진 일정의 순서가 잘못되었는지 혹은 추진 날짜가 잘못되었는지 살펴보는 것 등이다. 민간기업의 역량평가에서는 함정이 될 만한 요소를 배치하는 경우도 간혹 있으나 공무원 역량평가 과제에서는 절대 그렇지 않다. 과제를 꼼꼼하게 읽어야 한다는 것은 실제 업무처럼 사소한 부분에 신경 써야 한다는 것이 아니라 문제 상황이 무엇인지 큰 흐름 속에서 보다 명확히 파악해야 한다는 뜻이다.

▶ 메모사항

1. 톨게이트가 있는 좌동, 시외버스 정류장이 있는 중동에 비해 우동은 접근성이 좋지 못하다.
2. 좌동과 우동의 한방마을 관련 시설은 몰려 있는 데 반해 우동의 시설은 동떨어져 있다.

08-2. A한방마을 조성사업 결과(2/2)

☐ **실태분석**

1. 관광객 방문 추이

	2019년 상반기	2019년 하반기	2020년 상반기
방문객 수	42만 명	71만 명	130만 명

2. 연령대별 관광객 추이

연도 \ 연령대	10대	20대	30대	40대	50대	60대↑
'18	7%	7%	9%	13%	29%	35%
'19	3%	12%	25%	28%	20%	12%

3. [1)]NPS(순 추천고객지수)

A한방마을 NPS	68.3점

※ 방문객 4,000명을 대상으로 조사('18.08.)
[1)] NPS : 고객이 지인에게 추천하는 정도를 나타내는 지수(~10점: 낮음, ~50점: 보통, 50점~: 높음)

4. 체험 프로그램 이용현황 및 만족도

소재	프로그램명	[2)]이용비율	NPS	비고
좌동	민속촌	80%	95점	무료
중동	한방의료 체험관	75%	70점	유료
우동	민속박물관	30%	45점	유료

[2)] 이용비율 : 전체 관광객 중 해당 프로그램을 이용한 관광객 비율

5. 관광객 의견 종합
- 공영주차장이 협소하여 불법주차를 하거나 비싼 요금의 민간주차장을 이용
- 프로그램 및 시설 수가 부족하여 사람이 붐비며 입장 대기시간이 길어짐
- 한 번 보고 지나가는 전시성 시설보다 체험할 수 있는 시설이 더욱 필요함

☐ **실태분석사업성과**('17년 평균 대비)
▷ A시 방문 관광객 증가(한방마을 조성사업 이전인 18년 대비 3배 이상 증가)
▷ 지역 경제 활성화(누적 경제효과 약 100억 원 추정)

 해설

> 주요사항

도표나 그래프는 보고서 형태의 자료에 필수적으로 들어간다. 이는 자료의 형태를 갖추기 위한 것이기도 하지만 역량평가 과제에서는 하나의 의미가 추가된다. 표나 그래프는 평가 대상자가 과제 상황을 얼마나 명확하게 이해하고 있는지를 평가하는 목적으로 사용되기도 한다. 문자로 전달되는 정보와 달리 표와 그래프는 해석 작업을 필요로 하기 때문이다.

하나의 표에는 일반적으로 하나의 메시지가 담겨 있다. 다양한 의미를 떠올리려 한다거나 구체적인 수치에 연연하지 말고, 단순한 하나의 메시지를 찾아내는 데 주력하도록 한다.

> 메모사항

1. A한방마을을 찾는 관광객이 급속히 증가하고 있다.
2. A한방마을 조성 이후 관광객의 평균 연령대가 내려갔다.
3. 좌동과 중동에 비해 우동의 체험 프로그램은 이용객이 적으며 만족도가 낮다.
4. 주차장 부족
5. 추가적인 체험 프로그램 마련 필요

9-1. A한방마을 개선사업 기획안(1/2)

A시 「A한방마을 개선사업」 기본계획안

A시청 문화관광체육국 문화관광체육과
2020.07.20

☐ **A한방마을 개선사업 개요**

○ 추진배경
- 관광객 증가로 인한 시설 확장 필요성 대두
- 관광객 연령대 변화에 따른 맞춤형 추가 시설 마련

☐ **추진 방향**

1. 교통시설 확충

○ 주차장 확장 및 셔틀버스 운행을 통해 관광 편의성 제고

① 주차장 확장
- 제1주차장(기존 700대 수용 → 2,000대 수용)
- 제2주차장(기존 500대 수용 → 1,500대 수용)
- 제3주차장(기존 300대 수용 → 500대 수용)

② 셔틀버스 운행
- 제1주차장 및 제2주차장 간 셔틀버스 운행(기존 도보 40분 → 버스 5분)
- 30분 단위로 운행

2. 체험 프로그램 마련

○ 다양한 프로그램 마련을 통해 관광객의 즐길 거리 확보

프로그램	주요 대상	구성
다도 체험관	전 연령대	인근 중앙산의 약초를 다려 만든 약초차 판매
수지침 체험관	중장년층	1일 교육이수 과정(수료증 발급)
약초 박물관	중장년층	지역 내에서 채취되는 약초와 효능 등을 홍보

3. 테마거리 조성

○ 지역적 특색을 한자리에서 즐길 수 있도록 다양한 형태의 거리 조성

프로그램	구성
한방거리	한의원, 침술원, 한약재상 등 한방의료 서비스 제공
숙박거리	민박 영업을 희망하는 한옥 거주 지역주민에 한해 심사 후 가옥 개조비용을 일부 보조
음식문화거리	주간은 식음료 식당 및 노점상 운영, 야간은 주점 운영

해설

> 주요사항

본 발표과제의 평가 대상자가 작성해야 하는 답안은 A한방마을의 개선안이다. 따라서 자료를 통해 제시된 개선사업의 기본계획안은 불완전한 것임을 유추할 수가 있다. 여기서 고려해야 할 것은 기본계획안 내의 논리적인 결함은 없다는 것이다. 기본계획안만 살펴본다면 하나의 잘 구성된 계획서라고 할 수 있다. 대신에 다른 자료와의 연계성을 고려한다면, 즉 현재의 상황을 고려했을 때 불완전한 계획인 것이다.

보다 자세하게 얘기하자면 이와 같이 사업의 개선 계획안 같은 형태로 제공되는 자료는 주로 단기적인 그리고 근시안적인 처방에 지나지 않는다. 사업의 추진 배경과 방향을 살펴보면 관광객의 요구사항(주차시설 확보, 체험 프로그램 마련 등)은 대체로 충족하고 있으므로 급증한 관광객 수요에 대처할 수 있다. 그러나 관광객의 급증으로 인해 유발되는 2차적인 문제(지역 내 갈등 심화, 지역 보존 등)는 더욱 심화될 수밖에 없다.

> 메모사항

1. 관광객에만 초점을 맞춘 추진배경
2. 주차장 확장. 그러나 좌동/중동에만 관광객 쏠림 예상됨
3. 셔틀버스는 좌동/중동 연결
4. 지역 특색과 관광객의 기호에 적합한 체험 프로그램 및 테마거리 조성

9-2. A한방마을 개선사업 기획안(2/2)

☐ A한방마을 개선사업 계획도

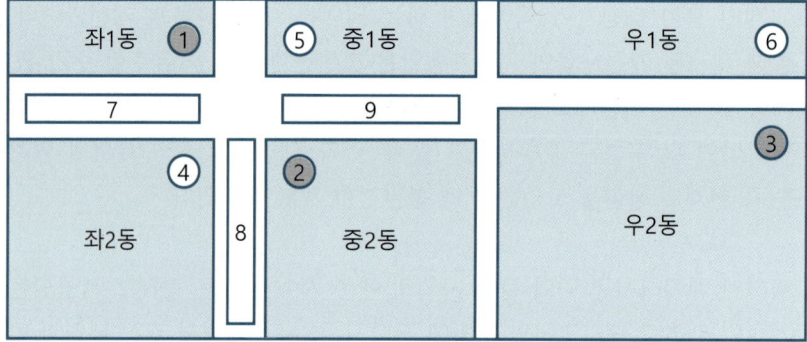

- 구성
  - 기존 시설
    - ① 민속촌
    - ② 한방의료 체험관
    - ③ 민속박물관
  - 신규 시설 예정지
    - ④ 다도 체험관
    - ⑤ 수지침 체험관
    - ⑥ 약초 박물관
    - ⑦ 숙박거리(한옥체험관)
    - ⑧ 음식문화거리
    - ⑨ 한방거리

☐ 추진일정
  - 주민간담회를 통해 사업계획 발표('20.08.15)
  - 주민 의견 반영한 최종 사업계획(안) 발표('20.09.10)
  - 신규 테마거리 조성 및 주차장 확장 시공업체 선정('20.09.25)
  - 체험관 및 박물관 신축 시공업체 선정('20.09.25)
  - 사업 착공('20.10.02)
  - A한방마을 재개장('21.01.20)

☐ 기대효과
  - 개선사업 후 예상되는 사업 전년 대비 경제적/비경제적 기대효과

		증감		
		좌동	중동	우동
경제적	소득 효과(월)	+2.3억 원	+3.8억 원	+0.2억 원
	취업 효과	+170명	+160명	+20명
비경제적	유동인구(일)	+5,200명	+7,100명	+2,000명

 해설

⊙ 주요사항

개선안을 제시하는 방식에는 크게 두 가지 유형이 있다. 하나는 강점을 더욱 강화하는 것이고, 다음은 약점을 보완하는 방식이다. 강점 강화 방식은 다소의 리스크를 감수하고서라도 더욱 높은 성과를 추구하는 것인데, 민간기업 역량평가 과제 상황 중 신규시장 침투전략이 필요한 경우 적용되는 편이다. 이에 반해 공무원 역량평가 과제에서의 개선안 제시는 절대적으로 약점 보완 방식을 취해야 한다. 평가 대상자인 공무원들 스스로도 잘 알다시피 정책은 항상 리스크를 최소화하는 방향으로 추진되어야 하기 때문이다.

이와 같은 정책 방향성을 본 과제 상황에 대입해 보자. 평가 대상자가 과제를 통해 해결해야 하는 미션은 더 많은 관광객 유치가 아니다. 관광객의 불편사항, 지역주민의 불편사항을 보완하는 방향으로 현재의 개선사업 기획안이 작성돼 있는지를 살펴보아야 한다. 그럼에도 불구하고 현재의 개선 기획안은 여전히 좌동과 중동에 체험시설을 밀집시켜 우동 지역의 소외감을 해소할 수 없는 구조로 작성돼 있다.

⊙ 메모사항

1. 체험시설이 좌동/중동에 밀집돼 있다.
2. 인근 체험시설 간 시너지 효과에 대한 고려가 필요하다.
    - 예 민속박물관 옆에 박물관이라는 공통점만으로 약초 박물관을 건립하는 것이 적절한지
3. 현 기획안에 따라 개선사업을 진행할 경우, 좌동/중동의 경제적/비경제적 효과 대비 우동이 기저갈 수 있는 효과가 미미하여 해당 지역주민의 소외감은 더욱 심화될 것임

10. 신문기사-2

A한방마을 우동에는 무슨 일이?

K일보

2020년 6월 18일
이진영 기자(jylee@ktoday.com)

A한방마을 우동 외곽을 따라 보존돼 있던 옛 성곽과 한방마을 내 한방의료 체험관 담벼락 등 곳곳이 스프레이로 훼손된 채 발견된 것은 이번 달 2일이다. 경찰이 인근 cctv 녹화 내역을 확인하여 보름여 만에 박모 씨 등 우동 주민 5명이 붙잡혔다.

박 씨 등은 경찰 조사에서 "A한방마을이 조성된 이후 소음, 낙서, 쓰레기 등 사생활 침해에 시달려 왔다"고 주장했다. 민원을 제기해도 개선이 없어 성곽과 벽면을 훼손했다는 것이다. 실제로 낮 시간 동안 이곳 주변의 소음은 80dB에 달했고, 이는 지하철이 도착할 때 들리는 수준의 소음이다.

이뿐만이 아니다. 관광객이 몰리다 보니 자고 나면 식음료점만 늘어났다. 자연스레 건물 임차료가 오르고, 세탁소나 과일가게 같은 생계형 가게를 운영하던 지역주민들은 임차료를 감당하지 못하고 그곳을 떠나야 했다.

주민 간 반목도 심해졌다. 관광객이 몰려 매출이 늘어난 인근 상인들, 접근성이 높아 부동산 가격이 오른 좌동과 중동 주민들은 "지역 발전을 저해하는 세력을 몰아내야 한다"며 목소리를 높인다. 반면 우동 주민들은 A한방마을의 혜택에서 크게 벗어나 있다. '근린상업지역'으로 분류되어 상업시설이 허용되는 좌동, 중동과 달리 우동은 기존 주택을 여타의 영업장소로 변경할 수 없는 '제1종 일반주거지역'이기 때문이다.

	제1종 일반주거지역		근린상업지역
허용건축물	**제1종 근린생활시설** ■ 일반 주택 ■ 학교/의료시설 ■ 미용원/세탁소 ■ 슈퍼마켓/잡화상점	**제2종 근린생활시설** ■ 제1종 근린생활시설 ■ 일반음식점 ■ 휴게음식점(카페 등) ■ 교육시설(학원/공방 등)	■ 제1종·제2종 근린생활시설 ■ 숙박시설 ■ 위락시설(주점 등)

우동 주민들의 주장이 아무리 설득력을 가진다 해도 이번 행위는 일종의 공공자산을 훼손한 범법행위인 것이다. 하지만 이들이 왜 이처럼 극단적인 행위를 할 수밖에 없었는지, 마을의 상업화에서 소외된 주민들을 위한 대안을 고민해야 한다. "손해는 나만 본다"는 불만이 해결되지 않는다면 다음엔 벽면 훼손만으로 끝나지 않을 수 있다.

해설

▶ 주요사항

지금까지 전반적인 상황 설명에 대한 자료가 제시되었다면, 다음 순서로는 보다 구체적인 갈등 상황에 대한 묘사가 이어진다. 갈등을 조망하는 형태의 뉴스나 신문기사 자료가 제시되거나 갈등에 관련된 이해관계자 간 회의록, 온라인 자유게시판, 설문조사 및 인터뷰를 기록한 자료가 배치되기도 한다. 따라서 본 페이지에서는 갈등의 이해관계자와 그들의 요구사항 등을 명확히 정리하는 것이 필요하다.

▶ 메모사항

1. 우동은 다양한 사생활 침해에 시달리고 있다.
2. 우동의 생계형 가게는 임차료 급등으로 인해 지역을 떠나고 있다.
3. 좌동/중동은 A한방마을 조성 이후 각종 경제적/비경제적 혜택을 누리고 있다.
4. 우동은 제1종 일반주거지역으로 분류돼 있어 다양한 혜택을 누리기에 제한이 있다.

11. 회의록

관광기획팀 전임팀장: 오늘은 A한방마을 개선사업에 대해 관계자 여러분들과 의견을 나누기 위해 자리를 마련했습니다. 2년 전 A한방마을을 개장한 이후 여러분들이 겪었던 불편이나 아쉬웠던 점에 대해 많은 말씀을 들려주시면 감사하겠습니다.

좌동 주민: 한방마을 사업을 통해 우리 지역이 이만큼 발전할 수 있었던 데는 지역의 문화유산과 지역적 특색에 맞는 정책이 펼쳐졌기 때문이라고 생각합니다. 한방마을 개선사업 또한 그런 측면에서 개발 방향성이 적절하게 설정된 듯해요. 그런데 얼마 전 우동 주민분들 몇몇의 훼손 사건이 발생해서 우리 지역에 대한 인식이 나빠질까 걱정입니다.

우동 주민: 안타까운 일이 발생한 것에 대해 지탄하기에 앞서 왜 그런 일이 발생했는지 생각해 볼 필요는 있을 듯합니다. 매일같이 많은 관광객이 몰리다 보니 동네 주민 입장에서는 불편한 점이 너무 많기도 해요. 한옥 찍겠답시고 담장 너머로 주민들 사진을 찍어대지 않나 먹다 만 음식물이나 음료 빈 통을 집 앞에 버려두고 가는 경우도 빈번합니다. 소음도 심하고요. 정말 노이로제가 걸릴 지경이에요. 우리 우동은 A한방마을 조성 전 대비 인구가 60%까지 줄었어요. 이런 식이라면 사업을 중단하고 대책부터 마련할 필요가 있지 않나 싶어요.

중동 주민: 지역이 발전하는 과정에서 필연적으로 따라오는 어느 정도의 피해는 감수할 필요가 있습니다. A한방마을이 핫플레이스로 떠오르며 지역 내 소득도 많이 증가했고 낙후된 곳도 많이 단장하며 지역 이미지가 많이 개선됐잖아요. 관광객 대상 조사를 통해 더 많은 개발이 이뤄지면 좋겠습니다.

우동 주민: 그건 근린상업지역인 좌동과 중동 얘기죠. 우동은 규제 때문에 영업점은 생각하기가 어렵고, 새롭게 조성될 체험관이나 테마거리도 우동은 혜택을 받지 못해요. 수익 사업과는 거리가 먼 박물관만 지어주니 피해는 고스란히 우리가 입고, 혜택은 좌동과 중동이 다 가져가는 셈이잖아요.

해설

⊙ 주요사항

갈등의 직접적인 이해당사자가 등장하는 회의록 그리고 정책의 수혜 대상자가 의견을 개진하는 온라인 자유게시판 등의 자료 형태는 평가 대상자가 제시해야 하는 개선안의 방향성이 가장 명확히 드러나 있는 부분이다.

사실 역량평가는 평가 대상자가 본인의 고민을 통해 바람직한 방향대로 개선안을 제시하는 것이 옳다. 그리고 개선안 실행에 따른 결과는 아무도 알 수 없는 것이므로 개선안을 찾아가는 고민의 과정에 대한 평가가 이뤄지는 것이다. 이것이 역량평가의 정석이다.

그러나 최근의 공무원 역량평가의 발표과제에서는 정석대로 본인의 고민에 따라 개선안을 마련할 경우 좋은 평가를 받기가 어렵다. 평가위원은 대부분 대학 교수로 구성돼 있기 때문이다. 이들은 배경이나 근거가 확실하면서도 이론적 배경이 탄탄한 논문에 익숙한 사람들이다. 따라서 개선책을 제시할 때에도 확실한 근거가 필요하며, 이는 정책수혜자들의 의견에 기초해야 한다.

⊙ 메모사항

1. 좌동: 지역적 특색을 잘 살린 한방마을 테마를 지속하되 주민 간 마찰이 없어야 한다.
2. 우동①: 사생활 침해를 방지할 수 있어야 한다.
3. 중동: 지역의 생활 수준이 지속적으로 향상될 수 있도록 한방마을의 전반적인 수준을 높여야 한다.
4. 우동②: 개발 규제를 완화하거나 현 규제 상황하에서도 우동이 수익 사업을 추진할 수 있도록 여건이 마련되어야 한다.

12. 신문기사-3

A한방마을 100배 즐기기

K일보

2020년 8월 13일
박태수 기자(jhpark@ktoday.com)

모바일 내비게이션 서비스 '카내비'가 지난 7월 길 안내 정보 등을 종합해 발표한 검색어 순위에서 인천공항과 스타아울렛 등 교통거점과 쇼핑몰을 제외한 목적지로는 A한방마을이 가장 높은 자리(8위)를 차지했다. A한방마을은 전국에 산재해 있는 여러 한옥마을을 한 단계 뛰어넘었다는 평가를 받으며 관광객이 몰려들고 있다.

기존 한옥마을 대부분이 신축 한옥과 지역적 특색 없는 식음료 가게로 구성된 반면, A한방마을은 1971년 한옥보존지구로 지정된 이래 오랜 한옥의 보존율이 높은 편이다. 마을의 조성을 위해 무리하게 개발을 추진하지 않아 옛 정취를 고스란히 느낄 수 있는 점이 매력적이다. 여기에 한방 테마가 더해져 남녀노소를 가리지 않고 좋아할 만한 요소를 갖췄다는 평가를 받고 있다.

A한방마을은 곧 시행될 개선사업을 통해 보다 다양한 체험관과 테마거리가 형성될 예정이다. 신축 예정인 시설은 대부분 한옥마을의 좌동과 중동에 몰려 있다. 우동에 비해 교통 접근성이 좋아 관광객이 찾기에 용이하며 특히 우동은 숙박시설이나 주점 등을 운영할 수 없는 지역이라는 제약이 있기 때문이다.

자가용을 이용할 경우 좌동 방면 제1주차장을 이용하는 것이 톨게이트와 가까워 편리하며, 대중교통으로는 시외버스 터미널이 중동과 가깝다. 당일치기 등 짧은 시간 동안 관광을 계획한다면 A한방마을 개선사업 후 운행되는 셔틀버스를 잘 활용하는 것도 좋다. 대부분의 시설과 거리가 좌동과 중동에 위치하므로 제2주차장 방면으로 입장할 경우에는 제1주차장 방면으로 이동하며, 관광한 다음 셔틀버스를 타고 입장한 곳으로 편하게 돌아오면 된다.

1박 이상 관광하고자 하는 경우나 관광객으로 너무 붐비는 것이 싫다면 A한방마을 우동 방면에서 시간을 보내는 것도 좋다. 여기에는 다른 지역의 한옥마을에 비해 오랜 한옥의 보존이 잘 되어있으며, 좌동과 중동이 체험 위주의 시설로 구성되어 있다면 이곳은 박물관 등 전시를 테마로 하고 있다. 또한 인근의 중앙산은 조선시대부터 약초로 유명한 곳으로서 우동 방면에서 시작되는 중앙산 트래킹 코스는 A한옥마을 전체를 조망할 수 있다.

해설

주요사항

일반적으로 이전 페이지의 회의록이나 '온라인 자유게시판(본 과제에는 없으나 발표과제에 종종 등장하는 형태의 자료)' 등을 통해 이해관계자의 입장에 대한 설명을 마치면 문제 해결의 실마리가 되는 자료가 1~2페이지 내외로 이어진다. 해당 페이지는 지금처럼 신문기사 형태가 될 수도 있고, 연구보고서 혹은 설문조사 방식으로 구성되기도 한다. 어떤 형태로 자료가 제공되든지 본 페이지의 주 목적은 개선안을 어떤 식으로 마련해야 하는지 팁을 주는 것이며, 평가 대상자는 이 과정에서 획득한 정보를 적절히 조합해 내는 것이 필요하다.

메모사항

1. 무리한 개발은 지양하고 옛 정취를 느낄 수 있어야 함
2. 한방테마의 독특함이 관광객에게 가장 매력적인 요소임
3. 좌동/중동은 우수한 교통 접근성으로 인해 대부분의 신축 예정 시설/거리가 들어설 예정임
4. 우동은 숙박시설/주점을 운영할 수 없음
5. 좌동/중동은 셔틀버스의 도입을 통해 접근성이 더욱 좋아질 예정임
6. 좌동/중동과 우동은 서로 다른 세부 테마를 적용하여 운영하는 것이 가능

좌동/중동은 체험 위주, 우동은 전시 위주로 구성하고자 하나 이 경우 우동의 수익 개선에 대한 대안 마련이 필요함

13. 칼럼

K일보

"한 바퀴 느리게 운동장을 돌다 보니 어느새 맨 앞을 달리고 있었다." 오랜 기간 개발제한구역으로 묶여 옛 한옥이 잘 보존돼 있던 A시 시민들이 짐짓 자부심을 감추며 하는 말이다. A한방마을 조성사업은 조용하던 마을에 활력을 불어넣었다. 인적이 드물던 이 골목은 이제 관광객들의 소리로 가득하다.

하지만 각광받는 관광지가 되어버린 동네를 경제적 관점에서만 판단할 수는 없다. 얼마 전 한옥마을 내 스프레이 훼손사건은 A한방마을의 음지와 양지에 있는 주민 간 갈등을 잘 보여주고 있다. 중앙구 우동 곳곳에는 '조용히 해주세요', '사람이 살고 있습니다'라는 문구가 걸려 있다. 주거지역이 관광명소가 되면서 관광객이 몰려(Over Tourism), 주민들이 피해를 보고 다른 지역으로 내몰리는 현상이다(Touristification). A한방마을은 누군가에게 삶의 터전이고 그곳을 지키고 만드는 사람은 주민이다. 주민이 없어지는 순간 관광지로서의 색을 잃는다.

이와 같은 투어리스티피케이션 현상은 국내외를 가리지 않고 발생해 왔다. 해답은 없는 것일까. B시의 B-1 지역은 바다가 내려다보이는 작은 언덕마을에 그려진 벽화로 유명한 곳이다. B시를 찾는 관광객의 대다수는 이 벽화마을에만 관심이 있었고, 많은 관광객으로 인해 지역주민들의 생활권 침해가 항상 문제시되었다. B시는 일부 지역에만 관광객이 몰리는 것을 방지하기 위해 특별한 방안을 마련했다. 외지인에게 잘 알려져 있지는 않았으나 B시의 B-2 지역은 지역의 특산물인 더덕을 주 재료로 한 음식점이 요리평론가들에게 좋은 평가를 받고 있는 곳이었다. B시는 관광객을 대상으로 더덕 요리를 홍보하였지만 오랜 기간 별다른 효과가 없었다. B-1과 B-2 지역은 거리가 가깝지 않은데다가 1시간에 1대 정도가 운영되는 시내버스는 시내를 돌고 돌아 1시간 정도가 소요되었기 때문이다. 자가용을 이용하지 않는 경우에는 B-2 지역을 방문하는 관광객이 거의 없었다.

올해 초 B시는 두 지역만을 연결하는 셔틀버스를 도입하여 1시간에 2회 운영을 시작하였고, B-1 벽화마을의 입구에서 스탬프를 찍은 관광객에게는 B-2 지역의 식당을 이용할 경우 식사 10% 할인을 받을 수 있는 혜택을 제공하고 있다. 또한 인근 더덕농장을 개방하여 관광객이 체험할 수 있는 프로그램도 마련하였다.

지역관광 활성화를 단순히 관광객 수 늘리기에만 집중하면 지금과 같은 문제는 계속 된다. 분산효과를 통해 적정 수준의 관광객을 유지하고, 관광의 소비는 지역주민의 소득과 일자리로 이어져야만 관광객과 주민들 모두가 행복한 관광지를 지속할 수 있을 것이다. 우리가 이 골목, 이 동네를 볼 수 있는 이유는 그곳에 주민들이 있기 때문이고, 그들이 지켜오고 희생해왔기 때문이다.

 해설

> **주요사항**

발표과제의 마지막 페이지에는 어김 없이 벤치마킹 자료가 들어간다. 평가 대상자는 해당 자료에서 문제해결의 논리구조를 찾고, 그 틀을 벗어나지 않는 대안을 제시하여야 한다. 본인의 상상력을 발휘하여 '이렇게 하면 좋을 것이다' 싶은 창의적인 답변은 좋은 평가를 기대하기 어렵다. 벤치마킹 자료는 크게 3가지 유형으로 구분할 수 있다.

① 사례의 논리구조를 그대로 적용하면 단순한 문제를 해결할 수 있는 것
② 사례의 논리구조를 응용하면 복잡한 문제를 해결할 수 있는 것
③ 사례의 논리구조를 응용하면 매우 우수한 결과를 얻을 수 있으나 새로운 부정적 측면이 드러날 수 있는 것

분량의 한계로 인해 위 3가지 유형 중 일반적으로 2가지 정도가 하나의 발표과제에 적용된다. 공무원 역량평가에서는 ①과 ②유형이 주로 적용되며, 상위 직급일수록 ②의 비중이 높다. 민간기업 역량평가에서는 ①유형이 사용되지 않으며, 상위 직급일수록 보다 난이도가 높은 ③의 유형이 적용되는 편이다.

공공부문과 민간부문 발표과제에 사용되는 벤치마킹 자료의 유형이 다른 이유는 역량평가 결과의 활용이 다르기 때문이다. 공공부문에서의 역량평가는 역량이 떨어져 상위직급의 일을 맡기기 어려운 사람을 걸러내는, 즉 허들방식으로 사용되고 있기 때문에 평가과제의 난이도를 지나치게 높이지 않는다. 반면 민간부문에서는 가장 우수한 역량 보유자를 선발하려는 목적이 강하기 때문에 평가과제의 난이도를 높이기 위해 자료를 한 번 더 꼬아서 구성하는 것이다.

> **메모사항**

1. 셔틀버스의 혜택이 우동에도 적용될 수 있도록 변경되어야 한다.
2. 좌동/중동의 시설을 이용할 경우, 우동으로 유인할 수 있는 혜택이 제공되어야 한다.
    → 우수 관광지로서의 지속성을 갖추기 위해서는 관광객의 분산효과를 유도할 수 있는 조치가 필요함

14. 모범답안 예시(발표용 답안)

A한방마을 개선사업 기획안

□ **현황 및 문제점**
  ○ 현황 : A한방마을의 조성 이후 관광객이 증가하며 지역경제가 활성화되었으나 관광객 대상 조사 결과 교통/프로그램 등의 개선이 필요하며, 개선사업 원안대로 진행할 경우 경제적/비경제적 기대효과 측면에서 지역 불균형이 심화될 수 있음
  ○ 문제점 1: 관광객 대상
    1-1: 공영 주차장 부족으로 인해 불법주차 및 비싼 요금의 민간주차장 이용
    1-2. 프로그램 및 시설 수 부족으로 인해 긴 입장 대기시간
    1-3. 전시성 시설보다 이용비율과 NPS 점수가 높은 체험시설을 선호
  ○ 문제점 2: 좌동/중동
    2-1. 우동 주민들의 A한방마을 개선사업 반대로 인한 지역 이미지 악화 우려
  ○ 문제점 3: 우동
    3-1. 전시성 시설의 이용비율과 NPS 점수가 낮음
    3-2. 임차료 상승으로 인해 생계형 가게의 이탈
    3-3. 80dB에 달하는 소음, 낙서, 쓰레기 등의 사생활 침해 등으로 인해 A한방마을 조성 전 대비 인구수가 60%까지 하락

□ **목표**
  지속적인 관광객 유치를 위해 지역적 특색 보전을 기반으로 개선사업을 진행하되, 좌동/중동과 우동 간 발전의 균형을 고려한 신규 시설 및 거리 조성

□ **개선방안 및 실행계획**
  ○ 교통
    1. 주차장: 제1주차장 축소(2,000→1,500) 및 제3주차장 규모 확대(500→1,000)
    2. 셔틀버스: 제1~2주차장을 잇는 구간을 제3주차장까지 연장하여 운행함
  ○ 시설 및 테마거리
    1. 위치
      ① 테마거리 변경: 한방거리(중동→우동), 음식문화거리(기존 한방거리 자리)
      ② 시설 변경: 좌동(약초 박물관), 중동(다도 체험관), 우동(수지침 체험관)
      ③ 장기적 추진 과제: 한방의료 체험관과 약초 박물관의 위치 변경
    2. 연계상품 개발: 특정 동 상점 이용 시 다른 동에서 이용 가능한 10% 할인권 제공

□ **장애요인 및 대처방안**
  ○ 장애요인: 원안의 수정으로 인해 좌동/중동 주민의 반발 예상됨
  ○ 대처방안: 주민 간담회를 개최하여 원안을 수정하게 된 배경에 대해 설명하고 좌/중동 주민에게 양해를 구함

※ 본 답안은 발표용 답안으로서, 발표과정 없이 답안만으로 평가하는 서울시 서류함, 혹은 다양한 기관의 기획보고서 및 case study 등은 약 2~3배 분량의 보다 구체적인 답안 작성을 필요로 한다.

해설

> **주요사항**

답안은 현황 및 문제점, 목표, 개선방안 및 실행계획, 장애요인 및 대처방안 등의 4가지 카테고리로 구분해 보았다. 발표과제의 주제나 평가 대상자의 기호에 따라 카테고리의 순서나 이름을 바꾸는 정도는 가능하다.

민간기업 발표과제일 경우, 대처방안 다음 순서로 "기대효과" 카테고리를 추가하는 것이 좋다. 공공부문에서 해당 카테고리가 필요하지 않은 이유는 과제가 그만큼 단순하게 구성돼 있기 때문이다. 기대효과에서는 정성적 그리고 정량적 수준의 개선 정도가 드러나야 하는데, 공공부문 과제에는 정량적 수치 개선 정도를 예상할 수 있는 자료가 제공되지 않는 것이 일반적이다. 또한 정성적 기대효과는 "목표" 카테고리를 통해 제시될 수 있기 때문에 공공부문 발표과제의 답안에는 생략해도 무방하다.

일반적으로 발표 시간은 5분, 질의응답 시간은 15분으로 책정된다. 5분 동안의 발표는 보통 평가 대상자가 제출한 답안을 그대로 읽어 내려가는 방식으로 진행된다. 발표가 끝나면 평가자는 추가적인 설명이 필요한 부분에 대해, 혹은 매뉴얼에 따라 정형화된 질문을 한다. 따라서 답안은 예시로 보여지는 것처럼 주요사항에 대해서만 간략히 적고, 세부사항은 질의응답 시간을 통해 제시하는 것이 적절하다.

예를 들어, "개선방안 및 실행계획" 카테고리의 교통 관련하여 제1주차장을 축소하고 제3주차장을 확장하는 이유 및 셔틀버스를 제3주차장까지 연장 운행하는 것에 대한 이유는 답안에 기재할 필요가 없다는 것이다. 테마거리 변경 관련하여서도 우동은 제1종 일반주거지역이므로 숙박이나 주점업을 할 수 없어 우동에 한방거리를 조성한다는 것 또한 답안지에 기재하는 것보다 질의응답 시간을 통해 의견을 전달하는 것이 좋다.

답안에 대한 발표를 마치면 평가자는 매뉴얼에 따른 질문을 먼저 시작하는데, 보통은 "현 상황에서 가장 큰 문제점은 무엇인지"를 묻고, 다음 순서로 "해당 문제의 이해관계자는 누구이며, 그들이 주장하는 바는 무엇인지" 등 일반적인 사항에 대해 질문한다.

보다 세부적인 질문은 앞서 학습한 평가역량의 행동지표에 근거하여 이뤄진다. 본 책의 발표과제는 전략적 사고, 변화지향, 이해관계조정 역량을 평가하고자 구성되었으며, 각 역량의 하위요소와 그 행동지표를 평가 대상자가 어느 정도로 충족하고 있는지에 따라 해당 역량의 점수가 책정된다.

II [실습]

02
서류함(In-Basket)

| 평가
과제 | 해설 | 본 책에서는 주로 사용되는 4가지 유형의 과제와 함께 해설을 수록하였다. 파트별로 좌측 페이지에 평가과제, 우측에는 해설이 배치돼 있다. |

02. 서류함(In-Basket)

 **In-Basket**

[서류함]
- 평가과제 -

평가 대상자 확인사항

평가과제는 총 21장으로 구성되어 있습니다.
빠진 페이지나 잘못 인쇄된 페이지가 없는지 확인 후
하단의 응시번호 및 성명을 기재하시기 바랍니다.

응 시 번 호	
성 명	

 **해설**

> **과제풀이에 앞서**
>
> 서류함 과제는 발표와 마찬가지로 정해진 양식에 따른 답안지가 제공된다. 답안지의 수는 과제 내 해결과제 수에 맞춰 제공되며, 운영 측에서는 충분한 여분의 답안지를 보유하고 있으므로 작성이 잘못되었을 경우 추가 답안지를 요구할 수 있다.
>
>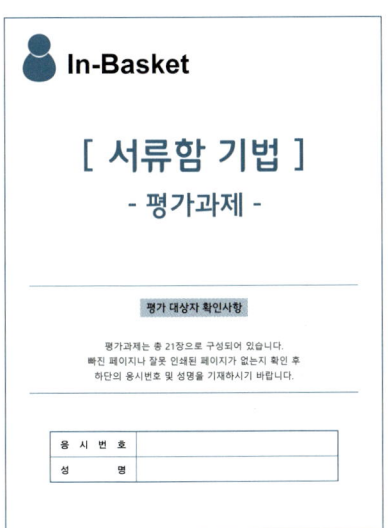
>
> 답안 작성은 자필로도 가능하며, PC로 작성하여도 평가에는 아무런 상관이 없다. 본인에게 보다 익숙한 방식을 선택하면 된다. 다만 본인이 악필일 경우 자필은 되도록 삼가는 것을 권한다. 평가위원은 다양한 필체를 겪어와 크게 개의치 않는 편이긴 하나 역량을 평가해야 하는 중요한 질의응답 시간이 글자 확인하는 데 소요될 수도 있기 때문이다. PC로 답안을 작성할 경우에는 글머리 기호를 찾거나 글꼴 및 글자 색상이나 크기 등을 고르는 데 시간을 들이지 않아야 한다. 역량평가에서는 글짓기 능력이나 문서의 형태를 평가하는 것이 아니기 때문이다.

01. 평가 대상자 가이드

과제안내	**■ 서류함 기법(In-Basket) 과제는** 1. 평가 대상자가 가상의 상황에 대한 다양한 자료를 파악하고, 2. 주어진 해결과제에 대한 해결방안을 문서로 작성하고, 3. 작성한 문서 내용에 대해 평가자와 질의응답을 진행하는 방식입니다.
	■ 진행 안내 ▷ 50분: 과제 숙지 및 답안 작성 ▷ 10분: 답안 복사 및 이동 ▷ 20분: 인터뷰

참고사항	■ 제시된 가상 조직에 관한 사항을 숙지해야 합니다. 과제 내에 어떠한 자료가 제시되어 있는지를 먼저 파악하는 것이 도움이 됩니다. ■ 해당 상황에 등장하는 "사람들"과 "날짜", "e-mail", "첨부파일" 등의 내용을 신속하게 파악해야 합니다. ■ 본 과제와 관련하여 정해진 답안은 없습니다. 중요한 것은 의사결정 결과뿐만 아니라 결정 과정에서 어떠한 사항과 절차들을 고려했는지 하는 것입니다. ■ 과제에 지시된 상황을 실제 상황처럼 여기고 자신이 할 수 있는 최선의 해결책을 마련하여 답안지에 자세히 서술해야 합니다.

유의사항

- 본 과제에 제시된 자료는 현실 상황을 반영하여 평가 목적에 맞게 재구성한 것입니다. 내용이 현실과 다소 다르더라도 주어진 상황에 맞게 과제를 진행해야 합니다.
- 자신이 현재 담당하고 있는 업무 내용 및 전문지식을 기반으로 진행해서는 안 됩니다. 다만 자신의 경험을 예시로 제시할 수는 있습니다.
- 과제를 해결할 때에는 첨부된 자료를 활용하시고, 제시된 자료와 반대되거나 일치하지 않는 현실정보는 활용할 수 없습니다.
- 자신이 자료에 제시된 역할에 해당하는 인물이라고 생각하고 진지하게 최선을 다해 역할을 수행해야 합니다.

 **해설**

> **주요사항**
>
> 다른 모든 평가과제와 마찬가지로 서류함에서도 본 페이지는 전체를 세세하게 읽고 있을 시간이 없다. 특히 서류함은 '시간의 압박을 전제로 하는 과제'이므로 다른 과제에 비해 시간이 더욱 촉박하다. 어느 조직의 역량평가라도 본 페이지의 요점은 크게 다르지 않으니 내용이 궁금하다면 지금 읽어보는 것을 권한다.
>
> 답안을 작성하는 주요과제에는 발표와 서류함 두 가지가 있다. 어떤 조직에서든지 두 과제의 역량을 확인하는 시간(20분 발표 과제의 경우 5분 발표 + 15분 질의응답, 서류함 과제의 인터뷰 시간은 20분)은 큰 차이가 없다. 다만 과제 숙지 및 답안 작성 시간에 있어 차이가 발생할 수 있는데, (이를 역량평가 관련 교과서적으로 분석하자면) 이는 역량평가가 시행되는 조직의 업무 특성과 관련이 있다.
>
> 예를 들어 프로젝트성 업무가 많은 조직일수록 해당 업무 관련 역량을 점검하기에 더욱 적합한 발표 과제에 대한 비중이 높아진다. 반대로 일상적인 업무가 많은 조직이라면 복잡성이 비교적 낮은 서류함 과제의 시간적 비중이 높아지는 방식인 것이다. 혹은 조직의 여건에 따라 두 가지 과제 중 조직특성에 적합한 하나의 과제만 선택하여 역량평가를 시행하기도 한다. 교과서적으로 바라보자면 이와 같으나, 이러한 기준을 엄격히 적용하여 역량평가를 시행하는 정부부처는 사실상 거의 없다. 대부분은 다른 부처의 방식을 모방하는 수준으로 결정된다.
>
> 답안을 작성하는 점에 있어서는 발표와 서류함이 같으나 답안의 구성은 조금 다르다. 발표과제는 작성된 답안이 아닌 발표 및 질의응답 내용을 기반으로 평가가 이뤄지지만 서류함 과제는 작성된 답안만을 근거로 평가가 이뤄지기 때문이다. 따라서 발표 과제의 답안이 주요 조치사항에 대해서만 작성되는 것과 달리, 서류함 과제의 답안은 보다 구체성을 가져야 한다. 주요 조치사항뿐만 아니라 때로는 조치 이유에 대해서 적어야 하는 경우도 있고, 조치사항을 단기와 장기로 구분하여 제시해야 하는 경우도 있다.

02. 상황 개요

항공산업안전강화 TFT
윤안전 팀장

오늘은 2021년 8월 8일입니다.

"전화, 이메일, 메모, 보고서 등으로
제시된 각종 업무 처리"

과제 상황

- 지난 8월 3일(토) 부산공항에서 이륙하던 항공편 KA704 이륙에 실패하여 후속 항공편이 모두 지연되는 사고가 발생하였다.
- 이에 따른 비난여론이 거세짐에 따라 국무총리실에서는 국토교통부의 대책마련을 지시하였고, 국토교통부에서는 항공산업안전강화 TFT를 급하게 소집한 상황이다.
- 부산공항은 2011년부터 수용 한계치를 넘어섰으며, 이에 대한 대안으로 부산 외곽에 장자도신공항이 건설되고 있다.

평가 대상자 역할

- 국토교통부 항공산업안전강화 TFT 윤안전 팀장의 역할을 맡아, 다음의 3가지 해결과제에 대한 대책을 수립해야 함

평가 대상자 해결과제

- **첫째, 장자도 신공항 개장 일정에 대한 의견안을 작성해야 함**
  KA704 이륙 실패에 따른 국무총리실의 대책 마련 지시에 따라 항공산업안전강화 TFT에서는 장자도 신공항 개장 일정에 대한 의사결정을 내려야 함
- **둘째, 파일럿 인력 부족에 대한 대책을 마련해야 함**
  점차 심화되고 있는 파일럿 인력 수급 불균형에 대한 장/단기 대책을 마련하고, 이를 위한 세부 추진계획을 작성해야 함
- **셋째, 최장자 주무관에 대한 면담 계획안을 작성해야 함**
  개인적으로 어려움을 겪고 있는 최장자 주무관의 고민을 듣고, 관련 자료를 검토하여 적절한 피드백 및 코칭 방안을 마련해야 함

해설

주요사항

1. 다양한 해결과제

   모든 역량평가의 과제는 실제 업무현장의 단면을 부각시켜 구성되는데, 서류함은 조직 내 한 개인이 출근하여 하루 동안 업무 처리하는 상황을 가정하여 구성된다. 주요 프로젝트를 담당하게 될 경우는 그렇지 않으나 보통의 경우 일상에서는 다양한 형태의 업무가 주어진다. 그 중 3~4개의 굵직한 업무를 엮어 서류함 과제로 구성한다.

2. 다양한 형태의 자료

   서류함 과제는 이메일, 통화내용, 메모 등 가장 다양한 형태로 자료가 제공된다. 실제 업무 상황에서 정보를 획득할 수 있는 다양한 형태를 모방하여 구성된 것이다.

   → 서류함 과제는 이와 같은 두 가지 특징과 함께 시간의 제약(하루의 일과를 가정)이 더해진다. 따라서 다양한 형태를 통해 제공되는 여러 문제 상황을 보다 빠르게 인식하는 것이 서류함 과제의 최우선 접근 방법이라 할 수 있다. 즉, 다른 어떤 과제보다도 서류함에서는 각 페이지마다 내포하고 있는 메시지를 빠르게 메모하는 기술이 필요하고, 이를 적절히 조합하여 상황별 대안을 마련해 내는 멀티태스킹 능력이 중요하다.

서류함 과제에서의 메모는 숫자에 보다 주목할 필요가 있다. 특정한 하루에 발생하는 일을 처리하는 업무이므로 깊은 사고를 통해 문제를 해결하기보다 꼼꼼한 처리가 주로 요구되기 때문이다. 특히 요일과 시간 등의 일정을 정확하게 관리하는 것이 중요하며, 답안 작성이나 발표를 할 때에도 숫자를 언급하는 것이 평가위원에게 보다 좋은 인상을 심어줄 수 있다.

메모사항

"상황 개요" 페이지는 항상 꼼꼼하게 읽고 상황을 정확하게 숙지하는 것이 필요하다. 특히 해결과제 부분은 따로 종이를 뜯어 내어 책상 한 켠에 두고 과제를 읽어 나가는 것도 나쁘지 않다.

03. 자료 목록

No.	자료명	세부
1	조직 현황	▪ 국토교통부 기관 개요 및 조직도
2	신문기사-1	▪ 부산공항 KA704 이륙 실패 사고 발생
3	이메일-1	▪ 국토교통부 항공정책실 이교통 실장의 업무 지시 이메일
4	보고서-1	▪ 부산공항 KA704 이륙 실패 사고 분석 보고서
5	보고서-2	▪ 장자도 신공항 추진 현황 보고서
6	신문기사-2	▪ 국내 조종사 인력, 중국으로 유출 심각
7	보고서-3	▪ 국내 조종사 인력 현황 분석 보고서
8	인터뷰	▪ 현직 대한항공 파일럿 이정훈 수석기장의 인터뷰
9	회의록-1	▪ 장자도 신공항 추진 현황 점검 회의
10	회의록-2	▪ 항공운항학과 신규 설립 준비 회의
11	보고서-4	▪ 전국 공항 이용 실태
12	관계 법령	▪ 항공법 및 항공법 시행규칙
13	보고서-5	▪ 해외 파일럿 육성 정책 사례 분석 보고서
14	이메일-2	▪ 최장자 주무관의 면담 요청 이메일
15	인사기록-1	▪ 최장자 주무관의 인사기록
16	인사기록-2	▪ 강정책 주무관의 인사기록
17	대화록	▪ 항공산업안전강화 TFT 팀원 간 대화록

 해설

> **주요사항**

목차를 건너뛰는 것이 시간 확보에 있어 유리하기 때문에 발표과제에서는 권장하는 바이나 서류함에서는 과제의 구조 파악을 위해 특정 부분에 주목하여 목차를 살펴볼 필요가 있다. 앞 장의 "상황 개요" 페이지를 통해 본 서류함에서의 해결과제 수가 3개인 것을 확인할 수 있는데, 어디까지 1번 해결과제인지 혹은 어디서부터 3번 해결과제가 시작되는지 등을 파악하는 것이 필요하다. 또한 공무원 역량평가의 경우, 최근의 추세를 살펴보면 발표과제가 축약된 형태의 서류함으로 바뀌어 가고 있으나 모든 서류함이 그러한 것은 아니다. 다시 말해 전통적인 서류함 과제처럼 3개의 해결과제가 서로 얽혀 있거나 3개의 해결과제 중 2개의 해결과제만 연관되어 있을 수 있기 때문이다. 어떤 해결과제가 얽혀 있는지 사전에 파악하고 읽지 않으면, 제시되는 자료를 온전히 활용하지 못하고 단편적인 조치만 답안에 적는 경우가 발생할 수 있다. 특히 긴장된 평가시간에는 특정 페이지의 자료가 어느 해결과제에 쓰이는지 확신할 수 없기 때문이다.

제시된 자료를 해결과제에 따라 분절하여 볼 수 있는 가장 좋은 방법은 "상사의 이메일"이다. 현재의 모든 공무원 역량평가 과제는 구체적인 지시문을 보여준다(민간기업 역량평가의 경우에는 지시문이 없는 경우도 있다. 문제를 인식하는 것 또한 역량이기 때문이며, 이러한 방식으로 공무원 역량평가 과제를 구성한 몇 년 전에는 평가 대상자로부터 다양한 형태로 민원이 제기되기도 하였다). 따라서 공무원 역량평가의 서류함 과제에서는 자료 내 해결과제가 바뀌는 때마다 "상사의 이메일"을 통해 평가 대상자에게 미션이 주어지는 방식을 취하고 있다. 좌측 페이지의 자료 목록에서 두 번째 줄에 "자료명"을 보면 "이메일"은 3번과 14번에 제시돼 있다. 이전 페이지인 "상황 개요" 파트에서 3개의 해결과제가 주어진 것을 감안하면 두 번째 이메일 이전까지가 첫 두 개의 해결과제와 연관돼 있음을 알 수 있다. 즉, 첫 두 개 해결과제에 대해서는 13번 자료인 "보고서-5"까지 살펴보고 적절히 조합하여 답안을 마련하는 과정이 필요하다.

PART Ⅱ 실습

04. 조직 현황

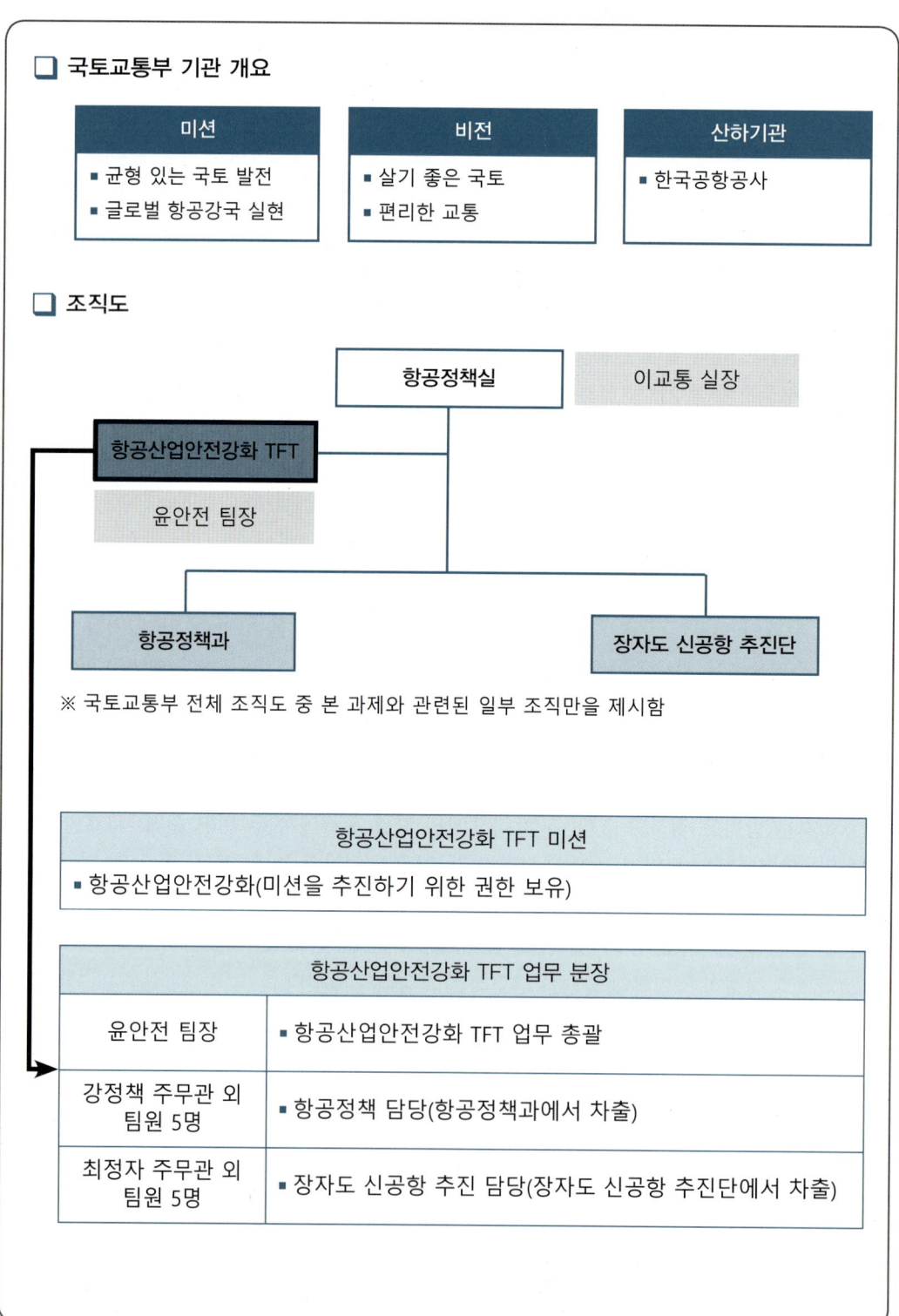

 해설

주요사항

서류함 과제에서 조직도가 소개되는 페이지는 보다 다양한 정보가 포함된 경우가 많다. 다양한 유형의 해결과제를 설정하기 위한 배경이 마련되어야 하기 때문이다. 여기서 비전과 미션은 일단 가볍게 숙지만 하고 넘어가되, 해결안을 작성하는 과정에 있어 모든 해결안의 목표가 조직의 미션 및 비전에 따라 마련된 것임을 언급해 주는 것이 좋다.

메모사항

본 페이지는 전반적으로 상황을 이해하기 위해 숙지하는 차원에서 읽어 나가면 된다. 업무 분장 부분은 과제를 읽다 보면 자연스럽게 흘러가는 부분이므로 따로 메모할 필요는 없다. 조직의 미션과 비전 그리고 과제 내 평가 대상자 역할인 윤안전 팀장이 속해 있는 TFT의 미션에 동그라미를 치는 정도의 표시를 해 두면 충분하다. 모든 해결과제의 해결안은 미션과 비전에 맞춰 마련된 것임을 주장해야 하기 때문이다.

PART II 실습

05. 신문기사-1

부산공항에서 KA704 이륙 실패 사고 발생

항공일보

2021년 8월 3일
이민식 기자(lmsikg@Etoday.com)

오늘 오전 10시 부산공항에서 태국 푸켓으로 출발하는 항공편 KA704가 이륙에 실패하는 사고가 발생하였다. 이로 인해 탑승객 180명이 불안에 떨어야 했으며, 안전 점검을 위해 후속 항공편이 지연되는 등 부수적 피해가 잇따랐다. 사건 파악 결과, 이륙에 필요한 충분한 속도를 얻지 못한 KA704편이 급제동하면서 부산공항 2번 활주로 끝에 정지한 후, [1)]유도로로 이송되어 긴급 기체 점검을 실시한 것으로 밝혀졌다. 다행히 인명피해는 없었으나 급제동이 실패하였다면 항공기가 활주로를 이탈해 잔디밭에 정지하거나 전복될 수 있었던 위험한 순간이었다.

KA704 사고 이전에도 부산공항에서는 유난히 소규모의 사고가 끊이지 않았다. 인명피해로 이어질 정도로 큰 사고는 없었지만 항공편이 지연돼서 승객이 불편을 겪는 등의 문제는 여러 차례 발생한 바 있다. 이번 사고에서도 다행히 인명피해는 없었으나 안 그래도 혼잡한 휴가철에 2번 활주로에서 이륙 예정이던 후속 항공편의 이륙 스케줄이 지연되면서 많은 승객들이 불편을 겪었다.

상황의 심각성을 인지한 국토교통부에서는 정확한 사고 원인을 조사하고 있는 중이다. 정확한 사고 원인은 국토교통부의 발표를 기다려 봐야 알 수 있겠지만 다른 공항에 비해 촉박한 부산공항의 이륙 스케줄이 사고에 간접적인 영향을 미쳤을 것으로 추정된다.

국내 10개 공항 중 가장 혼잡한 공항으로 손꼽히는 부산공항은 이미 2009년부터 수용한계치를 넘어서 10년째 무리한 운영을 이어가고 있다. '[2)]장자도 신공항'이 개장하여 부산공항의 부담을 나누기 전까지 혼잡은 계속될 것으로 보인다.

[1)] 유도로(Taxiway): 항공기의 지상주행 및 비행장의 각 지점을 이동할 수 있도록 설정된 항공기 이동로
[2)] 장자도 신공항: 수용 한계치를 넘어선 부산공항의 부담을 분산시키기 위해 부산 외곽의 매립지에 건설 중인 대규모 국제공항으로, 인천국제공항에 이어 두 번째 동북아 허브공항을 만들기 위한 목적도 있음

 해설

주요사항

발표과제와 마찬가지로 서류함에서도 전반적인 상황 설명은 거의 대부분이 신문기사나 뉴스 등의 형태로 구성된 자료를 통해 이뤄진다. 해당 자료는 과제 속 문제 상황이 발생하게 된 배경을 설명하는 것이므로 큰 틀에서 읽어 나가는 것이 좋다. 즉, 서류함 과제에서 숫자에 유념하여야 한다고 언급했으나 항공편명, 탑승객 수, 활주로 번호 등의 사소한 부분은 해결안 마련과 아무런 상관이 없다.

역량평가 과제를 개발하는 사람들은 과제에 사용될 사례를 수집하는 것에서부터 과제 개발 작업을 시작하는데, 역량평가를 시행하는 조직에 따라 과제 상황은 크게 두 가지로 구분할 수 있다.

첫째, 조직의 특수성을 반영하여 실제 해당 조직 내 상황으로 구성하는 경우가 있다. 이때는 과제 개발자가 해당 조직을 방문하여 담당자(5급 승진후보자 대상 역량평가일 경우 주로 현직 5급)를 인터뷰하고, 과제로 꾸미기에 적합한 사례를 바탕으로 평가과제를 구성하는 방식이다.

둘째, 과제 개발자가 사회적 이슈가 될 만한 뉴스를 검색하여 이를 과제화하는 방식으로서, 대부분의 기관에서는 이러한 방식을 채택하고 있다. 이때는 과제 상황 속 지명, 조직명, 조직도 등이 가상으로 설정되는데, 모든 설정은 현실을 기반으로 한다.

지금 예제로 구성돼 있는 서류함 과제는 두 번째 방식을 취하고 있으며, 현 과제의 부산공항은 김해공항임을 유추해 볼 수 있다. 또한 김해공항은 신공항으로의 이전 이슈가 있었던 곳이다. 여기서 주의해야 할 점은 김해공항 관련된 다양한 지식을 갖고 있는 평가대상자가 본인의 지식을 기반으로 평가과제에 접근하지 말아야 한다는 것이다. 역량평가는 현실의 반영이지만 현실과 다르며, 평가과제 속에서 제시된 자료만을 바탕으로 해결안을 마련해야 한다.

메모사항

일반적으로 배경 상황 설명 자료에서는 특별히 메모할 만한 사항이 없는 편이다. 여기에서도 마찬가지로 부산공항의 이륙 스케줄이 다른 공항에 비해 촉박하여 항공편의 지연 사건이 종종 발생한다는 것만 인지하고 넘어가도록 한다.

06. 이메일-1

받은 메일함

[답장] [전체답장] [전달] [간편답장] [삭제] [스팸신고] [이동]

제목: [긴급] 항공산업안전강화 대책 관련
보낸 날짜: 2021년 8월 7일(수) 22:05:34
보낸 사람: 이교통 항공정책실장
받는 사람: 항공산업안전강화 TFT 윤안전 팀장

윤안전 팀장, 지난 토요일에 있었던 사고에 대해 국무총리실의 우려가 큰 상황이라 회의 끝나고 돌아오자마자 메일부터 보내둡니다.

오늘 있었던 회의에서 국무총리실은 우리부에 토요일에 있었던 사고에 대한 대책 마련을 지시했고, 8월 9일(금)에 국무총리 주재 장관급 회의가 열릴 예정입니다.

국무총리실은 부산공항의 혼잡 문제를 심각하게 받아들이고 있으며, 인명피해와 같은 더 큰 사고가 발생하기 전에 예방이 필요하다는 생각을 굳게 가지고 있는 것으로 보입니다. 우리 항공정책실은 본 건에 대한 실무 책임 부서로서, 장관급 회의에 항공산업안전강화에 대한 대책을 가지고 가야 합니다.

이에 항공산업안전강화 TFT의 팀장을 맡게 된 윤안전 팀장이 KA704 사고의 원인이 된 항공산업의 전반적인 문제점, 이에 대한 장/단기 대책을 포함하여 대책을 수립하여 주기 바랍니다. 이를 위해서는 항공산업 내의 여러 이해관계자들의 협조를 최대한 끌어내는 것이 중요할 것입니다. 또한, 국민의 안전과 직결된 중요한 과제이므로 근본적인 해결방안 수립에 신경 써야 할 것입니다.

존재하고 있는 문제를 숨기는 보고서는 추후에 국토교통부의 입장을 더욱 난처하게 만들 수 있으므로 있는 문제를 솔직하게 기술하고 이에 대한 대안을 마련해 주기 바랍니다.

 **해설**

> **주요사항**

"상사의 이메일" 페이지는 해결과제를 부여하는 것을 목적으로 한다. 사실 과제의 미션은 "상황 개요" 페이지의 "평가 대상자 해결과제" 파트를 통해 명확히 부여되었다. 따라서 본 페이지는 그럴듯한 과제의 형태를 유지하기 위해 구성된 것이며, 평가 대상자가 무엇을 해야 하는지에 대해 조금 더 풀어서 정리한 것에 지나지 않는다. 본인이 평소 글을 읽는 속도가 느린 편이라면 본 페이지는 과감히 넘기더라도 아무런 문제가 없다.

> **메모사항**

서류함 과제에서는 일정 관리가 중요하다. 그래서 보통의 경우 이메일을 받은 날짜와 시간 그리고 언제까지 해결안을 마련해야 하는지에 주목할 필요가 있다. 그러나 본 해결과제는 부산공항의 구조적인 문제점을 해결하기 위한 개선안을 마련하는 것이므로 일정 관리와는 관련이 없음을 알 수 있다. 다만, "상황 개요" 페이지에서 장자도 신공항 개장 일정에 대한 의사결정을 필요로 한다 하였으므로 해결안을 마련하는 날짜(8월 9일 국무총리 주재 장관급 회의)만 기억하고 있으면 충분하다.

PART Ⅱ 실습

07. 보고서-1

부산공항 KA704 이륙 실패 사고 분석 보고서

항공정책실 항공산업안전강화 TFT 강정책 주무관
2021.08.07.

☐ **사고 개요**
- 8월 3일(토) 오전 10시, 관제탑의 승인을 받고 이륙하려던 KA704가 이륙에 실패함
- 2번 활주로를 50% 남겨 놓고 이륙 필요속도에 도달하지 못하여 기체에 이상이 있을 것으로 판단한 기장이 급제동을 결정하여 활주로 끝에 정지함
- 유도로로 이송되어 긴급 기체 점검을 실시함
- KA704가 2번 활주로에서 유도로로 이동하는 20분 동안 2번 활주로 후속 항공편의 이륙이 모두 지연됨
- 기체에 이상이 없음을 확인한 후, 활주로에 출발 지점에 재진입하여 1시간 연기된 스케줄로 운항함(두 번째 이륙은 성공하여 이후 정상 운항함)

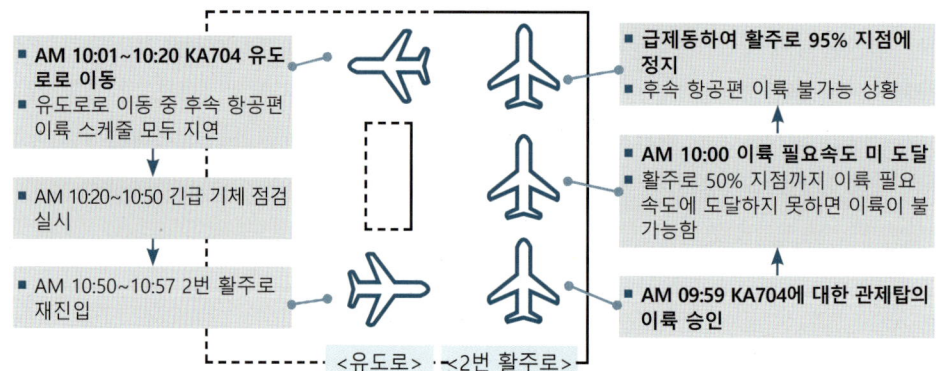

- **AM 10:01~10:20 KA704 유도로로 이동**
- 유도로로 이동 중 후속 항공편 이륙 스케줄 모두 지연
- **AM 10:20~10:50 긴급 기체 점검 실시**
- **AM 10:50~10:57 2번 활주로 재진입**

- **급제동하여 활주로 95% 지점에 정지**
- 후속 항공편 이륙 불가능 상황
- **AM 10:00 이륙 필요속도 미 도달**
- 활주로 50% 지점까지 이륙 필요 속도에 도달하지 못하면 이륙이 불가능함
- **AM 09:59 KA704에 대한 관제탑의 이륙 승인**

<유도로>　<2번 활주로>

☐ **사고 원인분석**
- ○ **조종사 피로 누적**
  - 이륙 필요속도에 도달하지 못한 이유는 가속 기어 조작을 망각한 기장의 실책이었음
  - KA704편 이륙 전, 일주일간(7월 28일~8월 2일) 기장의 비행 일정
  - 20시간의 비행 일정을 소화하여 피로가 누적된 상황
  - 직전 비행(KA511: 총 20시간 비행)과 KA704 비행 간 시간 간격: 22시간
  - 부기장의 경우도 지난 일주일간 30시간의 비행 일정을 소화하여 기장과 마찬가지로 피로가 누적된 상황
- ○ **촉박한 이륙 스케줄**
  - 촉박한 부산공항의 이륙 시간 또한 조종사의 심리적 압박감을 더했을 것이 확실시됨

<(조종사의 준비 시간을 포함한) 공항별, 국가별 평균 이륙 시간>

부산공항	인천공항	제주공항	미국 평균	유럽 평균	일본 평균
3분 30초	5분	5분 30초	7분	5분 30초	5분

해설

주요사항

전반적인 상황 설명 자료 이후에는 본격적으로 사건의 세부사항에 대한 소개자료가 이어진다. 좌측의 페이지는 문제가 되는 사고에 대한 분석한 내용을 담고 있다. 역량평가 과제에서는 발생한 사건에 주목하기보다 해당 사건의 전후 과정에 집중할 필요가 있다. 즉, 사건이 왜 발생하게 되었는지, 사건의 발생으로 인한 파급효과가 어떠한지에 대한 것이 더욱 중요하다. 역량평가에서 요구하는 역량은 ① 발생한 사건을 포함하여 유사한 사건이 반복적으로 발생하지 않도록 하려면 어떻게 해야 하는지 근본 원인을 발견하는 것, ② 사건 발생을 방지할 수 있는 대책을 마련하는 것, ③ 사건이 발생하면 얼마만큼의 강도로 어떤 범위만큼 영향력이 미치는지 분석할 수 있는가에 대한 것이기 때문이다.

이와 같은 관점에서 사고 개요는 비행기가 이륙 필요속도에 도달하지 못했다는 문장 하나로 요약이 가능하다. 주목할 부분은 다음의 "사고 원인분석"에 있다. 일반적으로 평가 과제 내 해결이 필요한 사건이 발생하는 원인은 하나에 그치지 않는다. 서류함의 경우에는 2가지 이상, 발표과제는 3가지 이상의 원인이 복합적으로 어우러져 발생한다. 본 과제에서는 조종사의 피로 누적, 촉박한 이륙 스케줄 등의 2가지 요인이 사건의 원인으로 작용하였으며, 이 원인의 근본적인 구조에 접근하는 해결안의 마련이 필요하다.

메모사항

1. 조종사 피로 누적: 과다한 비행 일정
2. 촉박한 이륙 스케줄: 다른 공항 대비 최소 1.5분, 최대 3.5분 단축
3. 현 상황이 지속될 경우 예상되는 추가적인 문제: 비행기 이륙 지연, 비행 사고
   → 3번 메모의 경우 현재의 페이지에 기술되어 있지는 않으나 충분히 유추가 가능함

08. 보고서-2

장자도 신공항 추진 현황 보고서

항공정책실 항공산업안전강화 TFT 최장자 주무관
2021.08.07.

☐ **추진 목적**
- 2011년부터 수용 한계치를 넘어선 부산공항의 혼잡 완화
- 인천국제공항에 이은 제2의 동북아시아 허브공항 육성

<현재>		<장자도 신공항 개장 이후>	
부산공항	→	장자도 신공항	부산공항
국내선 + 국제선		국제선	국내선

☐ **부산공항 및 장자도 신공항 위치**

- 부산 외곽 장자도 인근 매립지에 건설
- 2022년 6월 개장 예정

☐ **장자도 신공항 건설 경과**

일정	내용
2011.03. ~ 2011.12.	예비타당성 조사
2012.01. ~ 2012.02.	건설 입지 확정
2012.03. ~ 2015.03.	공항 부지 매립 공사
2015.03. ~ 2018.12.	활주로 건설
2019.01. ~ 2021.12.	여객터미널 건설(공정 90% 완료)
2022.01. ~ 2022.03.(예정)	입점 업체 모집 및 입주
2022.04. ~ 2022.06.(예정)	시험 운행 및 문제점 개선
2022.06.(예정)	장자도 신공항 개장

☐ **추가 논의사항**
- 2021년 12월로 개장 시기를 앞당기더라도 기본시설로 공항 운영은 가능함
- 이 경우, 상점 등의 승객 편의시설이 부족한 상태로 개장하는 것이 불가피함

해설

주요사항

앞선 페이지에서 사건의 발생에 대한 정보가 제공되었다면 본 페이지에서는 대안의 실마리가 제공되고 있다. 발표과제에서는 전체 분량의 약 2/3지점까지 다양한 형태로 사건 발생의 정보가 제시된다. 발표과제는 큰 틀에서 봤을 때 특정한 하나의 사건만을 다루고 있기 때문에 구석구석 다양한 요소를 보여 주어야 하기 때문이다. 반면 현재의 서류함은 축약된 발표과제가 3개 이상 엮어져 있는 형태를 취하고 있기도 하고, 과제 특성상 보다 표면적인 문제를 다루고 있기 때문에 사건 발생에 대한 설명자료가 비교적 많지 않은 편이다.

장자도 신공항의 개장 그리고 개장 이후 활용방안(부산공항은 국내선, 신공항은 국제선)은 확정된 사실로 가정돼 있다. 현 해결과제는 조종사의 피로도 누적, 촉박한 이륙 스케줄로, 신공항 개장을 통해 해결할 수 있으리라 유추할 수 있는 부분은 이륙 스케줄이다. 즉, 이륙 스케줄의 여유를 보다 빨리 확보하기 위해서는 신공항의 개장 시기가 앞당겨져야 한다는 결론에 이른다.

이에 따라 예정된 개장 시기를 살펴보면 2022년 6월이다. 그런데 '장자도 신공항 건설 경과'의 표를 보면 2021년 12월에 전체 공정의 90%가 완료된다는 내용이 나오며, 아래의 '추가 논의사항'에서는 90% 공정만으로도 공항 이용이 가능함이 밝혀져 있다. 여기서 주목해야 할 부분은 개장 시기를 앞당기되 편의시설 부족 그리고 시험 운행을 통한 문제점 개선 과정이 생략되는 부분은 어떻게 해결할 수 있을 것인지의 대한 문제로 넘어간다는 것이다.

메모사항

1. 신공항 개정 예정일은 2022.06.임
2. 공항 운영은 2021.12.에 가능하며, 대신 편의시설은 해당 시기에 부족함
3. 시험 운행을 하지 않고 개장할 경우의 문제점은 어떻게 대처할 것인가

09. 신문기사-2

국내 조종사 인력, 중국으로 유출 심각

광해신문

2021년 3월 3일
성수호 기자(ssho@news.com)

최근 중국 항공 수요 급증과 한국 조종사 스카우트 경쟁 과열로 국내에서 중국으로 이직하는 조종사가 폭증하고 있다. 막대한 자금력을 앞세운 중국 항공사는 국내 항공사의 2~3배에 달하는 임금, 파격적인 주거 및 복지 혜택 등을 제시하면서 고급 인력을 유출해 가고 있다. 숙련된 조종사를 육성하는 데 드는 사회적 비용을 고려하면, 엄청난 국부 유출이 발생하고 있는 것이다. 조종사 인력은 고도의 전문성과 기술을 요구하기 때문에 양성하는 데 많은 시간과 비용이 소요된다. 이와 같은 현상은 폭발적으로 팽창하고 있는 중국의 항공시장에 비해 양성할 수 있는 조종사의 인력은 부족하기 때문인 것으로 분석된다. 한국도 조종사 수급 불균형의 문제를 겪고 있는 것은 마찬가지이다. 한국의 항공시장도 매년 큰 폭으로 성장하고 있지만 국내에서 양성할 수 있는 조종사의 수는 몇 년째 제자리걸음이다. 급증하는 국내의 항공 수요를 충당하기에도 조종사가 모자라는 현실에서 고임금을 찾아 중국으로 옮겨가는 조종사가 늘고 있는 것이다.

국내 항공사는 조종사 부족 문제 해소를 위해 외국인 파견 조종사를 늘리고 있다. 이에 따라 한국 항공사의 외국인 조종사 비율은 매년 큰 폭으로 증가하여 2020년에는 21%에 이르렀다. 문제는 외국인 조종사 채용이 장기적 인재 육성 효과를 갖지 못한다는 점이다. 대부분의 외국인 조종사는 한국 항공사에서 부기장으로서 경력을 쌓아 기장급 경력이 쌓이면 고국으로 돌아가 경력을 이어간다. 또한 외국인 조종사에게 고액의 임금을 지급함으로써 국부가 해외로 유출되는 효과도 존재한다.

조종사 부족의 문제는 승객의 안전 문제와도 직결된다. 인력 부족으로 인하여 한 사람의 조종사가 소화해야 하는 스케줄이 늘어나기 때문이다. 특히 휴가철인 7~8월에는 항공편의 운항 스케줄은 더욱 빡빡해지기 마련이다. 충분한 휴식을 취하지 못해 조종사의 피로가 누적되면 궁극적으로는 승객의 안전이 위협받게 된다.

현재 국내의 조종사 양성 체계로는 연간 500명에서 600명에 이르는 신규 조종사 수요를 감당하기 힘들 것으로 전망된다. 국내 유일의 민간 조종사 양성 기관인 항공대학교 항공운항학과가 배출하는 조종사 인력은 연간 50명에 불과하다. 공군에서 전역하는 조종사 인력은 시장 수요가 어떠하더라도 크게 늘거나 줄기 어렵다. 최근 몇 년간 군 전역 후 국내 항공사로 유입된 조종사 인력은 150명 규모로 고정되어 있는 실정이다.

해설

주요사항

신공항 이전 관련 자료가 2페이지 제공된 이후 두 번째 해결과제인 파일럿 인력 부족에 대한 자료가 이어지고 있다. "상황 개요" 페이지에서 해결과제가 3개임을 확인하였던 것을 감안하면 첫 번째 해결과제에 대한 내용이 부족함을 알 수 있다. 서류함 과제에 대한 최근의 추세는 축약된 해결과제가 3~4개 등장하며, 각 해결과제는 상호연관성 없이 단순히 나열돼 있는 수준이다. 서류함 과제 전체는 약 20페이지 정도이며, 개별 해결과제에 할당된 페이지는 약 5~6페이지 정도이다. 반면, 본 서류함은 3개의 해결과제인데 첫 해결과제에 대한 페이지가 2페이지임을 봤을 때 그리고 목차상에서 "상사의 이메일" 페이지가 두 번째로 등장하는 때가 본 과제의 2/3 지점에 등장하는 것을 봤을 때 첫 2개의 해결과제는 서로 연관돼 있는 것임을 알 수 있다. 따라서 첫 해결과제에 대한 결론을 쉽게 내리기보다 일단은 사건 해결의 방향성을 설정하는 수준으로 읽어 나가는 것이 좋다.

좌측의 신문기사는 과제 내 현재 일자(2021년 8월)의 약 5개월 전에 작성된 것으로, 지난 몇 년에 걸쳐 항공기 조종사의 해외 유출 문제가 지속되고 있는 것임을 알 수 있다. 이를 근본적으로 해결하기 위해서는 ① 더 많은 조종사를 육성하거나 ② 조종사에게 주어지는 혜택을 개선하거나 ③ 해외 조종사를 추가적으로 확보하는 등의 방법을 떠올릴 수 있다. 그러나 최근의 공무원 역량평가에서 주의해야 할 점은 이와 같이 본인의 생각만을 기반으로 사건 해결의 실마리를 찾아 나가는 것을 지양해야 한다는 것이다. 단서는 후반부에 보다 구체적으로 제시되며, 사건을 소개하는 초반부에는 현상을 폭넓게 인식하는 데 주력하는 것이 적절하다.

메모사항

1. 국내 조종사는 파격적인 혜택이 제공되는 중국 항공사로 유출되고 있다.
2. 국내 항공사의 외국인 파견 조종사는 21%에 이르며, 이들은 경력이 쌓이면 돌아간다.
3. 휴가철인 7~8월에는 조종사의 피로 누적이 더욱 심화된다.
4. 현재의 국내 조종사 양성 체계로는 신규 조종사 수요를 감당하기 어렵다.

10. 보고서-3

국내 조종사 인력 현황 분석 보고서

항공정책실 항공정책과
2021.03.03.

☐ 향후 한국 국적 항공사 조종사 필요 인력 전망(단위: 명)

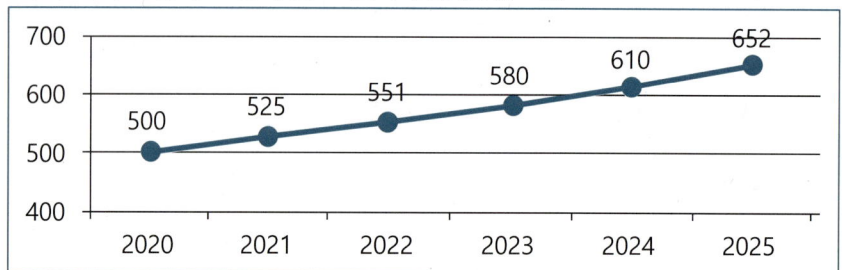

- 국내 7개 국적 항공사(대한항공, 아시아나항공, 에어부산, 티웨이항공, 이스타항공, 제주항공, 진에어) 합계 수치
- 향후의 신규 항공기 도입 및 항공편 증설, 현역 조종사 퇴직 등을 고려한 예상 수치 (2020년은 실제 충원 수치)

☐ 한국 국적 항공사 외국인 조종사 비율 추이(단위: 명)

연도	2015	2016	2017	2018	2019	2020
외국인	150	245	321	485	751	985
조종사 전체 인원	3,012	3,582	3,915	4,311	4,425	4,671
비율	5%	7%	8%	11%	17%	21%

☐ 한국 국적 항공사의 조종사 연령 현황(2021년 3월 현재 기준)

연령 (만 나이)	25-29	30-34	35-39	40-44	45-49	50-54	55-59	60-61	62-63	64-65	합계
인원(명)	132	524	725	1,122	1,165	498	421	114	111	105	4,917
비율	3%	11%	15%	23%	24%	10%	9%	2%	2%	2%	100%

☐ 2020년 한국 국적 항공사 조종사 충원 현황

출신	군 전역자	민간 자격취득 (해외)	민간 자격취득 (국내)	외국인	합계
인원(명)	150	200	50	100	500

☐ 국내 조종사 인력 양성 현황

<항공대학교 항공운항학과> ■ 2020년 졸업 인원: 50명	민간	군	<공군> ■ 연간 전역 인원: 150명 내외

해설

주요사항

표가 제대로 구성되었다는 가정하에 하나의 표나 그래프는 하나의 메시지를 담고 있다. 추이를 나타내는 표나 그래프에서는 상대적인 기울기가 어떠한지에 주목하도록 한다. 실제로 답안을 작성하여 발표할 때에도 기울기를 통해 나타나는 추이를 설명하고, 주요 시점에 대해서만 특정 수치를 언급하는 것이 가장 효과적이다.

과제 내 현재인 2021년에도 조종사의 부족으로 인해 피로 문제가 대두되고 있으나 2025년까지 점진적으로 더 많은 조종사가 필요하다. 즉, 현재의 인력 수급 상태가 지속될 경우 상황을 통제하기가 불가능함을 알 수 있다.

두 번째 표는 이전 페이지에서 설명한 외국인 조종사 비율에 대한 세부자료이다. 이미 글을 통해 설명된 자료를 구체화하여 다시 보여주는 이유는 그럴듯한 문서의 형태를 갖추기 위함이기도 하며, 평가 대상자의 시선을 표에 머물게 하여 시간을 지연시키는 효과를 가져오게 하기 위한 목적도 있다. 최근의 공무원 역량평가 과제에서는 2중, 3중으로 복잡하게 꼬아서 구성하는 경우가 절대 없으므로 이미 아는 내용에 대해서는 보다 빠르게 넘어갈 수 있도록 한다.

메모사항

메모사항은 반드시 평가 대상자가 한글로 기록해야 하는 것은 아니다. 문제 풀이에 제공되는 시간이 충분하지 않으므로 본인만 알 수 있도록 표에 줄을 긋거나 도형을 표기하는 형태로 아래의 내용이 부각될 수 있도록 하는 것이 효과적이다.

1. 조종사에 대한 수요는 점진적으로 증가하고 있다.
2. 외국인 조종사의 비율이 증가하고 있다.
3. 한국 국적 항공사는 40대 조종사의 비율이 가장 높다.
4. 내국인 조종사의 수급환경은 거의 고정적이다.

11. 인터뷰

[인터뷰] 현직 대한항공 파일럿 이정훈 수석기장의 인터뷰

항공일보

2021년 3월 3일
홍진호 기자(kong@news.com)

Q	현재 파일럿 경력이 어떻게 되십니까?
A	40년 7개월을 지나고 있습니다. 현재 수석기장 직책을 맡고 있으며, 파일럿으로서는 최고의 직책입니다. 파일럿으로서 더 이상 올라갈 곳은 없네요. 올해 9월이면 정년을 채우고 퇴직합니다. 국내 항공사들의 정년은 만 65세로 정해져 있습니다.
Q	정년을 앞두고 있는 시점에서 파일럿 40년 경력을 돌아보면 어떤 점이 가장 아쉬우십니까?
A	아직 일할 수 있는데 정년이 찼기 때문에 그만둬야 한다는 점이 가장 아쉽습니다. 같이 입사했던 동기들 대부분이 저와 같이 정년 퇴직을 앞두고 있거나 이미 퇴직했습니다. 최근에는 조금 더 일하고 싶어서 정년이 만 67세로 연장된 일본 항공사로 옮긴 동기들도 몇 명 있습니다. 파일럿이라는 직업이 높은 수준의 체력을 필요로 하는 것은 맞지만 평소 어떻게 건강 관리를 했느냐에 따라서 체력과 나이가 꼭 반비례하는 것은 아니거든요. 몸 관리만 잘하면 몇 년은 더 일할 수 있는데, 일괄적인 규정에 따라 더 일을 못하게 된다는 점이 안타깝습니다.
Q	퇴직한 파일럿은 퇴직 이후에 어떻게 지내나요?
A	사실 파일럿은 퇴직하고 일을 안 하게 되는 순간, 좀 심하게 말해 그야말로 '고물'이 됩니다. 현직 시절, 지나치게 빡빡한 스케줄로 인해 거의 기계처럼 일하다시피 하면서 피로도가 늘 높은 상태로 살아갑니다. 특히나 항공편이 많은 성수기에는 더욱 힘이 들죠. 사건사고가 많은 부산항공을 보십시오. 이착륙 때가 가장 중요하고 예민한 시점인데, 이착륙 시간이 너무 촉박할 경우 특히 극도의 스트레스를 받습니다. 이렇게 고강도의 스트레스가 일상이었던 파일럿들은 제대로 '휴식'하는 법을 배우지 못합니다. 이렇게 힘들게 일하다 퇴직하게 되면, 갑자기 남는 시간을 어떻게 보내야 할지 멍해지는 거죠.
Q	국내 항공산업의 문제점에 대해서 한 말씀 부탁드립니다.
A	가장 문제가 되는 부분이 '파일럿 양성'입니다. 현재 항공사의 부기장 중에는 외국인 파일럿이 많습니다. 국내 파일럿들이 높은 연봉에 이끌려 외국 항공사로 나가는 것도 문제지만 인력이 부족해 외국인 파일럿을 채용한다고 해도 이들은 경력만 쌓으면 고국으로 돌아갑니다. 결국 장기적인 파일럿 인력 양성에 있어서는 도움이 못 되고 있는 실정입니다.

해설

> 주요사항

거듭 언급하지만 서류함 과제는 시간과의 싸움이다. 좌측의 인터뷰가 담고 있는 주요 내용을 보다 빠르게 정리할 수 있도록 하자.

> 메모사항

1. 국내 항공사의 정년은 만 65세임
2. 일본 항공사의 정년은 만 67세임
3. 일괄적 규정에 따라 더 일을 할 수 없는 점이 아쉬움
4. 촉박한 이착륙 시간은 조종사에게 극도의 스트레스임
5. 외국인 조종사는 육성 체계에 있어 장기적인 대안이 될 수 없음

서류함을 포함한 모든 역량평가 과제는 대안 마련을 제약하는 사항에 대해 규정하는 경우가 많다. 평가 대상자가 본인의 상상력을 동원하여 현실적으로 불가능하면서도 기발한 해결안을 제시하는 것을 방지하기 위함이다. 여기서는 조종사의 정년을 무한정 늘리지 못하도록 일본 항공사의 규정을 보여주고 있다. 또한 외국인 조종사의 채용 확대만으로는 문제가 해결될 수 없음을 보여준다. 평가 대상자는 해결안을 마련할 때 반드시 이 가이드라인을 지키는 것이 중요하다.

12. 회의록-1

회의록: 장자도 신공항 추진 현황 점검 회의

- **회의명:** 장자도 신공항 추진 현황 점검 회의
- **일시:** 2021년 8월 1일(목)
- **장소:** 세종시 국토교통부 회의실
- **참석자:** 국토교통부 공항정책과 강정책, 국토교통부 장자도 신공항 추진단 최장자, 공항공사 상업시설팀 손상업, 공항공사 인사팀 박인사

주요 논의 내용 요약

☐ **주요 논점**
- 장자도 신공항 추진 현황 점검
- 여객터미널 건설 공정 완료 이후, 개장까지 진행 일정 협의

☐ **진행 프로세스 및 담당 부서**

~ '21.12.	'22.01. ~ '22.03.	'22.04. ~ '22.06.	'22.06.
여객터미널 건설	1)입점 업체 모집 및 입주	2)시험 운영 및 문제점 개선	장자도 신공항 개장
공항정책과	상업시설팀	장자도 신공항 추진단	

1)입점 업체: 여객터미널 내 식음료점, 전문상점, 면세점 등의 상업 편의시설
2)시험 운영: 실제 공항 운영 상황을 가상한 시뮬레이션 테스트

- 관제탑 교신을 포함한 실제 항공기 이착륙 절차, 가상 승객의 승객 승하차 절차, 가상승객의 입출국 수속, 통관 수속, 검역 수속 등의 절차
- 상업시설 이용은 시험 운영의 내용에 포함되지 않음

☐ **부서별 입장**

부서	입장
공항정책과	■ 여객터미널 건설은 2021년 12월에 완료됨 ■ 후속 프로세스 추진을 위해 시간이 더 필요하다면 2021년 9월까지 3개월 단축이 가능함
장자도 신공항 추진단	■ '시험 운영 및 문제점 개선'에 3개월의 기간이 필요함 ■ 6월 개장에는 문제가 없을 것임 ■ 필요할 경우 상업시설 입주와 동시에 진행하는 것도 가능함
공항공사 상업시설팀	■ '입점 업체 모집 및 입주'에 3개월의 기간이 필요함
공항공사 인사팀	■ 장자도 신공항 운영에 필요한 인력은 이미 확보해 놓았음 ■ 확보한 인력이 시험 운영 및 문제점 개선 프로세스 투입될 것임

해설

⊙ 주요사항

처음 두 개의 해결과제에 대한 설명이 각각 2개 페이지에 걸쳐 이뤄졌고, 여기서부터 두 개의 해결과제에 해당될 수 있는 해결안의 실마리가 제공된다.

이전의 자료를 통해 신공항 개장일을 앞당길 수밖에 없는 상황임을 인지할 수 있었다. 예정된 일정보다 몇 달 앞당겨 개장하는 만큼 부정적인 측면이 새롭게 드러나거나 더욱 부각되는 측면도 분명히 존재한다. 역량평가에서는 한 번에 모든 것을 해결하는 방안은 존재하지 않도록 설정하기 때문이다. 또한 추가되는 부정적인 결과에 대해서는 어느 정도 상쇄가 가능한 장치를 항상 마련해 두게 되므로 단서를 잘 활용하는 것이 중요하다.

여기서는 여객터미널이 건설되자마자 개장을 앞당겨 운영할 경우 ① 상업시설을 이용할 수 없고, ② 문제점을 개선할 시간이 부족하여 안전을 담보할 수 없다는 결론이 나온다. 신공항 개장을 앞당기고자 하는 최대 목적은 안전이므로 상업시설은 일단 포기하더라도 시험 운영을 통한 문제점 개선은 반드시 필요한 과정이다.

⊙ 메모사항

1. 여객터미널은 2021년 9월에 완공이 가능함
2. 시험 운영 및 문제점 개선은 3개월이 필요함
3. 입점 업체 모집 및 입주에는 3개월의 기간이 필요함
4. 운영 인력이 확보된 상태임
   → 이상이 메모를 바탕으로 신공항은 2021년 9월에 개장할 수 있으나 상업시설팀과 장자도 신공항 추진단을 통해 입점 업체 모집 및 입주 그리고 시험 운영 및 문제점 개선이 해결되어야 함을 알 수 있다.

13. 회의록-2

회의록: 항공운항학과 신규 설립 준비 회의

- **회의명:** 항공운항학과 신규 설립 준비 회의
- **일시:** 2021년 8월 2일(금)
- **장소:** 세종시 교육부 회의실
- **참석자:** 교육부 대학정책과 한교육, 국토교통부 공항정책과 강정책, 전남대학교 김전남 총장

주요 논의 내용 요약

☐ **주요 논점**
- 항공운항학과 신규 설립 논의
- 현재 민간 조종사 훈련 기관은 국내에 항공대학교 항공운항학과가 유일함

☐ **항공운항학과 신규 설립을 위한 필수사항**

교육시설 및 인력 확보	▪ 기초 교육시설(강의실, 기숙사 등) ▪ 공항시설(실습용 항공기 이착륙 가능한 활주로) ▪ 교육 인력(실습 훈련 교관, 이론 교육 교수진)
신규 학과 설립 인가	▪ 교육시설 및 인력을 종합적으로 평가하여 교육부에서 신규 학과 설립을 인가함

☐ **이해관계자별 입장**

교육부	▪ 적합한 교육 인력 및 시설이 확보된다면, 항공운항학과 신규 설립 인가는 문제 없음
전남대학교	▪ 공항시설 이외의 교육시설은 학교법인이 충분히 확보할 수 있음 ▪ 다만, 학교법인에서 자체적으로 공항을 설립하는 것은 현실적으로 불가능함
국토교통부	▪ 항공운항학과 교육시설로 활용할 수 있는 공항이 있는지 확인해 보겠음

☐ **추가 참고사항**
- 현재 항공운항학과 설립에 가장 적극적이며, 학과 설립을 위한 준비 작업이 가장 많이 진행되어 있는 학교는 전남대학교임
- 본 회의에 참석하지 않았으나 강원대학교, 경남대학교 등 몇몇 대학교에서도 항공운항학과 설립에 관심을 가지고 있음

해설

▶ 주요사항

앞선 페이지를 통해 조종사 인력의 수급에 대해 문제가 있음이 지적되었다. 본 페이지에서는 다양한 경로의 조종사 수급 방안 중 항공운항학과를 통해 민간 조종사를 추가 양성하는 방안에 대한 설명이 나와 있다. 항공운항학과를 설립하기 위해서는 표에 정리돼 있는 것처럼 몇 가지 필수사항을 반드시 충족하여야 하며, 각 이해관계자가 주장하는 바를 명확히 인지하여 충족시켜 주어야 한다.

역량평가에서는 자료를 통해 특별한 언급이 없는 한 추가 예산을 확보하여 문제를 처리하겠다거나 민간 공모 사업을 추진한다는 식의 해결안을 제시해서는 안 된다. 금전적인 한계는 제한된 상태 그대로 두어야 하며, 법적인 제한 역시 과제를 푸는 현 시점에서 변경할 수는 없다. 단, 금전적, 법적 한계에 대해 장기적으로 어떠한 방향성을 갖고 논의가 필요하다는 식의 추가적인 제안은 가능하다.

항공운항학과를 신규 설립하기 위해서는 많은 금액과 인력이 필요한 것으로 보인다. 또한 이해관계자별 입장을 살펴보면 공항시설만 확보된다면 항공운항학과 신규 설립이 가능한 것으로 나타난다.

▶ 메모사항

1. 항공운항학과 신규 설립을 위해서는 공항시설을 확보하는 것이 현재 가장 중요하다.
2. 전남대, 강원대, 경남대 등의 대학교는 항공운항학과 설립에 관심을 갖고 있다.

14. 보고서-4

전국 공항 이용 실태

항공정책실 공항정책과
2021.03.

1. 개요

- 2021년 3월 현재, 전국에는 5개의 국제공항과 5개의 국내공항이 운영되고 있음
- 2022년 6월 장자도 신공항 개장 이후, 부산공항은 국내공항으로 전환될 예정임

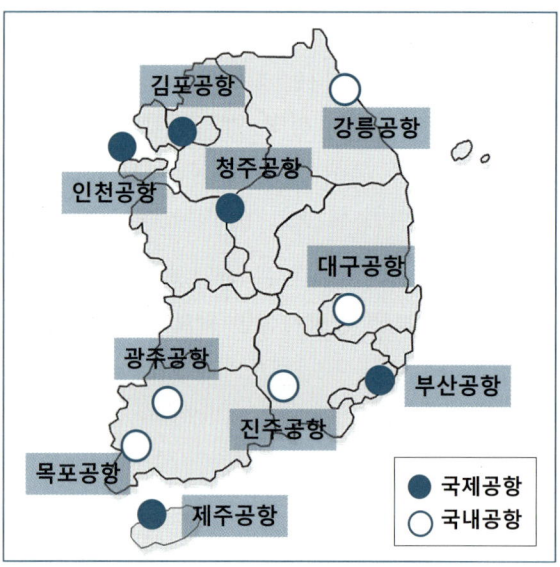

2. 공항별 이용 통계(2020년)

공항	인천공항	김포공항	청주공항	부산공항	제주공항	강릉공항	대구공항	광주공항	진주공항	목포공항
1)활용률(%)	92%	95%	53%	112%	90%	4%	46%	50%	3%	2%
이용객 수(천 명)	52,247	19,376	1,305	12,170	18,392	23	1,107	1,376	37	95
영업이익(억 원)	9,875	1,352	53	542	987	-64	31	21	-44	-82

※ 활용률이 5%에 미치지 못하며 영업이익에서 적자를 내고 있는 공항은 다른 목적으로 활용할 방안을 적극적으로 검토할 필요성이 있음

$${}^{1)}활용률(\%) = \frac{실제\ 항공기\ 이착륙\ 대수}{공항\ 설비로\ 가능한\ 최대\ 항공기\ 이착륙\ 대수}$$

해설

> **주요사항**

서류함에서는 일반적으로 사건과 관련된 모든 문제점이 드러난 이후, 문제 해결에 활용 가능한 단서가 제공된다. 이전 페이지에서 항공운항학과를 신설하기 위해서는 공항시설을 확보하는 것이 최우선 과제임을 알 수 있었다. 이와 관련하여 본 페이지는 확보 가능한 공항의 정보를 제공하고 있다.

활용률이 5% 미만인 공항은 다른 목적으로 활용이 가능하며, 강릉공항, 진주공항, 목포공항 등이 여기에 해당된다. 단, 여기서도 추가적으로 고려할 사항이 있다. 시설 측면의 하드웨어가 갖춰지더라도 실제로 항공운항학과를 운영할 수 있는 대학교가 인근에 필요하다는 것이다. 전남대, 강원대, 경남대는 각각 목포공항, 강릉공항, 진주공항의 범위 내에 위치한다고 볼 수 있으므로 3개 공항에 대해 용도를 변경할 필요가 있는 것으로 판단할 수 있다. 서류함 과제에서 답안을 작성할 때는 이 부분까지 고려하였음을 반드시 기재하는 것이 적절하다.

대부분의 공공기관에서 사용되는 역량평가의 과제는 시간의 제한(일반적으로 서류함은 최대 60분)으로 인해 이 정도 수준에서 조치하면 무방하나 특정 기관은 90분 혹은 4시간까지 과제 수행시간이 주어지기도 한다. 이 경우에는 당연히 과제의 분량도 늘어나며, 용도가 변경되는 3개 공항을 이용하던 기존 공항 이용객에 대한 조치사항까지 마련할 필요가 있고, 나아가 항공운항학과 설립에 부정적인 인근 대학을 설득하는 방안까지 제시해야 하는 경우도 있다.

> **메모사항**

1. 활용률이 5% 미만인 공항은 항공운항학과 운영에 활용할 수 있음
2. 강릉공항, 진주공항, 목포공항이 여기에 해당됨
3. 각 3개의 공항은 인근에 강원대, 경남대, 전남대에서 항공운항학과를 운영할 수 있다.

15. 관계 법령

항공법(주관부처: 국토교통부)

제1조(목적) 이 법은 [1]국제민간 항공기구(International Civil Aviation Organization)에서 채택한 표준과 방식에 따라 항공기 등이 안전하게 항행(航行)하기 위한 방법을 정하고, 항공시설을 효율적으로 설치·관리하도록 하며, 항공운송사업 등의 질서를 확립함으로써 항공의 발전과 공공복리의 증진에 이바지함을 목적으로 한다.

제50조(기장의 권한) ① 항공기의 기장은 항공기의 이륙부터 착륙까지 해당 항공기의 안전을 책임진다.
② 기장은 안전 운행의 책임에 따라 해당 항공기의 승무원을 지휘·감독한다.
③ 기장은 항공기의 운항에 필요한 준비가 끝난 것을 확인한 후가 아니면 항공기를 출발시켜서는 아니 된다.
④ 기장은 항공기에 위난(危難)이 발생하였거나 발생할 우려가 있다고 인정될 때에는 항공기에 있는 승객에게 피난방법과 그 밖에 안전에 관하여 필요한 사항을 명할 수 있다.
⑤ 기장은 항행 중 해당 항공기에 위난이 발생하였을 때에는 승객을 구조하고, 지상 또는 수상(水上)에 있는 사람이나 물건에 대한 위난 방지에 필요한 수단을 마련하여야 한다.

[1] 국제민간 항공기구(International Civil Aviation Organization): 항공 운송에 필요한 국제적 원칙을 제정하고, 항공과 관련된 국제적 분쟁을 조정하며, 항공 운항을 위한 기술과 안전에 대해 연구하는 UN 산하 전문기구

항공법 시행규칙(주관부처: 국토교통부)

제55조(조종사 정년) 항공기 조종사의 정년은 만 65세로 한다.
제142조(조종사의 비행시간의 한계) 조종사의 연속 비행시간은 20시간을 초과할 수 없으며, 연속 비행시간이 20시간이 이르기 전에 교대근무가 이루어져야 한다.
제143조(조종사의 비행시간 등의 기준) 조종사의 비행시간, 휴식시간 등의 기준은 [별표24]를 따른다.

	비행시간	휴식시간
[별표24] 조종사의 비행시간에 따른 최소 휴식시간 기준	8시간까지	8시간 이상
	8시간 초과 ~ 9시간까지	9시간 이상
	9시간 초과 ~ 10시간까지	10시간 이상
	10시간 초과 ~ 11시간까지	11시간 이상
	11시간 초과 ~ 12시간까지	12시간 이상
	12시간 초과 ~ 13시간까지	13시간 이상
	13시간 초과 ~ 14시간까지	14시간 이상
	14시간 초과 ~ 15시간까지	15시간 이상
	15시간 초과 ~ 16시간까지	16시간 이상
	16시간 초과 ~ 17시간까지	18시간 이상
	17시간 초과 ~ 18시간까지	20시간 이상
	18시간 초과 ~ 19시간까지	22시간 이상
	19시간 초과 ~ 20시간까지	24시간 이상

 해설

주요사항

서류함이나 발표과제에서는 법률이나 규정 관련된 내용이 가끔씩 등장한다. 역량평가 과제 내에서 법규는 법의 테두리 내에서만 문제를 인식하고 대안을 제시해야 함을 보여주기 위한 목적으로 사용된다. 대부분의 경우에는 이처럼 대안을 마련할 때 가이드라인으로 작용한다.

본 서류함 과제에서는 예외적으로 법률 개정을 목적으로 자료가 제시되고 있다. 해외 벤치마킹 사례 등을 고려하였을 때 국내 법규가 국내 현실을 반영할 필요가 있기 때문이다. 법률 개정을 대안으로 제시할 경우에는 평가 대상자 본인이 보다 폭 넓은 관점에서 고려하고 있음을 보여줄 필요가 있다. '해외 벤치마킹 사례를 보니 우리도 그렇게 개정하면 더 좋겠다'가 아닌 '현행법의 목적을 감안했을 때 이러이러한 방향으로 개정하는 것이 그 목적에 더욱 부합할 수 있다'는 접근방법을 취해야 하는 것이다. 공공기관 역량평가가 민간기업 역량평가와 가장 다른 점이 바로 이러한 부분이다.

별표24의 조종사 휴식시간 기준을 살펴보면, 각 비행시간에 따른 휴식시간 규정이 제시돼 있다. 이러한 형태의 표에서는 특정 구간별로 묶어서 살펴보거나 필요한 부분만을 취하여 빠르게 인지하는 능력이 요구된다. 비행시간 관련하여 과제 초반부에 사고 항공편 기장의 비행 일정이 제시된 바 있다. 이를 살펴보면, 직전 비행은 20시간이었으나 사고 항공편을 비행하기까지의 휴식시간은 22시간으로 나타나 있음을 알 수 있다. 이는 항공법 시행규칙을 올바르게 시행하지 않은 것이므로 관리감독의 강화를 주장할 수 있는 근거로 활용이 가능하다.

메모사항

1. 항공법은 항공의 발전과 공공복리의 증진에 이바지함을 목적으로 한다.
2. 기장은 해당 항공기의 안전을 책임진다.
3. 현재 항공기 조종사의 정년은 만 65세다.
4. 19~20시간 비행시간일 경우 24시간 이상의 휴식시간이 보장되어야 한다.

16. 보고서-5

해외 파일럿 육성 정책 사례 분석 보고서

항공정책실 항공정책과
2021.03.04.

☐ **세계적 조종사 인력 부족 현상**
- 국제민간항공기구(International Civil Aviation Organization)에 의하면 항공자유화 확산 및 세계적 항공 수요 증가로 향후 연간 약 25,000명의 조종사 인력이 부족할 것으로 예상되며, 이 문제는 시간이 지날수록 더욱 부각될 것으로 전망됨
- 이와 같은 문제로부터 자유로운 국가는 광활한 국토를 소유하고, 중/소형 항공기를 이용한 일반항공산업이 발달한 미국, 호주, 캐나다, 러시아 등 일부 항공 선진국뿐임

☐ **조종사 양성 과정의 특성**
- 초기 투자비용 과다: 기초 교육시설, 활주로 건설, 안전시설 설치, 항공기 훈련장비 구입 등 양성기관 설립 시 초기에 투자비용이 과다함
- 교육 훈련에 장기간 소요: 관련 전문지식 습득 및 실습에 장기간이 소요되므로 장기적 양성 방안이 필요함
- 고비용의 교육훈련비: 고도로 숙련되고 전문적인 지식을 갖춘 교수요원이 필요함, 소형항공기 조종사 자격증명 취득에 순수 훈련비만 1인당 약 5,000만 원 소요
- 안전과 직결: 항공기 사고의 70% 이상은 조종사와 관련된 인적 요소에 의해 발생하며, 항공기 사고는 발생 시 대량의 인명피해를 유발함

☐ **항공산업 발전을 위한 국가의 역할**
- 일반항공산업의 저변 없이 대형 항공운송산업만 발달한 국가의 경우, 조종사 양성에 있어 국가의 역할이 더욱 중요함(한국도 이에 해당)
- 각국 정부는 항공산업 발전을 위해 다양한 정책적 지원을 하고 있으며, 인적자원 확보 측면에서 볼 때 조종사 양성은 주요정책지원의 초점이 되어야 함
- 항공 선진국에 유학하여 조종사 자격증을 취득한 후, 국내 항공사에 취업하는 항공 유학생이 국내 항공사의 가장 큰 비중의 조종사 충원 루트인 상황임
- 항공 유학에 순수 훈련비만 약 5,000만 원이 소요되며, 체류비, 생활비 등을 고려할 때, 억 단위 금액을 개인이 부담하여 조종사가 되고 있는 상황임

☐ **해외 사례(네덜란드)**
- 1차적 조종사 양성은 국립대학의 항공운항학과를 통해 이루어짐
- 대형제트여객기 조종에 필요한 비행 수련시간은 에어네덜란드의 인턴십 프로그램을 통해 이루어지며, 훈련 비용의 일부를 정부가 보조금으로 지원함

☐ **해외 사례(일본)**
- 일본 운수성 산하에 일본항공대학에서 민간조종사를 양성함
- 국비지원 교육을 통해 대형제트여객기 조종에 필요한 비행 수련시간을 충당함

☐ **원활한 인력 수급을 위한 규제 개정**
- 세계적인 조종사 인력 부족 현상에 맞추어 국제민간 항공기구에서는 조종사 정년의 권고 규정을 올해(2021년)부터 65세에서 67세로 개정하였음
- 이에 따라, 일본, 독일, 스페인 등 조종 인력 수급 불균형을 겪고 있는 일부 국가에서 국내 조종사 정년 규정을 67세로 개정함

 해설

> **주요사항**

"자료목록"을 살펴보면 첫 2개의 해결과제와 연관된 마지막 페이지임을 알 수 있다. 발표나 서류함 등 답안 작성이 필요한 과제의 마지막 페이지에서는 일반적으로 답안 마련에 활용할 수 있는 벤치마킹 자료가 들어가게 된다. 필요에 의해 본 책의 발표과제 파트를 건너 뛴 경우에는 발표과제의 벤치마킹 자료 페이지를 살펴보는 것을 권한다. 해당 페이지에는 벤치마킹 자료가 어떤 구조로 들어가 있는지, 어떻게 활용해야 하는지에 대한 설명이 나온다.

좌측의 페이지에서 해외 사례 이전에 제시되고 있는 '조종사 인력 부족 현상, 조종사 양성 과정의 특성, 항공산업 관련 국가의 역할' 등의 자료는 대안을 마련하는 데 필요하다기보다 문제 상황을 보다 상세히 설명해 주는 역할을 한다. 이러한 자료는 답안 작성 시 문제 상황을 지적함에 있어 근거가 되는 자료로 활용하는 것이 적절하며, 특히 서류함 과제에서는 숫자를 예시로 들어 설명해 주는 것이 좋다. 따라서 조종사 인력 부족의 문제는 전 세계적으로 25,000명이 부족할 것으로 예상된다거나 1인당 5천만 원이 필요한 훈련비, 항공기 사고의 70% 이상이 조종사와 관련돼 있음을 언급해 준다면 그 답안은 보다 높은 평가를 받을 수 있다.

페이지 하단의 사례 부분에서는 해결 답안의 방향성을 제시하고 있다. 항공운항학과를 신설하여 인턴십 프로그램을 운영한다거나 조종사 정년 권고 규정을 개정하도록 친절한 설명이 되어 있다.

> **메모사항**

1. 페이지 내에서 숫자로 표기된 부분에 주목할 것
2. 해외 사례 부분에서 드러난 문제해결 방향성 중 평가 대상자 본인이 과제를 읽어 오며 대안으로 떠올리지 못했던 부분은 없는지 점검하여 반영할 것

17. 이메일-2

| 받은 메일함 | | | | | | | 🔍 상세 ≡ |

[답장] [전체답장] [전달] [간편답장] [삭제] [스팸신고] [이동]

제목: 면담을 요청드립니다.

보낸 날짜: 2021년 8월 7일(수) 19:58:31
보낸 사람: 최장자 주무관
받는 사람: 항공산업안전강화 TFT 윤안전 팀장

안녕하세요, 윤안전 팀장님.
최장자 주무관입니다.
팀장님께 조언과 피드백을 부탁드리고 싶어서 메일을 드립니다.

사실 강정책 주무관과의 관계에서 고민이 많습니다. 이번 <장자도 신공항 추진 현황 보고서> 작성 과정에서도 지나치게 제 시간을 뺏어서 피해받은 것도 있어 보고일정을 겨우 맞출 수 있었습니다.

강정책 주무관이 사람 좋은 건 알지만 같이 일하기에는 너무나 버겁습니다. 이번에 갑작스럽게 항공산업안전강화TFT 팀원으로 함께하게 된 것을 알고서 얼마나 당황했는지 모릅니다.

강정책 주무관은 자신감이 넘쳐서 그런지는 몰라도 늘 여유가 넘쳐 보입니다. 업무량 자체가 적은 것 같지는 않은데 늘 잡담이 많습니다. 혼자 여유 부리는 것은 제가 알 바는 아니지만 저에게 자꾸 말을 걸고, 더 나아가서 저의 일에 간섭을 한다는 것이 문제입니다. 제가 맡은 일에 대해서는 제가 추진하는 방향이 있는데 늘 한 마디씩 던지고 지나갑니다. 제 컴퓨터 모니터 화면을 지켜보면서 감시하는 것 같기도 하고요.

신경 쓰고 싶지 않지만 이렇게 고민하는 제 성격 문제도 있는 것 같습니다.

팀장님께서 저의 성격에 대해 조언을 해 주신다면, 조직 생활을 하는 데 있어 많은 힘이 될 것 같습니다. 면담시간을 마련해 주시면 감사하겠습니다.

최장자 주무관 올림

 해설

주요사항

앞서 언급한 바와 같이 서류함 과제 내에서 제시되는 새로운 해결과제는 일반적으로 상사가 보낸 이메일부터 시작된다. 그런데 본 서류함 과제에서는 하급자의 이메일이 제시돼 있다. 이는 서류함이나 역할수행 과제를 통해 종종 설정되는 상황으로서 하급직원과의 면담을 주제로 한다. 면담 내용은 대체로 ① 업무 과다, ② 팀원과의 부조화 등을 다루게 된다.

현재의 상황은 성향이 맞지 않는 팀원으로 인해 하급자가 스트레스를 받는 것으로 구성돼 있다. 어떤 상황이든지 역량평가 과제에서는 극단적인 선택을 피하고, 조율하여 해결하는 것을 최선의 대안으로 여긴다. 따라서 성향이 맞지 않는 팀원 중 하나를 다른 팀으로 보내버린다든지, 과다한 규정을 만든다거나 징계를 통해 규제하는 것은 옳지 않다.

또한 문제가 되는 두 명의 하급직원 중 한 명과 면담하는 상황이라고 하여 지나치게 한쪽의 편을 들어주는 것도 지양해야 한다. 사람은 누구나 본인에게 유리한 측면으로 상황을 호소하게 되어 있고, 이를 조율하는 사람은 항상 양측의 이야기를 수렴할 필요가 있다. 단, 역량평가 상황 중에는 '상대방은 이러이러할 것이다' 하는 추측 대신 제공되는 자료에 근거하여서만 판단하여야 하며, 자료가 부족하여 판단이 어려울 경우에는 어떠한 방향성을 갖고 문제 상황에 접근해 나갈 것인지 언급하도록 한다.

메모사항

1. 최 주무관은 강 주무관과 업무 스타일이 상이하여 좋은 감정을 갖고 있지 않다.
2. 강 주무관은 잡담이 많고, 최 주무관의 업무에 참견하는 일이 잦다.
3. 최 주무관은 본인 성격적인 측면에 대해서도 조언을 구하고 있다.

PART II 실습

18. 인사기록-1

성명	최장자	
소속/직책	장자도 신공항 추진단/주무관	
성격	■ 독립적이고 조용한 성격 ■ 원만한 관계를 형성하려고 노력함	
업무 스타일	■ 맡은 일에 책임감이 강함 ■ 업무에 완벽성을 기하는 스타일	
면담기록 (면담일: 2021.03.07.)	■ 관계 형성에서 어려움을 느끼고 있음 ■ 거절하거나 부정적인 말을 하는 것을 싫어하는 성격을 고치고 싶음 ■ 업무추진 과정에서 갈등이 생길 경우, 혼자 속으로 앓는 스타일의 변화가 필요함	

2021년도 상반기 다면평가 결과(1~5점)

전체 평균 점수: 본인 평균 3.5점/상사 평균 3.7점/부하 평균 3.5점

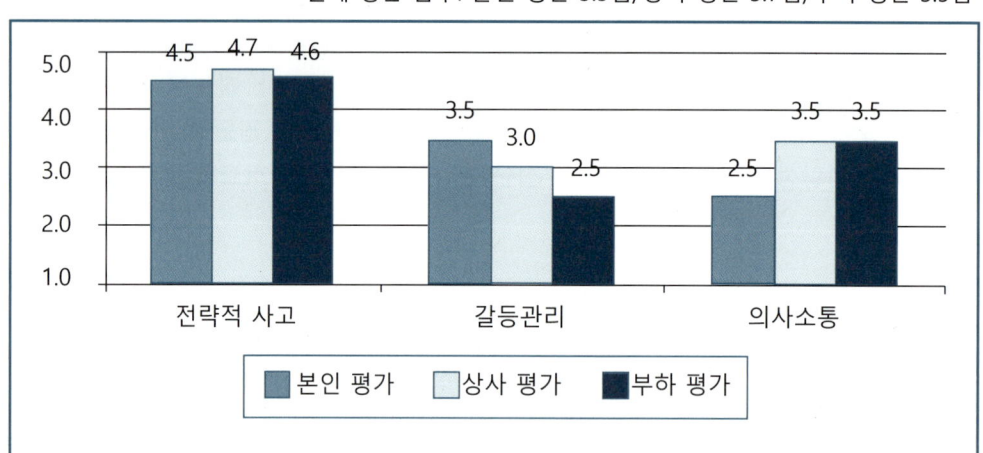

상사 평가	■ 인지적 능력을 강점으로, 맡은 일에 대한 완결성이 높으나 보다 주도적인 측면에서의 관계적 역량 개발이 필요해 보임
부하 평가	■ 업무능력이 뛰어나고, 배울 점이 많은 상사이나 갈등 상황을 주도적으로 해결하지 않는 모습이 아쉽다고 느껴짐
종합 의견	■ 다면평가 결과에 있어서 **본인이 인식하는 점수**와 **상사 및 부하의 인식 간 평가**에 차이가 있으므로 이에 대한 검토와 후속 코칭이 필요함

해설

▶ 주요사항

면담을 신청한 최장자 주무관에 대한 인사기록 카드가 제시되고 있다. 여기서는 동일 항목에 대해 다양한 계층에서 평가한 다면평가 결과표를 가장 주목해야 한다. 대부분의 사람들은 본인에 대해 타인과 자신이 인지하는 정도의 차이에 의해 어려움을 겪는 경우가 많기 때문이다. 그런 측면에서 이와 같은 입체적인 자료는 당사자를 판단하는 좋은 근거 자료가 된다.

구체적인 수치를 정확히 잘라 규정하기는 어려우나 대략적으로 3등분하여 살펴보는 것이 인지하기에 편리하다. 여기서는 4점 이상을 고득점, 3점 이상~4점 미만을 보통, 3점 미만이면 부족한 것으로 평가함이 적절한 듯하다. 그리고 5점 만점 기준 대략적으로 0.5점 이내의 차이는 거의 유사한 정도로 인식해도 무방하다. 결국 중요한 것은 본인과 타인이 동일 항목에 대해 인지하는 정도의 차이로서, 갈등관리와 의사소통 항목에 있어 명확한 차이를 보여주고 있다.

최장자 주무관 본인이 갈등관리를 나쁘지 않게 한다는 인식을 하는 반면, 상사와 부하직원은 그렇지 못하다는 평가를 내리고 있다. 또한 의사소통에 있어 최장자 주무관은 본인 생각보다 실제로 더 나은 능력을 보유하고 있음에도 스스로 이를 인지하지 못하고 있다. 이를 면담기록과 연계하여 살펴보면, 보다 자신감을 갖고 적극적, 능동적으로 타인과의 대화에 나선다면 갈등관리를 평균 이상으로 해낼 수 있지 않을까 유추해 볼 수 있다.

▶ 메모사항

특별히 메모를 하기보다 다면평가 결과를 먼저 살피고, 인지의 차이가 발생하는 항목에 대해 성격, 업무스타일, 면담기록 등의 자료를 통해 그 원인을 파악하는 것이 중요하다. 다면평가 결과 중 갈등관리와 의사소통 표에 체크를 해 두자.

19. 인사기록-2

성명	강정책	
소속/직책	항공정책과/주무관	
성격	▪ 사교적이고 활발한 성격 ▪ 폭넓은 대인관계를 형성함	
업무 스타일	▪ 팀워크 지향을 추구함 ▪ 자신의 일 이외에 타인의 업무에도 관심이 많은 스타일	
면담기록 (면담일: 2021.03.08.)	▪ 조직 내의 관계도 개인적인 관계로 해석하는 경향이 있어 때로는 지나치게 관여하는 부분이 관찰됨 ▪ '오지랖이 넓다'는 주변의 피드백에 대해서 인지하고 있으며, 타인의 일에 지나치게 간섭하는 성격의 변화가 필요함	

☐ **2021년도 상반기 다면평가 결과**(1~5점)

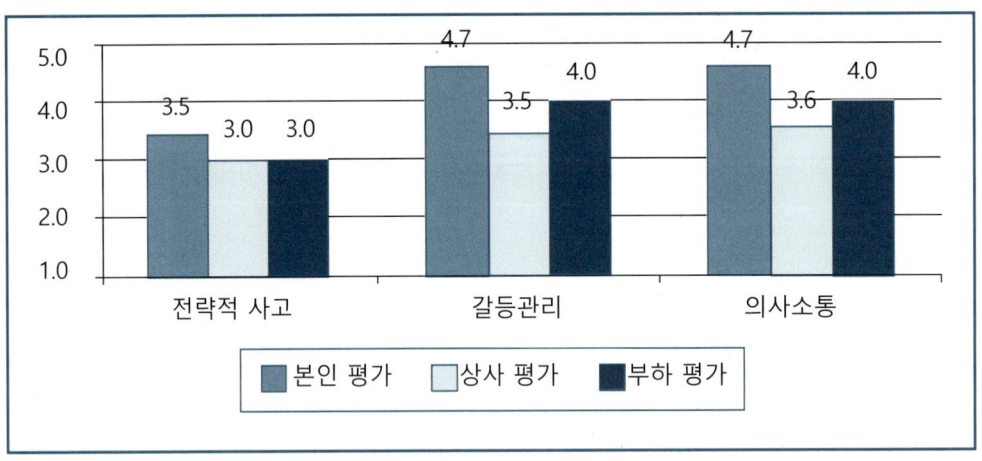

전체 평균 점수: 본인 평균 4.3점/상사 평균 3.4점/부하 평균 3.7점

상사 평가	▪ 팀 분위기에 활력을 불어넣는 관계적 역량은 긍정적이나 다소 감정적으로 타인에게 관여하는 측면은 보완이 필요함
부하 평가	▪ 힘들 때 도움을 요청할 수 있는 선배 같은 상사이나 때로는 업무에 집중하기 어려울 정도로 업무 외의 잡담이 불편할 때가 종종 있음
종합 의견	▪ 다면평가 결과에 있어서 **본인이 인식하는 점수**와 **상사 및 부하의 인식 간 평가**에 차이가 있으므로 이에 대한 검토와 후속 코칭이 필요함

주요사항

앞선 최장자 주무관의 인사기록 카드와 동일 형태의 자료로서 마찰이 발생하는 두 사람의 차이를 비교하며 인지하기에 적합하다. 여기서도 글자보다는 다면평가 결과표에 먼저 주목하는 것이 강정책 주무관을 파악하는 데 보다 수월하다.

역량평가에서 특정 인물을 그려 나가는 데에는 몇 가지 컨셉이 있다. 가장 보편적인 방식으로는 내성적인 사람과 외향적인 사람의 업무 성향 차이를 부각시키는 것이다. 한 층 깊이 들어가면 혼자서 전문적인 분야를 파고드는 성향과 타인을 조직화 하여 업무를 수행하는 데 익숙한 사람을 만드는 것이다. 강 주무관은 후자에 속하는 타입임을 알 수 있다.

먼저 전략적 사고를 살펴보면 최장자 주무관에 비해 약 1.5점 정도 떨어지는 평가를 보여주고 있다. 이에 대해 '강정책 주무관은 머리가 나쁜 사람이고, 최장자 주무관은 강 주무관의 머리가 나쁜 것에 대해 무시하고 있다'는 억측을 내려서는 곤란하다. 한 사람에 대한 평가는 확실한 근거를 갖고 이뤄져야 하기 때문이다.

갈등관리와 의사소통은 서로 유사한 패턴을 보여 주고 있는데, 요약하자면 강 주무관은 자신의 해당 능력을 과신하고 있음을 알 수 있다. 이와 관련하여 텍스트로 표시된 부분을 살펴보면, 강 주무관은 타인과의 관계를 통해 업무를 수행해 나가는 스타일이나 때로 그 정도가 지나침을 알 수 있다. 즉, 두 명의 주무관은 상호 대척점에 존재하고 있다.

이렇게 완전히 상반된 두 명이 등장하는 경우는 일반적으로 낮은 직급의 역량평가에서 주로 보여지며, 상위 직급으로 갈수록 등장하는 인물 간 차이는 조금씩 흐려진다. 이는 역량평가 과제의 난이도를 조절하는 방법 중 하나인 것이다.

메모사항

다면평가 결과 중 갈등관리와 의사소통에 체크하고 최장자 주무관과 비교하도록 한다.

20. 대화록

항공산업안전강화 TFT 팀원 간 대화록

팀원1: 요즘 우리 TFT 분위기... 좀 문제 있지 않나요? 특히 최장자 주무관님 표정이 많이 어두워 보이는데 저만 그렇게 느끼는 건가요?

팀원2: 맞아요. 저도 느꼈어요! 최장자 주무관님... 늘 평온하고 침착한 분이라고 생각했는데... 요즘 들어서는 좀 많이 다운되어 보이시더라고요. 그냥 단순히 조용한 게 아니라 뭔가 고민이 가득하신 것 같은 느낌?

팀원3: 그게 말이죠. 제 생각에는 아무래도 강정책 주무관님이랑 무슨 문제가 있는 것 같아요. 두 분이 최근에 보고서 작성 때문에 많이 바쁘셨잖아요. 특히 최장자 주무관님 많이 급해 보이시던데... 강정책 주무관님이 눈치 없이 자꾸 말을 걸고 계시더라고요. 저는 사실 그게 간섭으로 보였어요. 결국 옆에서 지켜만 봤지만...

팀원4: 강정책 주무관님이 평소에도 오지랖이 넓긴 하시죠. 최장자 주무관님이 바빠 보여서 도와 주려고 한 것 아닐까요? 그런데 최장자 주무관님도 좀 답답하네요. 그냥 대충 끊으면 될 텐데... 왜 끝도 없는 얘기를 다 듣고 있으신 건지.

팀원3: 제 말이요. 사실 그냥 끊어도 될 말을 굳이 다 듣고 있는 최장자 주무관님도 좀 답답하긴 하더라고요. 그런데 사실 강정책 주무관님이 눈치는 좀 없으신 것 같아요. 그나저나 두 주무관님의 갈등이 세지면 우리 TFT 분위기도 휩쓸려 갈 텐데... 갈수록 걱정이 되긴 하네요.

 **해설**

▶ 주요사항

좌측의 대화록은 사담(私談)으로서 공식적인 회의록과 유사한 형태로 제시되고 있으나 그 차이점을 분명히 인지할 필요가 있다. 평가과제에서의 회의록은 사건의 이해관계자가 등장하므로 발언 내용을 사건 인식과 의사결정에 직접적으로 활용할 수 있으나 제시되고 있는 대화록은 사건의 당사자가 빠져 있는 형태를 보이므로 대화 내용 중 객관적으로 관찰된 사실만을 추려서 읽어야 한다.

물론 현재의 공무원 역량평가 과제에서 함정을 마련해 두는 것은 아니나 사건에 대한 인식과 판단의 근거로 뒷담화가 되어서는 바람직하지 않다. 대화 내용 중 '표정이 어두워 보인다', '고민이 가득해 보인다' 등의 표현은 대화 참여자가 본인의 해석을 곁들인 것이다. 반면 '보고서 작성 때문에 바쁜데 강 주무관이 자꾸 말을 걸더라'는 내용은 관찰된 사실이 기재된 것이다. 다만, 강 주무관이 최 주무관에게 업무 진행에 필수적인 내용을 전달하는 과정이었는지에 대한 것은 현재의 대화 내용으로 확인할 수 없다.

역량평가 평가위원 중에는 과제에서 제시되는 자료라면 무조건 믿어야 한다고 주장하는 사람도 있다. 이러한 평가위원은 평가 대상자가 좌측의 대화 내용에 대해 사실 관찰과 타인의 주관적 해석을 분리하여 사실만을 갖고 문제에 접근할 경우 주어진 자료를 제대로 활용하지 못한다고 평가하기도 한다. 따라서 어떠한 유형의 평가위원을 만나더라도 좋은 평가를 받기 위해서는 평가 대상자 본인이 정보를 습득하는 과정에 있어 왜 관찰과 해석을 분리하여 접근하는지를 알릴 필요가 있다.

▶ 메모사항

팀원들은 두 주무관의 갈등으로 인해 TFT 분위기가 나빠질까 걱정하고 있다.

21. 모범답안 예시

1. 장자도 신공항 개장 일정 수립
- '22.06. 예정인 신공항 개장 시기를 '21.12.로 앞당겨 부산공항의 부담을 완화시킴

절차	여객터미널 건설	입점업체 모집 및 입주	시험운행 및 문제점 개선
원안	'19.01. ~ '21.12.	'22.01. ~ '22.03.	'22.04. ~ '22.06.
개선안	'19.01. ~ '21.09.	'21.08. ~ '21.12.	'21.10. ~ '21.12.
	3개월 단축	동시 진행	

- 여객터미널 건설 일정 3개월 단축 가능(공항정책과 확인사항)
- 공항공사 상업시설팀에 요청하여 입점 업체 모집을 즉시 시행
- 업체 입주와 시험운행을 동시 진행하여 기간 단축 가능(장자도 신공항 추진단 확인사항)
- 다른 공항에 비해 촉박한 이륙시간 문제를 해결함으로써 사고 발생의 위험을 방지함

2. 사고 재발 방지 및 파일럿 인력 부족 대책 마련
  (1) 단기 대책: 조종사 휴식 규정 미 준수 시 엄격 처벌
  - KA704편 기장의 휴식시간 규정 미 준수 발견: 항공법 시행규칙 제143조에 따르면 직전 비행에서 20시간을 소화하였으므로 최소 24시간의 휴식이 필요 → 확인 결과 22시간 휴식으로, 제143조 위반이 발견됨
  - 진상조사를 실시하여 항공사 및 책임자 엄격 처벌
  - 파일럿 휴식 규정을 위반할 경우 엄격하게 처벌된다는 점을 국내의 모든 항공사에 알림

  (2) 단기 대책: 조종사 정년 규정 개정
  - '국제민간 항공기구'의 정년 규정이 개정되었음
  - 항공법 제1조는 '국제민간 항공기구'의 표준과 방식을 준용할 것을 명시하고 있음
  - 조종사 정년을 67세로 연장함으로써 조종사 수급 불균형의 문제를 일시적으로 완화함

  (3) 장기 대책: 항공운항학과 신규 설립
  - 목포공항을 교육시설로 활용, 전남대 항공운항학과 신설: 조종사 육성
  - 강릉공항, 진주공항을 활용한 항공운항학과 추가 설립 타진: 강원대/경남대와 논의

3. 최장자 주무관에 대한 면담 계획안
- 최 주무관은 TFT에서 중간관리자의 역할로, TFT의 성과에 큰 영향을 미치는 구성원임
- 최 주무관 문제의 핵심 원인은 갈등을 회피하고 거절을 어려워 하는 성격 특성임
- 업무성과를 위해서는 부정적 관계를 회피해서는 안 된다는 점을 주지시킴
- 갈등해결 과정은 최 주무관의 관계적 역량의 향상과 밀접하게 관련돼 있음을 강조함
- 최 주무관 스스로의 문제 해결을 위해 팀장 본인이 둘 사이에 직접 개입하지 않아야 함
- 둘 사이의 문제해결 과정을 모니터링 하고, 언제든 다시 면담할 수 있음을 알려줌

 해설

◎ 주요사항

공무원 역량평가에서 서류함 과제는 평가 대상자가 작성하여 제출한 답안만으로 평가가 이뤄진다. 20분의 인터뷰 시간은 사실 형식상으로만 이뤄지는 절차에 지나지 않는다. 따라서 발표과제의 답안을 요점 위주로 정리한 것과 달리 서류함 과제의 답안은 보다 상세하게 작성되어야 한다.

발표과제의 답안은 문제점/목표/실행계획/장애요인 등의 어느 정도 정형화된 카테고리에 따라 구성되는 반면, 서류함 과제는 특별히 정해진 양식이 없다. 과제 내 해결과제에 따라 보다 유연하게 작성하는 것을 권한다.

서류함 과제는 평가 대상자가 시간의 부족에 시달리므로 현황 분석은 기재하지 않거나 한 줄 정도로 짤막하게 적는 경우가 많다. 평가위원 입장에서 평가 대상자가 문제를 얼마나 잘 인식하고 있는지 평가하기 위해서는 답안에서 제시하고 있는 대처방안만 살펴보아도 충분하기 때문이다.

발표과제 답안과의 또 다른 차이점은 서류함 과제의 답안에는 대안을 실행할 경우의 장애요인과 그 대처방안에 대해 작성할 필요가 없다는 것이다. 하나의 해결과제가 들어가 있는 발표과제와 달리 서류함에는 3개 이상의 해결과제를 포함하고 있어 문제 상황이 복잡하지 않기 때문이다. 즉, 1차적인 대처만으로 문제 상황이 해결되는 경우가 대부분이다.

그럼에도 불구하고 단기적인 조치만으로 해결되지 않는 경우가 있다면 장기적으로 문제의 근본 원인에 어떻게 접근하고 어떻게 해결해야 하는지 구분하여 작성해 주는 것이 좋다. 본 서류함 과제의 2번 해결과제는 이를 잘 보여 주고 있다.

역량을 사고(T), 업무(W), 관계(R) 등의 3가지 요소로 구분하여 살펴봤을 때 발표와 서류함 과제는 주로 사고(T) 역량을 점검한다. 이러한 유형의 과제에서는 평가위원에게 본인의 냉철한 이미지를 심어 주는 것이 더 나은 평가를 받는 데 유리하다. 따라서 가급적이면 명확한 수치를 바탕으로 현상을 분석하고 대안을 제시할 수 있도록 한다. 예를 들어, 3번 해결과제의 답안은 다면평가의 구체적인 점수에 대해 몇 차례 언급해 주는 것이 좌측에 기재된 답안보다 사고(T) 역량이 높은 수준임을 드러내기에 적절하다.

II [실습]

03
역할수행(Role-Play)

본 책에서는 주로 사용되는 4가지 유형의 과제와 함께 해설을 수록하였다. 파트별로 좌측 페이지에 평가과제, 우측에는 해설이 배치돼 있다.

평가과제 | 해설

03. 역할수행(Role-Play)

 **Role-Play**

[역할수행]
- 평가과제 -

평가 대상자 확인사항

평가과제는 총 14장으로 구성되어 있습니다.
빠진 페이지나 잘못 인쇄된 페이지가 없는지 확인 후
하단의 응시번호 및 성명을 기재하시기 바랍니다.

응 시 번 호	
성 명	

 **해설**

과제풀이에 앞서

역할수행 과제는 역량평가 시행기관에 따라 역할연기 혹은 1:1(일대일)이나 1:2(일대이)로 명칭되기도 한다. 본 책에서는 역할수행으로 통칭하기로 한다.

평가 대상자들은 역량평가 과제를 접하기 전 과제에 대한 소개를 들었을 때 가장 부담스러운 과제로 역할수행을 꼽는 경우가 많다. 과제 내용이 어렵다기보다 과제 특성에 따른 상황 자체가 익숙하지 않으며 다소 민망하다는 것이 이유다. 민원인을 상대하는 주제의 역할수행은 그나마 좀 나은 편이지만 부하직원을 상대하는 역할수행일 경우 처음 만나는 평가위원을 부하직원으로 가정하는 것도 쉽지 않을 뿐더러 말투를 어떻게 해야 하는지에 대해서도 난감함을 겪는다.

저자인 본인은 모 공공기관 역량평가 중 갓 40대에 들어선 젊은 평가 대상자가 '하게체'로 역할수행에 임하는 것을 겪은 적이 있다. 그 말투가 너무나 어색하여 평가를 마친 후 평소 하급자에게 말투가 어떠한지 물었더니, 같이 일하는 직원들과는 친하게 지내며 평소에는 동생처럼 편하게 말을 한다고 한다. 다만, 평가상황 중이어서 어떤 태도로 임해야 하는지 당황스러웠다고 한다. 실제 역할수행 평가상황 중에는 다양한 태도의 평가 대상자를 만날 수 있다. 반말을 하거나 극존칭을 쓰는 평가 대상자도 있다. 되도록이면 가장 무난한 '해요체'를 쓰는 것이 좋다.

시간관리

역할수행의 과제를 숙지한 이후 평가위원과 역할극을 하는 동안에는 좌측의 그림과 같은 스탑워치를 사용한다. 평가위원과 평가자는 각자의 책상을 두고 마주보며 앉게 되는데, 자리마다 스탑워치가 하나씩 놓인다. 실제 역할극이 진행되는 시간에 맞춰 시간이 미리 설정돼 있으며, 우측 하단의 가장 큰 동그란 버튼을 누르면 카운트 다운이 시작된다. 사용에 대해서는 역할극 시작 전 평가위원이 알려주므로 지금 억지로 기억하지 않아도 된다.

PART Ⅱ 실습

01. 평가 대상자 가이드

과제 안내	▪ 역할수행(Role Paly) 과제는 1. 평가 대상자가 가상의 상황에 대한 자료를 파악하고, 2. 주어진 면담 대상자와 면담을 준비하여, 3. 상대 역할을 수행하는 평가자와 면담을 진행하는 방식입니다. ▪ 진행 안내 ▷ 30분: 과제 숙지 및 역할수행 준비 ▷ 05분: 이동 ▷ 20분: 역할연기
참고사항	▪ 제시된 가상 조직에 관한 사항을 숙지해야 합니다. 과제 내에 어떠한 자료가 제시되어 있는지를 먼저 파악하는 것이 도움이 됩니다. ▪ 해당 상황에 등장하는 인물에 대해 파악하여, 어떻게 면담을 수행할지 계획하는 것이 중요합니다. ▪ 본 과제와 관련하여 정해진 답안은 없습니다. 중요한 것은 의사결정 결과뿐만 아니라 결정 과정에서 어떠한 사항과 절차들을 고려했는지 하는 것입니다.

유의사항

- 본 과제에 제시된 자료는 현실 상황을 반영하여 평가 목적에 맞게 재구성한 것입니다. 내용이 현실과 다소 다르더라도 주어진 상황에 맞게 과제를 진행해야 합니다.
- 자신이 현재 담당하고 있는 업무 내용 및 전문지식을 기반으로 진행해서는 안 됩니다. 다만 자신의 경험을 예시로 제시할 수는 있습니다.
- 과제를 해결할 때에는 첨부된 자료를 활용하시고, 제시된 자료와 반대되거나 일치하지 않는 현실정보는 활용할 수 없습니다.
- 자신이 자료에 제시된 역할에 해당하는 인물이라고 생각하고 진지하게 최선을 다해 역할을 수행해야 합니다.

해설

> 주요사항

역할수행은 업무와 관련된 이해관계자 중 하나를 선정하여 상황을 구성한다. 상사, 동료, 하급 직원, 민원인, 기자 등 다양한 이해관계자가 있으나 역량평가가 가장 많이 시행되는 5급 승진후보자 과정에서는 주로 하급 직원을 면담하는 상황으로 구성되는 편이다. 역량평가는 다양한 상황에서 평가 대상자를 관찰하여 평가의 정확도를 높이는 방식이다. 이에 따라 발표 및 서류함 과제는 상사나 민원인을 대상으로 하고, 집단토론 과제는 동료, 역할수행 과제에서는 하급 직원과의 상황을 구성하여 상호작용을 살펴보는 것이 가장 무난하다.

단, 이는 일반적인 공무원 5급 승진후보자를 기준으로 했을 경우이며, 최하급인 9급은 민원인과의 상황으로 구성하거나 역할수행을 실시하지 않기도 한다. 기관에 따라서는 조직의 특성에 따라 기자와의 인터뷰 상황으로 구성하는 경우도 있고, 1:1 역할수행이 아닌 1:2 역할수행을 진행하기도 한다. 1:2 역할수행은 주로 고위공무원단에서 시행되는데 이는 고위공무원이 사람을 관리하기보다 조직을 관리하는 업무 특성을 고려한 것이다. 1:2 역할수행은 기관 내 특정 부서를 맡아 담당하는 부하직원 2명의 각 집단 간 갈등 상황을 고위공무원이 중재하는 상황으로 구성된다.

민간기업에서 실시하는 역할수행의 경우, 때로는 면담 전 사전자료를 작성하거나 면담 후 '면담 결과 보고서'를 작성하여 제출하는 방식을 취하기도 한다. 그러나 공무원 역량평가의 역할수행은 문서를 작성하지 않는다. 과제를 숙지하는 시간 동안 본인의 면담 계획안을 대략적으로 구성하여 메모해 두고, 이를 과제와 함께 보면서 평가위원과의 역할수행에 임하면 된다. 단, 역할수행은 상대방과의 상호작용을 살펴보는 과제이므로 그 특성을 감안했을 때 평가 대상자는 자신의 시선이 자료에만 머물지 않도록 주의할 필요가 있다. 특히 역할수행 중 상대방인 평가위원이 발언할 때는 되도록 시선을 맞추고 적절한 반응을 보여주는 것이 좋다.

PART II 실습

02. 상황 개요

오늘은 2021년 6월 13일입니다.

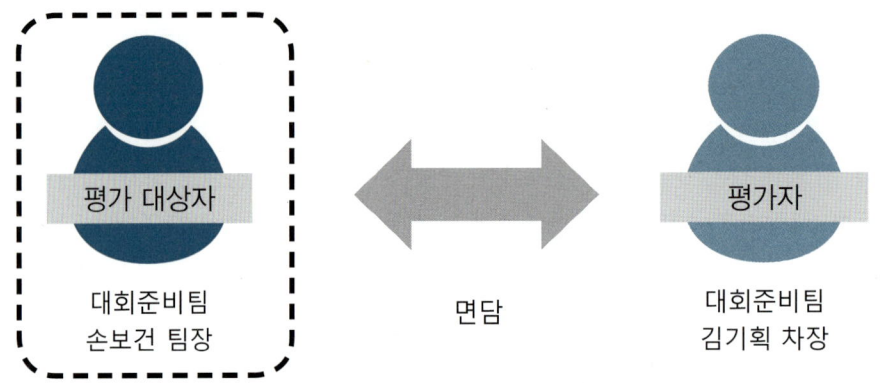

평가 대상자: 대회준비팀 손보건 팀장 ↔ 면담 ↔ 평가자: 대회준비팀 김기획 차장

과제 상황

- 국경 없는 의사회 세계포럼 추진단은 6월 27일~28일에 있을 『국경 없는 의사회 세계포럼』을 준비 중이며, 포럼이 임박함에 따라 대회 준비에 박차를 가해야 할 상황이다.
- 손보건 팀장은 김기획 차장에게 오늘까지 '세계포럼 추진 세부 대책 보고서'를 작성할 것을 지시하였으나 보고서 작성이 지연되고 있다는 사실을 발견하였다.
- 김기획 차장은 차장 승진한 지 6개월째로 새로운 직급에 적응하는 것도 버거운데, TFT의 새로운 업무를 맡게 된 것이 부담스럽고 힘든 것으로 보인다.

평가 대상자 역할

- 세계포럼 추진단 대회준비팀 손보건 팀장의 역할을 맡아 김기획 차장과의 면담 계획을 수립하고, 실제 면담을 수행해야 함

평가 대상자 해결과제

- 업무 성과 문제, 동료와의 갈등, 리더십 문제에 대한 어려움을 토로하고 있는 김기획 차장에게 면담을 통하여 조언과 피드백을 제공해야 함

 해설

> **주요사항**
>
> 대인 과제인 역할수행과 집단 과제인 집단토론은 많은 연습과 훈련을 필요로 한다. 상대방과의 상호작용을 통해 역량을 표출해야 하는 경우에는 타고난 능력뿐 아니라 경험에서 비롯된 노하우가 뒷받침되어야 하기 때문이다. 그런데 공무원 역량평가 대상자 대부분은 서류 업무에 익숙한 사람들이다. 동일한 내용으로 의사전달을 시도하더라도 문서와 구두로 실시되는 커뮤니케이션은 큰 차이가 있다.
>
> 대면 의사소통을 하는 경우, 사소한 부분에 있어서도 전달 내용이 왜곡될 수 있다. 예를 들어, 상대방을 칭찬하는 이야기를 하더라도 표정이나 말투에서 진심이 느껴지지 않는다면 상대방은 칭찬 이면에 다른 것이 있지는 않은지 의심을 할 수도 있다. 칭찬을 하지 않는 것보다도 못한 상황이 발생하는 것이다.
>
> 그래서 많은 역량평가 관련 사교육 업체나 역량평가 전 실시되는 사전교육의 FT(Facilitator)들은 표현하는 방식에 많은 비중을 둔다. 평가위원을 처음 만날 때 어떤 식으로 인사해야 한다든지 목소리의 톤, 단호하면서도 인자한 표정, 제스처 등을 강조하여 훈련시킨다.
>
> 그러나 본질은 다른 데 있다. 표현의 진정성과 관련하여 이는 어디까지나 실제 상황에서 왜곡이 가능하다는 것이며, 역량평가에서는 표정이나 말투가 어떠하든 상대방에게 칭찬을 했다면 평가위원은 칭찬한 것에 대해 기록하고 그에 적합한 평가 결과를 부여해야 하기 때문이다. 즉, 역량평가에서는 칭찬을 했는데 그 진위가 의심된다고 하여 평가위원이 주관적으로 평가점수를 깎을 수는 없다는 것이다. 중요한 것은 평가 대상자가 칭찬이 필요한 상황임을 인지하고 시의적절하게 칭찬을 했는지의 여부인 것이지 얼마나 진심을 담아 칭찬을 했는지는 중요하지 않다는 것이다.
>
> 결국 역할수행 과제에서 중요한 것은 '어떻게 표현하느냐'보다 '무엇을 표현하는가'이다. 따라서 면담을 실시하기 전에 대략적인 면담 전략을 수립하는 것이 중요하다.

03. 자료 목록

No.	자료명	세부
1	조직 소개-1	▪ 국경 없는 의사회 세계포럼 추진단 조직도
2	조직 소개-2	▪ 한국보건의료협회 대외사업팀 조직도
3	보고서	▪ 국경 없는 의사회 세계포럼 행사 개요
4	신문기사-1	▪ [속보] 하인리히 컨벤션센터 테러
5	신문기사-2	▪ 『국경 없는 의사회 세계포럼』 예정대로 추진
6	이메일-1	▪ 강추진 단장의 이메일
7	[첨부파일] 기획안	▪ 제3세계 의료봉사 사업 기획안 ▪ 의료서비스 선진화 사업 기획안
8	이메일-2	▪ 김기획 차장의 이메일
9	프로필-1	▪ 김기획 차장의 프로필
10	프로필-2	▪ 이동수 차장의 프로필
11	대화록	▪ 세계포럼 추진단 대회준비팀 TFT 팀원 간의 대화록

 해설

> **주요사항**

한 과제당 1.5시간 이상이 소요되는 많은 분량의 평가과제가 아닌 이상 역량평가에서는 목차를 읽는 데 시간을 들일 필요가 없다. 모든 페이지가 문제 상황을 해결하는 데 필요하므로 개인적 기호에 따라 읽을 페이지를 취사 선택할 수도 없을 뿐더러 과제의 어디쯤에 어떤 내용이 있는지 미리 접한다고 하여도 대안 마련에는 아무런 영향이 없기 때문이다. 대신에 이전 페이지인 "상황 개요"를 집중하여 읽는 것이 더 낫다.

그럼에도 불구하고 불안한 마음에 "자료 목록" 페이지를 읽겠다면 하나의 기준을 갖고 접근하는 것이 좋다. 역할수행 과제에서도 다른 역량평가 과제와 마찬가지로 해결과제가 주어질 때는 이메일 형태를 취하는 경우가 많다. 해결과제가 무엇인지에 대해 "상황 개요" 페이지에서 확인할 수 있었다면, "자료 목록" 페이지에서는 어느 부분에서 새로운 해결과제가 제시되는지 파악할 수 있다.

본 역할연기 과제에서는 3개의 이메일이 포함돼 있는데 마지막 이메일은 자료의 가장 마지막 페이지에 위치하고 있다. 이와 같이 구성될 경우에는 ① 대안 마련을 위한 추가 자료로서 이메일이 배치되었거나, ② 앞부분에 제시된 자료 전체를 종합적으로 분석/조합하여 대안을 마련할 수 있는 해결과제가 제시되는 방식으로 예상할 수 있다.

04. 조직 소개-1

□ 국경 없는 의사회 세계포럼 추진단 조직 소개

조직명	국경 없는 의사회 세계포럼 추진단
조직 형태	Task Force Team(TFT)
활동 기간	2021년 4월 ~ 2021년 8월(2021년 4월 출범)
참여 기관	한국보건의료협회, 보건복지부, 외교부, 서울시
추진 목표	■ 『국경 없는 의사회 세계포럼』 성공 개최 ■ 『세계 대학생 NGO캠프』 성공 개최

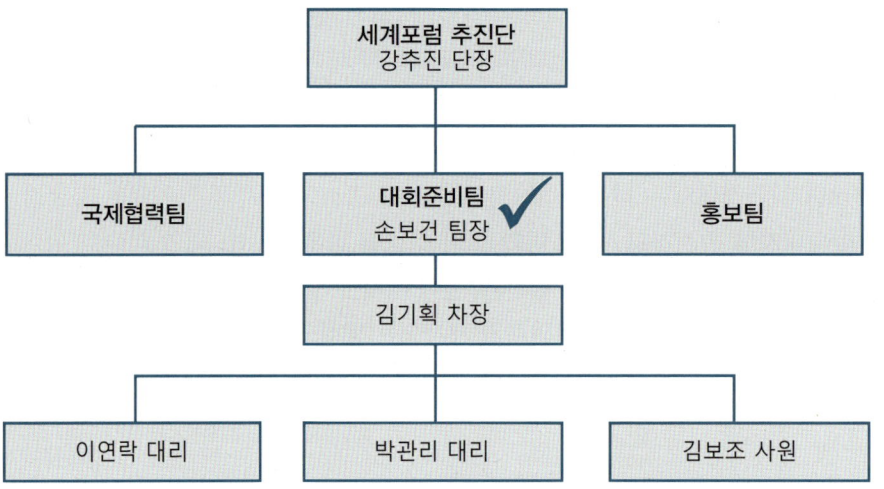

대회준비팀 업무 분장	
손보건 팀장	대회준비팀 업무 총괄
김기획 차장	세계포럼 및 NGO 캠프 프로그램 기획 및 운영
이연락 대리	세계포럼 상세 프로그램 운영
박관리 대리	NGO캠프 상세 프로그램 운영
김보조 사원	프로그램 운영 및 기획 보조

※ 강추진 단장과 대회준비팀은 한국보건의료협회로부터 차출됨

해설

⊙ 주요사항

일반적으로 역할수행 과제의 "조직 소개" 페이지가 다른 과제와 가장 다른 부분은 인물에 대한 소개가 이뤄진다는 것이다. 평가 대상자에게 익숙하지 않은 조직의 부서명과 해당 부서에 소속된 구성원의 이름, 각자의 업무 분장에 대해 세세히 기억하고 다음 페이지로 넘어가기는 어렵다. 일단은 평가 대상자에게 주어진 역할인 손보건 팀장의 소속과 업무를 먼저 파악하고, 평가위원이 담당하게 될 김기획 차장에 대해서만 인지하면 충분하다. 다른 등장인물에 대한 소개는 과제를 읽어 나가며 자연스럽게 파악할 수 있기 때문이다.

역할수행 과제에서도 소속 조직의 비전이나 목표는 중요한 부분이다. 역할수행 과제에서 부하직원이 업무 수행의 방향성을 잃고 헤매는 상황 혹은 업무의 재분장이 필요한 상황으로 설정되는 경우가 많다. 이때 조직의 비전과 목표는 문제 상황을 정리하는 데 좋은 기준과 근거가 된다.

⊙ 메모사항

1. 평가 대상자는 2021년 6월 말 진행 예정인 세계포럼 추진단의 대회준비팀 팀장이다.
2. 소속 팀에는 4명의 팀원이 있으며, 면담 상대방은 김기획 차장이다.
3. 손 팀장은 대회준비팀 업무를 총괄하고, 김 차장은 세계포럼 및 NGO 캠프 프로그램을 기획 운영한다.

05. 조직 소개-2

☐ 한국보건의료협회 조직 소개

조직명	한국보건의료협회
설립 목적	보건의료 지원사업 수행
주무 부처	보건복지부
조직 형태	위탁집행형 준정부기관
비전	■ 보건의료산업에 대한 정부 정책개발 지원 ■ 보건의료산업의 미래가치 창출
2021-2022 중점 추진 과제	■ 『국경 없는 의사회』 행사 지원 ■ 신사업 모델 개발

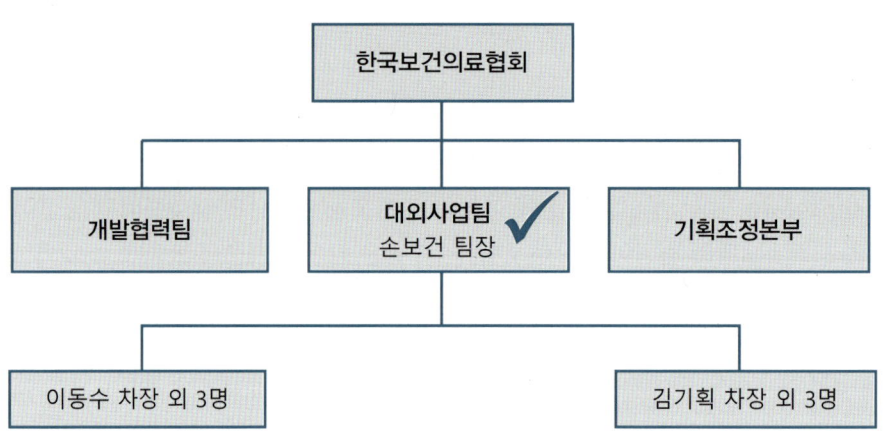

대외사업팀 업무 분장	
손보건 팀장	대외사업팀 업무 총괄
이동수 차장 외 3명	지방자치단체 등 대외 유관기관 협력
김기획 차장 외 3명	대외사업 프로그램 기획 및 설계

 해설

주요사항

일반적으로 역량평가 과제에서는 조직에 대한 소개를 1페이지로 마치는 편이지만 본 과제에서는 평가 대상자 역할인 손보건 팀장의 TFT 차출로 인해 TFT 조직과 함께 원 소속팀의 조직도를 추가하여 보여 주고 있다. 여기서의 비전은 TFT의 상위개념으로서 해결과제의 대안을 제시할 때는 상위조직의 비전/미션에 alignment(정렬)된 목표를 수립하고, 상급자부터 하급자에 이르기까지 목표에 적합한 업무가 cascading, 즉 연속적으로 이어질 수 있도록 해야 한다. 그런 의미에서 본 페이지는 조직의 비전에만 주목하면 충분하다.

메모사항

한국보건의료협회의 비전은 보건의료산업에 대한 정부 정책개발 지원 및 보건의료산업의 미래가치 창출이다.

06. 보고서

『국경 없는 의사회 세계포럼』 행사 개요

세계포럼 추진단 대회준비팀 김기획 차장
2021.05.21

☐ **대회 개요**
- 세계 NGO계의 엑스포라고 불리는 대규모 행사
- 후원금 모금과 활동가 모집을 위해 4년에 한 번씩 행해짐
- 2005년 1회 파리 포럼을 시작으로 2021년 서울 포럼은 5회차임

일시	2021년 6월 27일(목) ~ 28일(금)
장소	서울
주최	국경 없는 의사회 세계포럼 추진단
유관기관	■ 한국보건의료협회　■ 서울시 ■ 보건복지부　　　　■ 태안시 ■ 외교부　　　　　　■ 서울호텔업협회
부속행사	세계 대학생 NGO캠프(태안)

☐ **2021년 서울 『국경 없는 의사회 세계포럼』 개최의 기대효과**
- 세계 NGO계에 있어서 한국의 국제적 위상 제고
- 행사를 개최하는 서울시와 태안시에 각각 700억 원과 90억 원의 직/간접적인 경제효과를 가져다 줄 것으로 예상됨

☐ **세계포럼 프로그램 개요**
- 참여인원(예상): 국경 없는 의사회 관계자(500명), 일반시민(1,000명)

일시	프로그램 스케줄
6/27(목)	■ 기조연설: 지난 5년간 국경 없는 의사회 활동 내역 및 향후 과제 ■ 강연1: 세계평화 유지를 위한 Action Plan ■ 강연2: 세계 난민 문제에 대한 대응 방안
6/28(금)	■ 후원금 모금 및 활동가 모집

☐ **세계대학생 NGO캠프 프로그램 개요**
- 참여인원: 200명(신청 마감)

일시	장소	프로그램 스케줄
6/25(화)	태안	■ 세계 NGO 성장의 역사 및 의의
6/26(수)	태안	■ NGO 지원자들 간의 자유 토론
6/27(목)	서울	■ 세계포럼 견학(서울로 이동)
6/28(금)	서울	■ 국경 없는 의사회 의장 및 후보자와의 대화 ▷사히드 자라, 명허준, 호세 산체스

> 해설

> 주요사항

어떤 역량평가 과제에서든 약 1/3 지점까지는 배경 상황을 설명하는 데 페이지가 할애될 수밖에 없다. 해당 부분에서는 그림을 본격적으로 그리기 전 대략적인 구도를 잡는 것처럼 보다 빠르게 상황을 이해하는 것이 중요하다. 좌측의 페이지는 "국경 없는 의사회 세계포럼" 행사에 대한 개요가 상세히 기재돼 있는데, 일단은 세세한 부분까지 머릿속에 담아두고자 노력할 필요가 없다는 것이다. 예를 들어, 언제 어디서 1회 포럼이 시작되었는지, 경제적인 기대효과의 액수는 얼마나 되는지 등 특히 구체적인 숫자에 대해서는 기억할 필요가 없다. 세부사항에 대한 정보가 필요한 문제 상황이 본격적으로 제시되면 그 시점에서 페이지를 앞으로 되돌려 살펴보는 것으로 충분하다.

배경 상황에 대한 이해를 보다 빠르게 하기 위해서는 ① 추진하고자 하는 사업/행사의 목적은 무엇인지, ② 주요 이해관계자는 누구인지, ③ 프로그램은 어떻게 구성이 되는지 등에 초점을 맞추는 것이 중요하다.

> 메모사항

1. 포럼의 목적: 대규모 NGO 행사로서 후원금 모금과 활동가 모집을 위해 4년에 1회 실시
2. 주요 이해관계자: 6개의 유관기관, 의사회, 일반시민, 대학생
   → 유관기관에 대해 현 시점에서 하나하나 외워 둘 필요는 없다. 문제 상황이 본격적으로 제시되면 해당 기관 업무와의 접점 부분에 대한 자세한 소개가 이뤄질 수 있기 때문이다.
3. 프로그램 구성: 포럼 2일(의사회, 일반시민 참여), 캠프 4일(대학생 참여)
   → 프로그램 스케줄에 대해서도 마찬가지로 가볍게 읽고 넘어가는 것이 좋다. 어떤 방식으로 스케줄이 구성되면 좋겠다는 고민은 현 시점에서 절대 필요하지 않다.

07. 신문기사-1

[속보] 하인리히 컨벤션센터 테러

APA통신

2021년 6월 3일
APA통신

오늘 오전 9시 30분, 국제엠네스티 총회가 개최 중이던 독일 프랑크푸르트의 하인리히 컨벤션센터에 무장한 테러리스트 집단이 난입하여 참가자에게 총기를 난사해 10여 명의 사상자가 발생하였다.

5명의 테러리스트는 현지 경찰과 총격전을 벌여 현장에서 3명이 체포되었고, 2명은 도주하였다. 경찰 긴급 진압 작전 직후, 사상자들은 인근 병원으로 옮겨졌으나 중태에 빠진 상황이다.

본 사건은 군인이나 경찰이 아닌 민간인을 노렸다는 점, 그 중에서도 인권 보호를 위한 NGO를 타깃으로 삼았다는 점에서 매우 충격적이다. 국제엠네스티는 인권 보호를 목적으로 하는 세계적인 NGO이다.

오늘 오전 11시 30분, Islamic Nation은 본 테러가 자신들의 소행임을 공개적으로 밝혔다. 또한 테러의 이유는 이라크와 시리아 난민을 보호하고 있는 국제엠네스티에 대한 보복임을 함께 밝혔다.

 해설

⊙ 주요사항

대단히 짧은 분량의 신문기사이다. 분량에 관계없이 제시되는 자료의 요점을 뽑아내는 것이 최우선이다. 단, 역량평가에서 상황을 이해할 때는 자료에 제시된 것을 넘어 본인의 경험이나 지식에 근거하여 자료를 왜곡해 받아들이지 않도록 주의해야 한다.

⊙ 메모사항

1. 인권 보호 NGO인 국제엠네스티는 테러집단의 표적이 되었다.
2. 테러집단은 군인이나 경찰이 아닌 민간인을 노렸다.

08. 신문기사-2

『국경 없는 의사회 세계포럼』 예정대로 추진

홍익일보

2021년 6월 11일
정약용 기자(yong@hongik.com)

『국경 없는 의사회 세계포럼』과 『세계 대학생 NGO캠프』의 주최 기관인 '국경 없는 의사회 세계포럼 추진단'에서는 금일 오후 본래의 계획대로 6월 말 두 행사를 개최할 것임을 공식적으로 발표하였다.

최근 해외에서 있었던 NGO 행사에 대한 테러 사고와 국내의 테러에 대한 우려 여론으로 예정대로 세계포럼을 진행할지에 대한 검토가 있었으나 최종적으로 정부기관 최종 대책회의에서 테러 방지에 최선을 다하는 가운데 포럼을 원래대로 개최하기로 결정했다.

여전히 불안정한 우려 여론이 수그러들고 있지 않는 가운데 TFT로 구성된 세계포럼 추진단이 얼마나 안정적으로 행사를 진행할 수 있을지 귀추가 주목된다.

『국경 없는 의사회 세계포럼』 관련 주요 사건 일정(2021년 6월)

일	월	화	수	목	금	토
2	3 하인리히 컨벤션 센터 테러	4	5	6	7	8
9	10 정부기관 최종 대책회의	11	12	13	14	15
16	17	18	19	20	21	22
23	24	25	26	27	28	29

25~28: 세계포럼 및 NGO캠프

> **해설**

ⓢ 주요사항

좌측 페이지에서 하단에 달력이 가장 눈에 띈다. 일반적으로 평가과제에서 달력이나 스케줄 표가 제시되는 경우는 ① 다양한 일정을 한눈에 보여주기 위해 편의상 제공되거나 ② 일정 조정이 필요한 경우로 국한되는 경우가 많다. 그런데 좌측 신문기사에서는 앞선 페이지에서 소개된 NGO 행사 테러가 발생했음에도 불구하고 국경 없는 의사회 세계포럼이 예정대로 진행될 것임을 알리고 있으므로 다양한 일정에 대해 조정하는 문제는 아님을 알 수 있다.

이와 같은 경우에는 업무가 마감되어야 하는 기한까지 토/일요일을 제외한 실제 업무 가능일이 얼마나 남았는지를 보여주는 용도라고 할 수 있다. 6월 13일 현재 세계포럼까지는 12일이 남았으며, 업무 가능일은 오늘을 포함하여 8일이 주어져 있다. 실제 평가 상황 중에는 특별한 지시가 없는 한 이러한 날짜까지 계산할 필요는 없다.

컨벤션센터 테러에도 불구하고 세계포럼이 취소되거나 일정 조정 없이 진행되므로 본 과제의 문제 상황은 안전 확보 및 참가자들과 여론의 불안감 해소에 초점을 두고 해결안이 마련되어야 함을 알 수 있다.

ⓢ 메모사항

세계포럼은 예정대로 진행한다.

09. 이메일-1

받은 메일함

[답장] [전체답장] [전달] [간편답장] [삭제] [스팸신고] [이동]

제목: 세계포럼 진행 상황 확인 요망
보낸 날짜: 2021년 6월 13일(목) 09:35:34
보낸 사람: 강추진 단장
받는 사람: 손보건 팀장

손보건 팀장, 세계포럼 준비가 잘되어 가는지 확인 차 연락합니다.

손 팀장이 가장 잘 알고 있겠지만 현재 TFT의 모든 인력이 이 포럼 준비에 집중해야 하는 상황입니다. 따라서 TFT에 속하지 않는 한국보건의료협회의 인력들도 필요할 경우 이 과제에 최우선적으로 투입되어야 함을 잊지 마시기 바랍니다.

요즘 테러 위협과 불안정한 여론의 리스크가 있어 온 나라가 시끄럽습니다. 하지만 이럴 때일수록 서울시와 태안시의 협조를 최대한 이끌어내서 행사를 원래대로 진행하도록 추진하는 것이 우리의 임무입니다.

이를 위해서 '세계포럼 추진 세부 대책 보고서'는 매우 중요한데 잘 진행되고 있는 것인지요? 요즘 김기획 차장의 표정이 안 좋다는 소리가 들립니다. 아무래도 책임이 막중하다 보니 힘들긴 하겠지요. 손 팀장의 직속이니 김기획 차장을 따로 불러 프로젝트가 잘 진행되고 있는지 확인해 보기 바랍니다.

김기획 차장이 차장으로 승진한 지 얼마 지나지 않아 중요한 프로젝트에서 중책을 맡게 되었는데, 적절한 조언과 피드백을 제공하는 것이 중간관리자 역할을 잘 수행하는 데 도움이 될 것입니다. 손 팀장이 잘 코칭해 주기 바랍니다.

김기획 차장은 세계포럼 프로젝트가 끝난 이후에도 한국보건의료협회에 꼭 필요한 우수한 인재입니다. 적절한 코칭이 더해진다면 김기획 차장의 잠재력을 발휘할 수 있을 것입니다. 손 팀장이 잘 이끌어 주기를 기대합니다.

아울러 임원급 회의에서 공유되고 있는 신사업 관련 정보를 손 팀장에게 공유합니다. 손 팀장의 판단에 따라 필요하다고 생각이 되면 적절하게 팀원에게 공유하기 바랍니다. 참고로 해당 신사업은 2022년 이후에 추진될 수 있습니다.

첨부파일1 : 『제3세계 의료봉사 사업』 기획안
첨부파일2 : 『의료서비스 선진화 사업』 기획안

해설

주요사항

상사의 이메일은 과제 내 미션을 전달하기에 가장 적합한 방식이다. 보통은 과제의 앞부분에 위치하여 미션을 명확히 한 이후 각종 자료가 나열되나 본 과제처럼 배경 상황에 대한 소개 이후에 이메일이 배치되는 경우도 간혹 있다.

이전 페이지에서 테러 위협에 따른 세계포럼의 불안감 해소가 미션임을 유추한 것과 같이 상사인 강추진 단장은 태안시의 협조를 통해 포럼이 안정적으로 진행될 수 있어야 함을 강조하고 있다. 특히 포럼의 세부 대책 보고서를 작성하고 있는 김기획 차장과의 면담을 통해 업무 진행에 대해 확인할 것을 지시하고 있는데, 면담의 대외적 목표가 포럼의 안정적인 진행이라면 내부적으로는 우수인재 관리의 의미도 내포하고 있는 것임을 확인할 수 있다.

이메일의 하단에는 새로운 미션이 주어지고 있다. 임원급 회의에서 공유된 2개의 사업기획안에 대한 것으로서 필요에 따라 팀원에게 공유할 것을 지시하고 있는데, 공유의 목적과 공개 범위, 공유 대상 등에 대한 전략 수립이 필요하다. 김 차장의 역할을 맡은 평가위원과의 면담 전 전략을 수립하지 않고 본인의 언변에 기대하는 일은 없도록 한다.

메모사항

1. 테러 위협에 따른 세계포럼 개최의 불안감을 해소할 수 있도록 대책을 추진할 것
2. 김 차장과의 면담을 통해 우수인재가 잠재력을 발휘할 수 있도록 코칭할 것
3. 임원진 논의 중인 2개의 신사업 기획안에 대한 검토 및 팀원 대상 공유 필요

10. [첨부파일] 기획안

『제3세계 의료봉사 사업』 기획안

한국보건의료협회 기획조정본부

☐ **사업 개요**
- 현재 국내만을 대상으로 하고 있는 한국보건의료협회의 서비스 범위를 세계로 확장함
- 현재 개인과 사설 단체 단위로 산발적으로 시행되고 있는 한국의 제3세계에 대한 의료봉사 사업을 체계화/조직화함으로써 의료 서비스의 효율성을 제고함

☐ **추진 계획**
- 『국경 없는 의사회 세계포럼』의 성공적인 개최를 통해 본 사업 추진을 위한 '국경 없는 의사회'와의 호의적인 협력 관계를 구축함
- 장기적인 사업 모델을 창출하기 위하여 향후 조직 개편을 통해 '제3세계 의료봉사 사업'을 전담하는 상설 팀을 창설하는 방안 검토

☐ **기대효과**
- 한국보건의료협회의 장기적인 사업 모델 창출
- 민간 부분을 중심으로 시행되고 있는 의료봉사사업에 준정부기관이 직접 참여함으로써 의료봉사사업의 공공성을 강화함
- 한국의 NGO 사업 영역에 있어서 한국의 국제적 위상을 강화함

『의료서비스 선진화 사업』 기획안

한국보건의료협회 기획조정본부

☐ **사업 개요**
- 제4차 산업혁명으로 표상되는 정보통신기술의 획기적 발전 성과를 의료서비스에 적용하여 의료서비스의 품질을 향상시킴
- 신기술의 출현에 따라 의료 선진국에서 도입되고 있는 최신 의료 기법을 국내에 적용함

1. 원격의료 도입
- 원격의료는 의료진과 떨어져 있는 환자들을 원격으로 모니터링하고 시술하는 것을 포함하는 의료 행위를 의미함
- 외딴 지역 혹은 원거리에 살고 있는 환자에 대한 고품질의 임상 서비스를 제공하는 것을 목적으로 함

2. 인공지능 진단 시스템 도입
- 데이터 기반 인공지능 알고리즘 딥러닝(Deep Learning)을 활용한 진료지원 시스템
- 축적된 진료 정보를 바탕으로 환자에게 적합한 최적의 치료법을 추천하는 인공지능: 의사의 판단 준거 제공

☐ **기대효과**
- 한국보건의료협회의 장기적인 사업 모델 창출
- 새로운 기술과 트렌드에 발맞추어 한국 의료서비스의 경쟁력을 강화함

해설

▶ 주요사항

신사업 내용을 팀원에게 공유하기 전, 그 내용의 요점을 파악하는 것이 우선적으로 필요하다. "제3세계 의료봉사 사업"을 살펴보면, 한국보건의료협회는 해당 사업을 장기적 사업 모델로 기획하고 있으며, 국경 없는 의사회 세계포럼 추진은 협회의 장기적 사업 확장과 간접적으로 연관돼 있는 프로젝트이다. 현재 세계포럼 추진단은 TFT로 구성돼 있으나 장기적 사업 모델을 창출하기 위해서는 향후 조직 개편을 통해 제3세계 의료봉사 사업을 전담하는 상설 팀이 만들어져야 하는 조건을 필요로 한다.

민간기업의 역량평가에서는 이와 같은 구조의 해결과제, 즉 특정 정보에 대해 평가 대상자가 제3자에게 ① 전체를 전달, ② 선택적으로 전달, ③ 차단 등을 결정하고 그 이유에 대해 설명하는 형태를 취할 경우 다양한 선택지를 가질 수 있다. 반면, 공공기관의 역량평가에서는 정답지가 많지 않다. 최근의 공무원 역량평가는 너무 정형화되어 있으며 복잡성을 인정하지 않기 때문이다. 따라서 공무원 역량평가 과제에서 이러한 유형의 해결과제가 등장할 경우에는 특별히 내용을 숨길 것 없이 전달하되 무엇에 집중하여 전달할 것인지만 결정하면 된다.

이를 적용하면 제3세계 의료봉사 사업에 대한 조직의 비전과 우수인재를 육성하고자 하는 조직의 의도 그리고 김기획 차장의 개인적 비전을 적절히 연계하여 면담 시 비전을 제시해 주는 것이 가장 적절하다.

"의료서비스 선진화 사업"은 환자를 원격으로 모니터링하고 시술하는 사업이다. 본 사업에 대해서는 아직 확실한 수요나 구체적인 기반이 마련돼 있는 상태라고 볼 수 없다. 따라서 사업 내용을 전달하되 일단은 현안에 집중할 것을 지시하는 것이 적절하다.

11. 이메일-2

> 받은 메일함
>
> [답장] [전체답장] [전달] [간편답장] [삭제] [스팸신고] [이동]
>
> **제목: 세계포럼 추진 세부 대책 보고서 관련 보고드립니다.**
> 보낸 날짜: 2021년 6월 13일(목) 10:35:11
> 보낸 사람: 김기획 차장
> 받는 사람: 손보건 팀장

안녕하십니까 팀장님. 김기획입니다.
오늘까지 작성해야 하는 '세계포럼 추진 세부 대책 보고서'가 아직 완료되지 않아서 시간이 조금 더 필요할 것 같습니다. 죄송합니다.

보고서가 지연되고 있는 이유에 대해서도 말씀드려야 할 것 같습니다.

우선, 가장 큰 문제가 태안시 관련 사항입니다. 보고서 작성을 위해서는 태안시 협조 요청과 조치 사항 정리는 이동수 차장이 맡아서 해줘야 하는 일이고, 그쪽에서 정리해서 자료를 넘겨 줘야 전체적인 계획 수립이 가능한 상황인데, 여러 번 요청했지만 이를 넘겨 받지 못하였습니다.

사실 이 문제 이외에도 이동수 차장과의 관계가 원만하지 않았습니다. 그런데 이동수 차장은 세계포럼 프로젝트를 중요하게 생각하지 않는 것 같아 속이 타고 답답합니다.

다른 문제도 있습니다. 사실 제가 차장으로 승진한 지 얼마 되지 않아 중간관리자 역할로서 낯선 프로젝트를 이끌어 가야 하는 일이 버겁다고 느껴집니다. 리더가 열의를 보이면 부하직원들이 따라올 줄 알았는데 그렇지 않아서 난감합니다. 또한 주변의 협조 없이 이 중요한 프로젝트를 어떻게 이끌어갈지 앞이 깜깜합니다.

송구스럽지만 팀장님께 조언과 피드백을 요청드립니다.

 **해설**

> ## 주요사항
>
> 상사가 아닌 면담 대상자인 김기획 차장의 이메일이 소개되고 있다. 해결과제가 제시될 때는 보통 이메일 발신자가 상사인 경우가 많으나 좌측 페이지와 마찬가지로 하급자가 이메일을 보내오거나 때로는 동료, 민원인 등의 이메일을 통해 미션이 주어지기도 한다. 중요한 것은 국면이 전환될 때 주로 이메일의 형태로 자료가 제공된다는 것이다. 본 이메일에서는 2개의 해결과제가 제시되고 있다.
>
> 1. 세계포럼 추진 세부 대책 보고서의 지연
>
>   역량평가에서 부하직원의 업무 마감기한 요청 상황은 대부분 어느 정도 연기가 가능한 상황으로 구성된다. 이때 염두에 두어야 할 것은 ① 마지노선을 언제로 변경할 것인지, ② 지연의 근본 원인을 파악하여 해결이 필요하다는 것이다. 변경 일정에 대해서는 정확한 날짜 지정이 필수적이고, 왜 지정된 날짜까지 마감이 되어야 하는지에 대해 상대방이 납득 가능한 수준으로 설명이 필요하다.
>
> 2. 프로젝트에서 중간관리자로서의 리더십 발휘
>
>   김기획 차장의 이메일에 따르면 본 보고서의 지연에 대한 가장 큰 책임은 이동수 차장에게 있다. 면담 대상자는 김기획 차장이므로 평가 대상자는 이어질 자료에서 이동수 차장의 개인 대해 파악하고, 보고서가 지연되는 업무 상황에 대해서도 정리 및 분석하여야 한다. 이때 중요한 것은 자료에 기반하여서만 면담이 실시되어야 한다는 것이다. 평가 대상자가 실제 소속 조직의 업무 상황 중 발생한 사건을 예로 들며 "나는 그럴 때 이러이러하게 했는데..." 하는 식으로 이야기를 풀어나가지 않도록 주의한다.

12. 프로필-1

김기획 차장의 인사관리 기록

성명	김기획
생년월일	1981. 4. 13.
최초 임용일	2012. 3. 2.
소속/직책	대외사업팀/차장
주요 경력	■ 과장 시절 업무 성과가 뛰어나 차장 승진을 통상적인 협회 승진 연한보다 빠르게 하였음(2021년 1월 차장 승진) ■ 과장 시절 업무 평정 우수함 ■ 올해 초, 대외사업팀 차장으로 승진되었음
성격	■ 독립적이고 신중한 성격이 돋보임 ■ 타인의 의견에 쉽게 휘둘리고 우유부단한 성향은 아쉬움
업무 스타일	■ 자료를 바탕으로 연구해서 성과를 내는 성격의 일에 강점을 가짐 ■ 맡은 일에 있어서 완벽성과 신중함이 돋보이나 신속함은 떨어짐 ■ 인적자원을 활용하는 측면에서의 역량 발휘는 아쉬움
개인 비전	■ 보편적 인류 복지에 기여할 수 있는 의료봉사사업에 비전을 가지고 있음

다면평가 결과(1~5점) (2021년 3월 시행)

- 자기 평가: 해당 역량 수준에 대한 나의 평가
- 타인 평가: 해당 역량 수준에 대한 다른 사람들의 평가
- 차이값: 해당 역량 수준에 대한 나의 평가와 다른 사람들의 평가 간 Gap

문제해결력	자기 평가 3.50 타인 평가 4.00 차이값 0.5
업무추진력	자기 평가 3.00 타인 평가 3.10 차이값 0.1
이해관계조정	자기 평가 3.10 타인 평가 2.00 차이값 1.1

상사 평가	■ 독립적으로 수행하는 일에 있어서 매우 뛰어난 성과를 나타냄 ■ 리더로서 강한 주장을 내야 하는 상황에서 힘들어 하는 모습이 아쉬움
부하 평가	■ 업무능력이 탁월해서 믿고 따를 수 있다고 느껴짐 ■ 가끔 속으로 어떤 생각을 하는지 몰라 다가가기 어렵다고 느껴짐

해설

> ### 주요사항

역할수행이나 서류함 과제에서는 특정 인물을 소개하는 인사카드 형태의 자료가 종종 등장한다. 실제 업무 환경에서의 인사카드를 통해 제시되는 인물 정보 중 몇 가지는 온전히 신뢰하기 어려울 수 있다. 예를 들어, 상사의 주관적인 판단이 들어가는 정보는 상사와의 관계나 업무의 특수성 등을 감안하여 재해석이 필요한 경우도 있다. 그러나 역량평가에서 제시되는 정보는 사실과 100% 일치한다고 가정하는 것이 좋다. 좌측의 기록 중 성격, 업무스타일, 개인 비전 및 상사와 부하 평가 항목이 이에 해당한다.

역할수행 과제는 답안 작성이 없는 과제이므로 시간적인 여유가 있는 편이다. 그럼에도 불구하고 자료를 보다 빠르게 파악하는 것은 매우 중요하다. 대안을 제시하기 위해 고민할 수 있는 시간을 확보할 수 있기 때문이다. 그런 의미에서 인사카드 내용 중 가장 먼저 주목해야 하는 것은 그래프로 제시된 다면평가 부분이다.

역량평가 과제에서 보이는 주요 등장인물의 문제는 항상 당사자 스스로 인식하는 것과 타인이 바라보는 것의 차이에서 비롯된다. 따라서 좌측의 다면평가 그래프에서는 자기평가와 타인 평가의 점수가 큰 부분에 초점을 두면 된다. 김기획 차장은 이해관계조정에 있어 자기를 과신하고 있으므로 면담 시 이에 대한 개발을 강조할 필요가 있다. 반대로 문제해결력의 경우에는 타인이 더욱 높게 평가하고 있음을 알 수 있다. 이러한 패턴의 역량에 대해서는 면담 시 ① 해당 역량에 대해 보다 자신감을 갖도록 조언을 하거나 ② 해당 역량을 보다 더 잘 발휘할 수 있는 업무를 주어 약점으로 지적된 역량을 상쇄할 수 있도록 환경을 조성해 줄 필요가 있다.

이를 바탕으로 면담 전략 중 일부를 수립하자면,
1. 김 차장의 업무적 성과와 능력은 모범이 될 수 있으므로 자신감을 가질 필요가 있음을 강조하고,
2. 리더의 역할을 보다 잘 수행하기 위해 이해관계조정 역량이 필요한 이유를 설명하고 조금씩 시도해 보는 팁을 건네는 것이 필요하다.

13. 프로필-2

이동수 차장의 인사관리 기록

성명	이동수
생년월일	1976.03.02.
최초 임용일	2007.03.03.
소속/직책	대외사업팀/차장
주요 경력	• 차장 승진 5년 차(2021년 부장 승진 대상)
성격	• 과업중심적이고 냉철한 성향 • 다소 자기중심적인 성향을 보임
업무 스타일	• 매사에 자신의 주장을 강하게 드러내는 모습이 두드러짐 • 자신의 일에 있어서는 완벽성을 추구하는 스타일임
개인 비전	• 지방자치단체 등 유관기관 협력 업무를 오랫동안 맡아 왔으나 자기 주도의 사업 기획과 도입에 비전을 가지고 있음

다면평가 결과(1~5점) (2021년 3월 시행)

- 자기 평가: 해당 역량 수준에 대한 나의 평가
- 타인 평가: 해당 역량 수준에 대한 다른 사람들의 평가
- 차이값: 해당 역량 수준에 대한 나의 평가와 다른 사람들의 평가 간 Gap

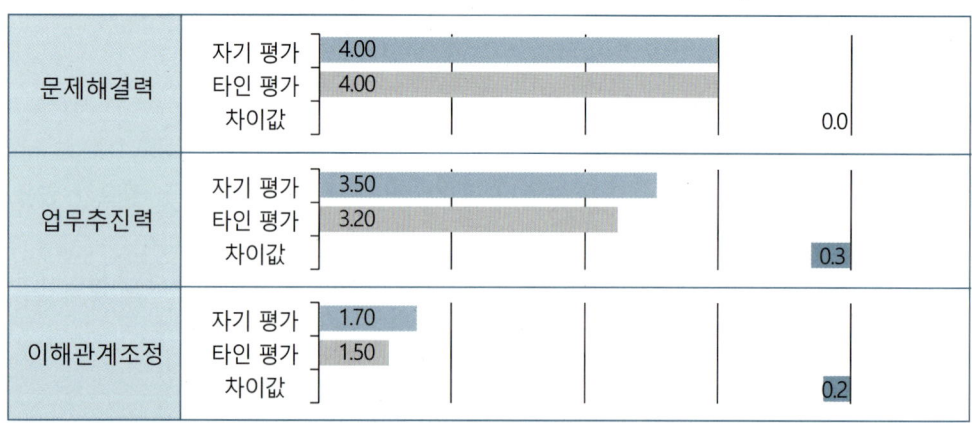

역량	자기 평가	타인 평가	차이값
문제해결력	4.00	4.00	0.0
업무추진력	3.50	3.20	0.3
이해관계조정	1.70	1.50	0.2

상사 평가	• 업무능력이 뛰어나 믿고 업무를 맡길 수 있음 • 커뮤니케이션 능력이 부족함
부하 평가	• 업무능력은 높으나 부하직원이 의견을 편하게 말하기는 어려움 • 다소 일방적이고 지시적인 성향을 갖고 있어 커뮤니케이션이 어려움

 해설

> 주요사항

면담 대상자인 김기획 차장이 상대하기 어려워 하는 이동수 차장의 인사기록이 제시되어 있다. 여기서도 다면평가 그래프를 먼저 살펴보도록 한다. 김기획 차장의 다면평가 차이값이 최대 1.1점까지 나는 것에 비해 이동수 차장은 업무추진력 역량에 있어 0.3점의 차이를 보이고 있다. 상대적으로 훨씬 작은 차이값에 대해 심각하게 부풀려 면담 상황을 억지스럽게 끌고 갈 필요는 없다. 대신에 이해관계조정의 점수가 1점대에 머물고 있는 부분에 주목하는 것이 좋다.

타인의 평가가 항상 객관적이고 옳은 것이라고 보긴 어려우나 ① 특정 역량에 있어 본인과 타인의 인식 차이, ② 역량 간 수준 차이 등은 역할수행에서 충분히 문제 삼을 수 있는 부분이다. 그런 의미에서 김 차장은 특히 이해관계조정 역량이 상대적으로 부족하다.

두 차장의 다면평가 결과를 종합하여 살펴보면 이해관계조정 역량에 중점을 두어 면담이 실시되어야 함을 알 수 있다. 면담 대상자인 김 차장은 본인의 인식보다 이해관계조정을 잘하지 못하고, 이 차장은 본인 스스로도 인지하는 것처럼 이해관계조정 역량이 대단히 부족하다.

둘 사이의 성향 차이를 조정할 때는 몇 가지 주의해야 할 부분이 있다. 먼저, 모든 결정을 평가 대상자 본인이 내리고 난 이후, '내가 생각해 봤는데 이 방식이 최고이니 여기에 따르는 것이 좋겠다'는 식으로 재판관처럼 행세해서는 곤란하다. 본인이 숙지한 내용에 대해서는 질문을 통해 상대방의 입장에 따른 견해를 재확인하고, 보다 바람직한 방향을 권유하는 형태로 면담이 이뤄져야 한다. 또한 나이나 직급을 근거로 서열을 정리하는 형태가 되어서는 좋지 않다. 관계가 회복되어야 하는 이유는 다른 사람들이 보기에 좋지 못해서가 아니다. 조직의 성과와 방향성에 저해되는 요소를 개선하기 위함이다. 따라서 문제가 되는 두 사람의 관계가 업무 수행에 미치는 영향, 나아가 조직의 비전/미션을 달성하는 데 있어 현재 진행 중인 그리고 앞으로 진행될 업무가 두 명의 관계로 인해 저조한 성과에 그칠 수 있음을 지적하는 것이 가장 합리적인 접근 방법이다.

14. 대화록

세계포럼 추진단 대회준비팀 TFT 팀원 간의 대화록

 이연락 대리: 우리 TFT 분위기 요즘 어떤 것 같아요? 이동수 차장님에게 받아야 할 자료가 있는데… 우리 TFT에는 너무 관심이 없는 것 같아서 말이죠.

 박관리 대리: 저는 사실 좀 걱정이 되긴 해요. 아무래도 새로 맡은 의료서비스 선진화 사업 업무에 심하게 몰입하고 있는 것으로 보이더라고요. 아무리 그래도 착수가 내년인데 말이죠. 우리 일에는 너무 비협조적이시니…

 이연락 대리: 이동수 차장님이 평소에도 자기중심적이고 과업중심적인 성향이 있어서 부서 간 협조도 원활하지 않았죠.

 박관리 대리: 이동수 차장님이 TFT 공식 팀원도 아니어서 더 애매한 것 같네요.

 이연락 대리: 원래 대외사업팀의 업무 분장상 지방자치단체와의 협의 같은 부분, 예를 들면 NGO캠프 준비를 위한 태안시와의 협의는 이동수 차장님의 몫이긴 한데… 책임소재가 애매한 상황이긴 하죠.

 박관리 대리: 이래저래 힘든 상황이네요.

 이연락 대리: 김기획 차장님도 우리 TFT에서 필요한 업무 협조가 있으면, 적극적으로 요청을 해야 하는데 소극적으로 우물쭈물하는 모습을 보이고 있으니 더 답답한 거죠. 김기획 차장님이 승진하신 이후, 다른 부서 일을 지나치게 도와주시느라 본인 일은 못 챙기는 성향도 보이더라고요.

 박관리 대리: TFT 내에서 필요한 일이 있으면 적절하게 분배를 해 주셔야 할 텐데… 뭔가 혼자 싸매고 끙끙대는 것 같아 보여요.

 이연락 대리: 과장 시설 업무 성과가 좋아서 리더십도 좋을 것이라 생각했는데, 우유부단하고 휘둘리는 성향을 보면 리더십에 의문이 생길 수밖에 없어요.

해설

⊙ 주요사항

역량평가 과제 내에서 제시되는 자료는 주관적인 형식으로 기재돼 있더라도 100% 객관적이고, 또 사실인 것으로 가정해야 함을 설명한 바 있다. 그러나 상대방을 설득시키는 과정에 있어 이러한 가정을 적용하는 것은 별개의 문제로 보아야 한다. 무슨 얘기인가 하면 다른 사람들의 뒷담화를 당사자에게 그대로 옮겨 이러쿵저러쿵 잔소리하는 것은 현명하지 못하다는 것이다. 보다 수준 높은 면담을 진행하기 위해서는 객관화된 인사기록 카드를 근거로 이야기를 풀어 나가되 대화록의 요점에 대해 사실을 확인하는 형태를 취하도록 한다. 즉, 인사기록 카드에서 이해관계조정 역량에 대한 문제점이 발견되었으므로 면담 상황에서는 이를 근거로 이슈를 제기하고, 이동수 차장과의 협업은 어떻게 진행되고 있는지 대화록의 내용을 바탕으로 슬쩍 떠보는 식으로 물어보는 것이 적절하다.

⊙ 역할수행 팁

역할수행 과제는 많은 평가 대상자들이 실제로 접하기 전에 갖는 부담감에 비해 연습과정을 몇 번 거치면 가장 편하게 수행할 수 있는 과제다. ① 1:1 상황으로 만들 수 있는 주제가 한정적이고, ② 주제가 어떠하든 대화의 패턴이 비슷하게 흘러갈 수밖에 없기 때문이다. 따라서 (약간 과장해서 표현한다면) 어느 정도 언변이 되는 사람이라면 "상황 개요" 페이지만 읽고 평가에 들어가더라도 합격 점수를 획득할 수 있다. 부족한 정보에 대해서는 상대역인 평가위원을 활용하면 되기 때문이다.

대화의 패턴은 이렇다. 먼저, 면담이 시작되면 상대방에게 '요즘 힘든 것은 없는지'를 물어 본다. 특정 이슈가 거론되면 심층 질문을 통해 구체적인 배경을 파악할 수 있다. 감각적으로 한두 가지의 대안을 주고 '이렇게 조치하면 어떻겠냐'며 의중을 묻는다. 상대방의 반응에 따라 대안을 함께 모색하는 방향으로 대화를 이끌어 가거나 '또 다른 힘든 것에는 무엇이 있는지' 추가적으로 확인하여 앞선 과정을 반복해 나가는 방식을 취하면 된다. 실제로 역할수행에서 고득점을 받는 사람들은 과제 숙지 시간에 혼자서 모든 결론을 내리고 역할수행에 임하는 사람이 아니라 질문을 잘 하고, 잘 경청하고, 함께 대안을 마련할 줄 아는 사람이다.

II [실습]

04
집단토론(Group-Discussion)

본 책에서는 주로 사용되는 4가지 유형의 과제와 함께 해설을 수록하였다. 파트별로 좌측 페이지에 평가과제, 우측에는 해설이 배치돼 있다.

04. 집단토론(Group-Discussion)

 **Group Discussion**

[집단토론]
- 평가과제 -

평가 대상자 확인사항

평가과제는 총 17장으로 구성되어 있습니다.
빠진 페이지나 잘못 인쇄된 페이지가 없는지 확인 후
하단의 응시번호 및 성명을 기재하시기 바랍니다.

응 시 번 호	
성 명	

 **해설**

▶ 토론 방식의 차이

공무원 역량평가에서 모든 집단토론 과제는 1:1:1, 즉 3자 간 토론을 기본으로 한다. 민간기업에서 실시하는 역량평가 집단토론에서도 거의 대부분 3명이 참여한다. 3인의 집단토론이 역량평가 시스템하에서 가장 효율적인 방식이기 때문이다. 2인 이상이 서로 다른 입장에서 대화에 참여할 때 토론이 성사되는데, 역량평가는 아주 비싼 비용을 필요로 하기 때문에 보다 많은 평가 대상자가 토론에 참여할 필요가 있다. 그런데 3인을 초과할 경우 평가 대상자의 발언 기회가 상당히 제한적이며, 다수의 인원을 관찰해야 하는 평가위원 입장에서도 평가하기가 쉽지 않다. 예를 들어, 평가 대상자 5명의 토론시간이 30분일 경우 개인별 발언시간은 평균 6분이며, 그 짧은 시간을 통해서는 역량이 잘 드러나지 않는다.

역량평가 집단토론과 유사한 형태인 '채용 과정에서의 토론면접'은 5명 이상이 한꺼번에 토론을 실시하기도 한다. 토론면접은 채용하고자 하는 지원자의 역량을 점검한다는 표면적인 형태를 갖추고 있으나 실제로는 역량보다 성격적인 측면에 주목하는 경우가 많다. 집단과제가 주어졌을 경우 얼마나 주도적인지, 협조적인지, 남들이 갖지 못하는 새로운 시각을 보여줄 수 있는지 등 개인의 성격에서 드러나는 이미지를 기록하고 평가하는 방식에 가깝다.

이처럼 역량평가의 집단토론이 역량에 주목하고, 채용을 위한 토론면접이 성격/성향적 측면에 주목하기 때문에 발생하는 차이점은 토론에 참여하는 인원의 숫자에만 그치지 않는다. 역량평가의 집단토론은 특정 역할을 강제로 부여하는 반면, 토론면접은 일반적으로 하나의 주제에 대해 입사지원자가 스스로 자신의 입장을 선택하는 방식을 취한다. 입장을 선택하는 것에서부터 개인의 성향이 표출될 수 있기 때문이다. 이를 표로 정리해 보면 다음과 같다.

	역량평가 집단토론	채용 토론면접
참여자 수	3명(1:1:1)	5명 이상
역할	강제적 부여	지원자 스스로 선택
비용	고비용	상대적으로 저비용
평가 초점	역량	역량, 성격, 성향

PART Ⅱ 실습

01. 평가 대상자 가이드

과제안내	▪ **집단토론(Group Discussion) 과제는** 1. 평가 대상자가 가상의 상황에 대한 자료를 파악하고, 2. 의사결정 사항 등을 정리하여 3. 다른 2명의 참가자와 토론하는 방식입니다.
	▪ **진행 안내** ▷ 30분: 과제 숙지 및 토론 준비 ▷ 05분: 이동 ▷ 20분: 토론

참고사항	▪ 제시된 가상 조직에 관한 사항을 숙지해야 합니다. 과제 내에 어떠한 자료가 제시되어 있는지를 먼저 파악하는 것이 도움이 됩니다. ▪ 해당 상황에 등장하는 인물에 대해 파악하여 어떻게 토론을 수행할지 계획하는 것이 중요합니다. ▪ 본 과제와 관련하여 정해진 답안은 없습니다. 중요한 것은 의사결정 결과뿐만 아니라 토론 과정에서 어떠한 사항과 절차들을 고려했는지 하는 것입니다.

유의사항

- 본 과제에 제시된 자료는 현실 상황을 반영하여 평가 목적에 맞게 재구성한 것입니다. 내용이 현실과 다소 다르더라도 주어진 상황에 맞게 과제를 진행해야 합니다.
- 자신이 현재 담당하고 있는 업무 내용 및 전문지식을 기반으로 진행해서는 안 됩니다. 다만 자신의 경험을 예시로 제시할 수는 있습니다.
- 과제를 해결할 때에는 첨부된 자료를 활용하시고, 제시된 자료와 반대되거나 일치하지 않는 현실정보는 활용할 수 없습니다.
- 자신이 자료에 제시된 역할에 해당하는 인물이라고 생각하고 진지하게 최선을 다해 역할을 수행해야 합니다.

 **해설**

▶ 토론에 임하는 자세

민간기업과 달리 공무원 역량평가 집단토론에 사용되는 미션은 제한적이다. ① 예산 배분, ② 우선사업 선정, ③ TFT 차출 인력 선정 등 대부분의 미션은 이와 같은 3가지 범위 내에서 결정된다. 공무원 업무 특성상 토론이 필요한 상황이 많지 않기 때문이다. 이러한 상황과 함께 토론에 익숙하지 않은 사회문화적인 특성이 어우러져 토론에 잘못 접근하는 평가 대상자가 대단히 많다. 대부분의 평가 대상자가 토론을 경쟁으로 인식하여 집단토론 과제 내 본인의 소속 조직에게만 무조건적으로 유리한 결과를 가져오려 노력한다. 집단토론 과제는 미션 구조상 승자독식이 대부분이지만 이는 표면적인 구성에 그친다. 토론 미션에서 승리하더라도 토론과 관련된 역량에 대한 평가가 반드시 높은 것은 아니다. 실제로 표면적 결과와 역량에 대한 평가는 거의 관계가 없다.

민간기업의 집단토론이라면 공동의 파이를 키우기 위해 협력하는 자세를 보여 주는 것이 바람직하고, 공무원 집단토론에서는 정책 수혜자(대부분 국민)에게 더 나은 품질의 서비스가 더 광범위하게 적용될 수 있는 방향으로 토론이 이뤄져야 한다. 쉽게 말해, 윈-윈의 협상 전략을 취하는 것이 바람직하다.

집단토론에 대한 잘못된 또 하나의 접근 방식으로는 토론을 주도권 싸움으로 규정하는 것이다. 역량평가 관련 많은 사교육 기관에서는 토론을 이끌어 가는 방법에 대해 가르치고 있다. 그런 곳에서 배워 역량평가에 참여하는 사람들은 마치 TV 대선토론 사회자와 같은 모습을 보인다. 이들은 식상한 도입 멘트를 사용한다거나 의무적으로 반대 의견을 물어 본다거나 때때로 시간 체크를 하고, 시간별로 논의 테마를 정해 주는 등의 행동에 지나치게 많은 공을 들인다. 물론 누군가는 필요에 따라 해야 하는 행동이지만 평가 점수와는 아무런 관련이 없음을 알아야 한다.

정책 수혜자를 먼저 생각하고, 더 큰 공동의 이익을 토론의 목표로 내세워야 한다. 토론의 목표가 집단토론 과제 상황 속 조직의 미션/비전과도 맞닿아 있어야 함은 물론이다.

▶ 주의사항

최근의 공무원 역량평가가 개인의 성격에도 주목하고 있으나 기본적으로 갈등 상황 조정을 통한 역량의 발현이 우선이다. 따라서 상대방 토론 참가자에 대한 무조건적인 양보 정신의 발휘가 미덕은 아니다.

PART II 실습

02. 상황 개요

오늘은 2021년 6월 10일입니다.

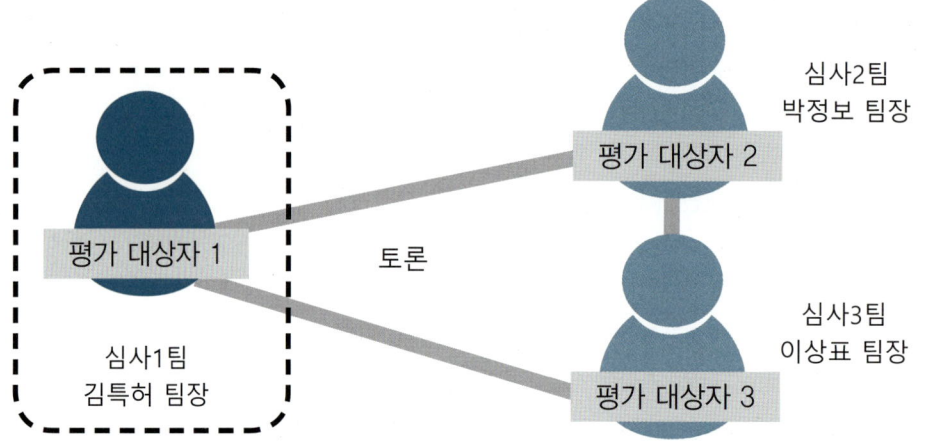

과제 상황
■ 특허청은 지식재산의 개발/구매/판매를 촉진하기 위해 2020년 1월 IP-Market(IP: Intellectual Property, 지식재산권)을 개설하였으나 현재까지 실적이 좋지 않다. ■ 이에 전략 방향을 수정하기 위해 2022년 1월 IP-School(특허 활용 전반에 대한 교육을 실시하는 기관)을 개설하여 1년간 TFT 형식으로 운영할 예정이다. ■ 이를 위해 TFT 6명을 구성해야 하는데 특허심사국에서는 4명이 차출되어야 한다. ■ 선발 4인 중 1인은 신규 특허분야인 '인공지능 특허'를 전담하기 위해 2021년 7~12월 '엔비디아 딥 러닝 인스티튜트'에서 연수를 받아야 한다. ■ 특허심사국장은 3명의 팀장에게 최고의 인재를 보낼 것을 당부한 상황이다.

평가 대상자 역할
■ 특허청 심사1팀의 팀장의 역할을 맡아 심사2팀 및 3팀의 팀장과 토론을 실시함

평가 대상자 해결과제
■ 총 4명의 TFT 인력 선정 ■ TFT 리더 1명 선정 및 1명의 딥러닝 연수 대상 선정 ■ TFT의 성공을 위한 팀원 역량 개발 전략 수립

해설

주요사항

본 과제의 미션은 TFT 인력을 차출하는 것이다. 역량평가의 어떤 과제든 단 하나의 미션만 주어지지 않는다. 모든 과제는 큰 미션 아래 그것과 연계된 몇 가지의 안건이 포함된 형태로 설계돼 있다. 여기에서는 4명의 인력을 차출하는 것과 함께 리더 1명, 딥러닝 연수원 1명을 선정하는 등의 추가적인 안건이 마련돼 있는 것이다. 평가 대상자가 집단토론에 임할 때 사용할 수 있는 전략을 마련하는 것은 이러한 구조에 대한 파악에서부터 시작된다.

집단토론 과제의 설계 구조

	평가 대상자 1	평가 대상자 2	평가 대상자 3
안건 A	+	+	−
안건 B	+	−	+
안건 C	−	+	+
⋮			

위 표에서 "+"는 유리한 부분을 뜻하고, "−"는 불리한 부분을 말한다. 즉, 안건 A에 대해 평가 대상자 1과 2는 유리한 입장이고, 평가 대상자 3은 불리한 입장인 것이다. 따라서 본인이 평가 대상자 1인 경우, 안건 A에 대해서는 평가 대상자 2와 연합하여 평가 대상자 3을 압박하는 전략을 취해야 한다.

평가 대상자는 집단토론 과제를 수령하면 메모지에 위와 같은 표를 만들고 시작하는 것이 좋다. 위 표에서 +와 −를 표기한 자리에는 유/불리의 표기와 함께 어떤 부분이 특히 유리하고 불리한지를 메모해 가며 과제를 읽도록 한다. 해당 메모는 다른 평가 대상자와의 토론 시간에 참고하며, 무엇을 내주고 무엇을 받을지 결정하는 기준 자료로 활용하도록 한다.

PART II 실습

03. 자료 목록

No.	자료명	세부
1	조직 소개	▪ 특허청 비전, 미션, 중점 추진 과제
2	조직도	▪ 특허청 조직도
3	신문기사	▪ 특허청 IP-Market 개설 1년 5개월, 그 이후…
4	이메일	▪ 특허심사국장의 이메일
5	[첨부파일] 기획안	▪ IP-School 기획안
6	[첨부파일] 경과 보고서	▪ IP-Market 경과 보고서
7	프로필	▪ 고객지원국에서 선발된 TFT 팀원 프로필
8	프로필	▪ TFT 선발 대상자 후보군 요약
9	프로필	▪ 심사1팀 후보군 프로필(강우영 사무관)
10	프로필	▪ 심사1팀 후보군 프로필(유상훈 주무관)
11	프로필	▪ 심사2팀 후보군 프로필(서정현 사무관)
12	프로필	▪ 심사2팀 후보군 프로필(최유식 주무관)
13	프로필	▪ 심사3팀 후보군 프로필(장한영 사무관)
14	프로필	▪ 심사3팀 후보군 프로필(이준혁 주무관)

 해설

주요사항

집단토론 과제는 공통자료에 개별자료가 더해지는 형태로 구성된다. 공통자료란 과제 상황 속 평가 대상자 역할이 소속된 조직 전체에 대한 설명이 담긴 자료를 말한다. 발표나 서류함 등의 과제에서 전체적인 배경 상황을 소개하는 자료와 유사하다. 개별자료는 평가 대상자가 입장을 대변해야 하는 팀 단위 조직에 대한 설명을 담고 있다. 좌측의 자료 목록을 보면 8번 자료까지가 공통자료이고, 이후 개별자료가 이어짐을 알 수 있다.

본 책의 이론 파트에서 설명이 있었던 것처럼 국내에 역량평가가 도입된 초기에는 공통자료와 함께 평가 대상자 본인의 개별자료만이 제공되었으나 몇 가지 부작용으로 인해 현재는 토론 참가자 각자의 개별자료가 전체 토론 참가자에게 제공된다. 그 부작용으로는 ① 자신이 가진 개별자료의 정보를 제대로 공유하지 않거나 거짓된 정보를 흘리는 것, ② 자신의 개별자료 정보를 공유하는 데 많은 시간이 소요되어 평가하고자 하는 역량을 충분히 관찰할 수 없었기 때문이다.

일반적으로 개별자료는 1인당 2~3페이지의 분량이며, 본 집단토론 과제에서는 1인당 2페이지의 개별자료가 제공되었다. 여기에 다른 토론 참가자의 개별자료가 더해지므로 전체 개별자료는 총 6페이지가 된다. 3명의 개별자료 중 참가자 본인의 개별자료가 항상 먼저 보여지도록 배치돼 있으며, 각자의 개별자료는 내용만 다를 뿐 모두 같은 구조로 이루어져 있다.

04. 조직 소개

특허청 조직 소개

| 미션 | 지식재산으로 시장을 창출하고, 기업의 성장을 견인하여 국가경쟁력 강화와 일자리 창출에 기여 |

| 비전 | 4차 산업혁명 시대 지식재산 선도 국가 도약 |

| 전략 방향 | 지식재산의 창출·보호·활용 선순환 체계 구축 |
| | 유용한 지식재산권 창출 지원 / 강력한 지식재산권 보호체계 구축 / 지식재산권 활용 역량 강화 |

〈특허청〉 2021~2022년 중점 추진과제

1. 지식재산권의 유통 활성화
- 시장에서 사업성이 높은 기술의 이전 및 거래 촉진
- 지식자산을 보유했음에도 상품화하지 못하는 중소기업의 지식재산 유통 지원

2. 국민에게 다가가는 서비스
- 행정 절차를 간소화하고, 국민의 요구를 충족시킬 수 있는 맞춤형 서비스 제공
- 특허청의 서비스를 통한 민간기업과 개인의 특허 활용 역량 함양

3. 특허청 내부 인력의 전문성 함양
- 급변하는 기술 환경에 발맞춰 특허청 내부 인력의 산업 전문성 강화
- 지식재산 핵심인재 양성을 통한 국가경쟁력 강화

4. 신규 기술분야의 지식재산권 산업 선도
- 신규 기술분야에 선제적으로 대응하는 특허청
- 인공지능, 드론, 태양광에너지 등 신규 기술분야에 대한 전문성 함양

해설

> **주요사항**

다른 모든 과제보다 집단토론에서의 "조직 소개" 페이지는 더욱 중요하다. 토론 중 활용될 가능성이 상대적으로 매우 높기 때문이다. 특히 주의해서 보아야 하는 것은 하단의 중점 추진과제 부분이다. 집단토론 과제에서는 일반적으로 조직에서 추진하는 몇 가지의 과제가 소개되는데, 각각의 추진과제는 개별 토론 참가자에게 유/불리한 상황으로 작용하기 때문이다. 본 과제에서는 TFT 인력 차출을 과제의 미션으로 하고 있는데, 예를 들어 1번 추진과제를 달성하기 위해 평가 대상자 1이 속한 부서의 인력을 필요로 한다면 평가 대상자 2와 3은 이를 근거로 평가 대상자 1을 압박할 수 있다. 반면, 2번 추진과제를 달성하기 위해서는 평가 대상자 2가 속한 부서의 인력이 필요한 방식으로 구성된다. 이처럼 중점 추진과제는 각각의 평가 대상자에게 다른 의미로 적용될 수 있다.

따라서 보통의 경우 평가 대상자의 수에 맞춰 중점 추진과제도 3개 정도가 제시된다. 본 과제에서처럼 4개의 추진과제가 제시되는 경우에는 남는 1개의 추진과제는 일반적으로 모든 토론 참가자에게 중립적인 의미로 활용이 가능하도록 구성된다.

모든 집단토론 과제는 이처럼 각 토론 참가자에게 유/불리한 요소가 밸런스를 맞춰 설계돼 있다. 토론 과정 중 균형을 깨트려 본인 소속의 부서가 보다 유리한 입장에 설 수 있는 것은 어떤 추진과제가 조직 전체의 미션과 비전에 더욱 적합한지를 발견해 내는 것이다. 토론 전략은 이를 근거로 마련되어야 한다.

이때 주의해야 할 점은 앞선 페이지에서 설명한 것처럼 과제 내 미션을 달성하는 데만 주력하지 않아야 한다는 것이다. 즉, 과제 상황 속 본인의 부서에만 유리한 결과를 가져오기 위해 조직 전체가 더 큰 성과를 가져올 수 있는 방안을 묵인해서는 안 된다.

05. 조직도

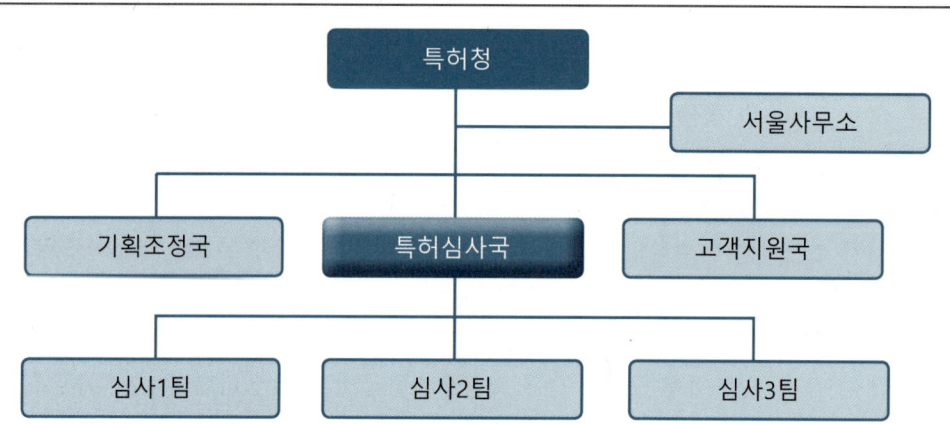

○ 서울사무소는 청장 직속기구로, 1998년 특허청의 대전 이전에 따라 수도권 고객의 특허행정 서비스 제공을 위해 설립되었으며, 지식재산권 출원/등록, 증명서류 교부, 특허정보 열람 및 검색 등의 서비스를 제공함

부서별 업무 분장

기획조정국	▪ 특허청 주요 업무 계획 및 경영 혁신 전략 수립 ▪ 주요 정책 의제 종합 및 조정
고객지원국	▪ 특허 고객 상담 및 관리 ▪ 특허 정보 시스템 운영 및 관리
특허심사국	▪ 특허 출원 심사(특허청 본연의 기능) ▪ 심사1, 2, 3팀은 심사 분야에 따라 분리되어 있음

심사1팀	팀장	김특허 팀장
	구성원	강우영 사무관, 유상훈 주무관 외 5명
	심사 분야	화학, 전자부품, 기계, 자동차, 중장비 등

심사2팀	팀장	박정보 팀장
	구성원	서정현 사무관, 최유식 주무관 외 5명
	심사 분야	통신, 컴퓨터, 디스플레이, 정밀부품 등

심사3팀	팀장	이상표 팀장
	구성원	장한영 사무관, 이준혁 주무관 외 5명
	심사 분야	응용소재, 의약품, 농림수산품, 에너지 등

해설

> **주요사항**

답안 작성이 필요한 발표, 서류함 과제는 개인해결 과제로서 과제 숙지 시간 안에 답안 작성 시간이 포함돼 있다. 그럼에도 불구하고 공무원 역량평가에서는 충분한 시간이 주어지지 않음을 이미 여러 번 설명한 바 있다. 이와 달리 대인과제인 집단토론이나 역할수행은 다른 사람과의 대화를 통해 답을 찾아가는 방식이다. 이처럼 타인과의 상호작용이 필요한 과제는 과제 숙지의 시간이 절대 부족하지 않다.

	과제 배부	평가 시작	평가 종료
개인과제	→	과제 숙지 및 답안 작성	답안 발표 및 평가
대인/집단과제	→	과제 숙지	해결안 모색 및 평가

위 그림에서 보는 것처럼 집단토론 과제는 평가가 시작되면 다른 토론 참가자와 함께 과제 내 미션을 해결해 나간다. 따라서 과제를 숙지하는 시간 동안에 모든 해결안을 구성할 필요도 없고, 그렇게 할 수도 없다. 대신에 과제 숙지 시간은 내가 무엇을 내주고 무엇을 얻어 오면 되는지 구상하는 시간으로 활용하는 것이 적절하다. 토론 안건별 +와 -요소를 정리하는 것이 가장 기본인데, 이를 위해서는 내용에 대한 명확한 숙지가 우선 이뤄져야 한다. 실제로 토론을 시작하면 핑퐁식의 대화가 잘 이어지지 않는데, 이는 과제를 꼼꼼하게 읽지 않고 본인이 획득하려는 것에만 관심을 두는 사람들이 대부분이기 때문이다. 그런 사람들은 토론 내내 끌려다니는 대화를 할 수밖에 없다.

06. 신문기사

특허청 IP-Market 개설 1년 5개월, 그 이후…

지구일보

2021년 5월 31일
김현석 기자(hykim@g9.com)

특허청은 2020년 1월 민간 부분의 특허 거래 활성화를 위해 IP-Market이라는 이름의 온라인 특허 거래 플랫폼을 출범하였다. 1년 5개월이 지난 지금, 이와 같은 형태의 서비스 출범은 시기상조였으며, 결과적으로 실패라는 평가가 지배적이다. IP-Market을 통한 특허 거래 실적이 미미하며, 각 기업의 대부분의 특허 업무 담당자도 IP-Market의 존재를 알지 못하고 있는 상황이다.

지식재산권(IP: Intellectual Property Rights)은 인간의 창조적 활동 또는 경험 등을 통해 창출하거나 발견한 지식·정보·기술이나 표현, 표시 그 밖에 무형적인 것으로서 재산적 가치가 실현될 수 있는 지적 창작물에 부여된 권리를 말한다. 지식재산권은 '특허'라는 제도적 장치를 통해 보호된다. IP-Market은 지식재산권(IP) 유통의 활성화를 목적으로 설립하였다.

특허청이 IP-Market을 출범한 배경은 다음과 같다. 한국은 특허 출원 건수에 있어서 세계 4위의 특허 강국이지만 연간 20만 건의 출원 특허의 활용도는 미국의 3분의 1 수준에 지나지 않는 실정이다. 또한 한국의 특허 시장은 정부가 투자한 연구기관 중심으로 형성되고 운영되어 민간 거래기관이나 개발자의 시장에 대한 참여 동기가 낮다. 즉, 공개적인 민간시장이 형성되지 못해 자생적 기반이 미약한 것이다. 이와 같은 한계점을 극복하여 민간 경제주체들이 특허의 거래를 통한 이윤을 창출하고, 이로 인해 창출된 가치를 연구개발에 재투자함으로써 민간의 지식재산 생태계를 활성화하는 것이 궁극적인 목표였다.

그렇다면 IP-Market의 실패 원인은 무엇일까? 본지가 인터뷰한 특허 전문가들은 공통적으로 한 가지 원인을 지적한다. 거래 시장을 활성화하기 위해서는 각 기업의 특허 업무 담당자 혹은 개인 개발자가 특허를 상품화하는 전략을 이해하는 것이 우선이라는 점이다. 아무리 좋은 아이디어가 있더라도 아이디어 자체가 상품이 될 수는 없다. 또한 특허라는 제도적 장치는 지적 창작물에 대한 배타적 권리를 선포하는 것에 그치며, 그 자체가 시장에서 팔릴 수 있는 상품성을 담보하는 것은 아니라는 것이다.

'4차 산업혁명 시대 지식재산 선도 국가 도약'이라는 비전을 이루기 위해 특허청이 현재의 실패를 바탕으로 어떠한 정책적 대안을 제시할 수 있을지 귀추가 주목된다.

 해설

▶ 주요사항

"상황 개요" 페이지를 살펴보면 특허청은 IP-Market의 실패 이후 전략방향을 수정하여 IP-School 운영에 집중하고자 한다. 본 집단토론 과제에서 주어진 현 상황은 발표 과제와 비슷한 구조를 보여주고 있다. 기존 사업의 저조한 실적으로 인해 개선안이 제시되고 있는 것이다. 이러한 구조에서는 먼저 기존 사업의 목적을 파악하고, 실패 원인을 분석해야 한다.

좌측 신문기사의 두 번째 문단 마지막 줄을 보면, "IP-Market은 지식재산권(IP) 유통의 활성화를 위한 목적으로 설립하였다"고 나와 있다. 하지만 이것은 표면적인 목적에 지나지 않는다. 사업을 통해 최종적으로 이루고자 하는 것이 역량평가 과제에서 파악해야 하는 사업의 본질적인 목적이다. 한국은 특허 출원 건수가 많은 데 비해 출원 특허의 활용도가 상대적으로 매우 저조하다. 이는 이윤 창출의 기반이 마련되지 못한 것에 기인하며, 특허청은 지식재산 생태계하에서 지식재산의 거래-이윤 창출-연구개발의 선순환 고리를 마련하고자 IP-Market 사업을 추진했던 것이다.

신문기사에서는 본 사업의 실패 원인으로 특허 업무 관련자의 특허 상품화 전략에 대한 이해도 부족을 꼽고 있다. 이어질 IP-School 운영은 이러한 부분을 보완하기 위해 추진되는 것임을 유추할 수 있다.

▶ 메모사항

1. 실패한 IP-Market 사업은 지식재산 생태계 구축을 바탕으로 특허 활용을 높여 이윤 창출의 기반을 마련하기 위해 추진되었다.
2. 그러나 특허 업무 관련자의 특허 상품화 전략에 대한 낮은 이해도가 해당 사업의 실패를 야기하였다.

PART II 실습

07. 이메일

받은 메일함

[답장] [전체답장] [전달] [간편답장] [삭제] [스팸신고] [이동]

제목: IP-School TFT 인력 선정
보낸 날짜: 2021년 6월 5일(수) 20:05:34
보낸 사람: 특허심사국장
받는 사람: 심사1팀장, 심사2팀장, 심사3팀장

세 분의 팀장님 안녕하십니까? 특허심사국장입니다.

지난 해부터 우리 청에서 추진해 온 IP-Market 프로젝트의 실패를 만회하고, 본래의 목적을 달성하기 위해 우리 청에서는 내년부터 IP-School이라는 신규 프로젝트를 실행할 계획입니다. 자세한 내용은 첨부파일의 기획안을 확인하시기 바랍니다. IP-Market의 실패로 IP-School은 꼭 성공시켜야 하는 상황입니다.

TFT의 구성을 위해 3개 팀에서 4명을 선발해야 합니다. TFT는 총 6명이고 나머지 2명은 이미 고객지원국에서 확정하였습니다. 차출에 의한 업무 공백은 특허심사국 차원에서 어떤 방식으로든 보완책을 마련할 것이니 TFT 자체의 성공에 집중하기 바랍니다. 우리 청 전체의 관점에서도 매우 중요한 일이니 최고의 인재를 선정하여 6/10(월)까지 알려 주시기 바랍니다. 팀장님 간의 합의가 안 된다면, TFT 선발 인력은 국 차원에서 임의로 지정할 것입니다. 토론 시 고려해야 할 사항은 다음과 같습니다.

- 이미 선발된 2명과의 조합 및 TFT 전체의 팀워크, 각 구성원의 전문성 및 업무스타일 등을 고려하여 최적의 조합을 도출
- 특허청의 비전 및 중점 추진과제를 고려
- TFT를 이끌 리더 선정: 특허심사국에서 선발된 4명 중 1명이 TFT의 리더 역할을 맡아야 함(고객지원국 차출 2명은 지원 역할)
- TFT 차출 인력에 대한 단기간 역량 개발 방향 논의

TFT가 성공적인 성과를 거둔다면 TFT 경력은 팀원을 파견한 원 소속팀, 팀원 자신 모두의 업적으로 크게 인정받고 평가될 수 있을 것입니다.

첨부파일1 : IP-School 기획안
첨부파일2 : IP-Market 경과 보고서

 해설

🔎 주요사항

다른 모든 과제에서와 마찬가지로 이메일을 통해 과제의 세부 미션이 전달되고 있다. 동일한 주제하에 토론이 이뤄지기 때문에 토론 참가자에게 전달되는 이메일은 모두 같은 내용이다. 토론에 참가하는 팀은 3개인데 4명을 TFT 인원으로 차출해야 한다. 이러한 상황으로 구성되는 집단토론 과제는 대부분 각 팀에서 쉽게 내줄 수 있는 1명씩을 보유하고 있다. 토론자 간 갈등은 나머지 1명을 차출하는 것에서 발생하도록 과제가 설계돼 있다. 따라서 본인 소속 팀에서 한 명도 차출되지 않도록 괜한 기싸움을 벌이는 것은 바람직하지 않다. 단, 각 팀에서 기본적으로 선정될 1명에 대해 선정의 방향성만 제시하는 것이 적절하며, 특정인을 지목하여 반드시 그 사람이 선정되어야 한다고 강제하는 것은 평가위원에게 좋은 인상을 심어 주기 어렵다.

토론을 진행하다 보면 각 토론 참가자의 주장이 첨예하게 대립하여 결론을 내기 어려운 상황이 발생할 수 있다. 한국에 역량평가가 도입된 초기에는 역량평가의 본질적 의미에 충실하여 집단토론 과제 상황에서 제시되는 미션을 달성하지 못하더라도 토론 과정 중 드러난 역량만으로 충분히 평가가 이뤄질 수 있었다. 이와 달리 최근의 역량평가에서는 형식이 중시되고 있기 때문에 반드시 주어진 미션을 달성해야만 한다. 특정 토론 참가자의 고집으로 인해 토론 진행이 어려울 경우에도 평가위원의 정상참작을 기대해선 안 된다.

🔎 메모사항

토론의 미션과 규칙을 명확히 인지하는 것이 중요하다. 기 선발된 2명과의 조합 및 팀워크 고려 등에 대한 구체적 지시는 물론이고, 이메일 본문 중 차출로 인한 업무 공백은 특허심사국 차원에서 어떤 방식으로든 보완책을 마련한다는 지침 등에 대해서도 숙지하여야 한다. 미션과 규칙을 명확히 인지하지 못하여 토론 중 상대 토론 참가자에게 지적받는 일은 절대 없도록 해야 한다.

08. [첨부파일] 기획안

IP-School 기획안

2021.06.03
특허청 기획조정국

□ **추진 배경**
- IP-Market 프로젝트의 미흡한 점을 개선하여 발전시킴
- 민간 특허 시장의 활성화를 위한 기본 토대를 마련하여 특허청 비전/미션에 기여

□ **추진 방향**

1. IP-School 개요
- 지식재산권(IP: Intellectual Property Rights) 활용을 위한 지식/기술 교육기관
- 각 기업의 특허 업무 담당자, 개인 개발자를 대상으로 함

2. IP-School 활동 기간
- 2022년 1월~12월, 1년 간 TFT로 운영하되 상설기관으로의 승격 여부는 추후 결정

3. IP-School 활동 장소
- 특허청 서울사무소

□ **TFT 구성 계획**

1. 선발 인원

총	고객지원국	특허심사국
6명	2명(선정 완료)	4명(선정 예정)

2. 인력 선발 기준

필수 항목	■ 심사 업무 경력 2년 이상 ■ 심사 업무 경력은 특허 가치평가의 전문성을 의미함
우대 항목	■ 특허청 근무 경력 4년 이상 ■ 교육 관련 업무 1년 이상(2가지 요건 중 1개 이상 충족)

3. [1]딥러닝(Deep Learning) 연수 과정
- 신규 특허 분야인 인공지능(Artificial Intelligence) 특허를 전담하기 위해 특허심사국 선발 인력 4명 중 1명은 2021년 7월~12월 '[2]엔비디아 딥러닝 인스티튜트'에서 연수를 받고 와야 함
- 연수 후, 1월부터 IP-School 합류

[1] 딥러닝(Deep Learning): 인공지능 구현의 기반이 되는 기계학습(Machine Learning) 알고리즘의 집합, 인간의 사고방식을 컴퓨터에게 가르침으로써 스스로의 추상화 능력과 판단력을 만들어 내는 기계학습의 최신 연구분야
[2] 엔비디아 딥러닝 인스티튜트(NVIDIA Deep Learning Institute): 세계 최고 수준의 전문성을 갖춘 딥러닝 연구교육기관으로 미국 샌프란시스코 산호세에 위치함

 해설

> **주요사항**
>
> IP-Market의 실패 이후 추진하게 되는 IP-School 기획안을 통해 토론의 구조와 고려사항을 파악할 수 있다. 특히 본 페이지에서는 추진 배경 및 방향보다 TFT 구성 계획에 주목할 필요가 있다. TFT 인원 선발이 미션으로 주어진 본 토론에서 해당 카테고리는 선발 기준을 제시하고 있기 때문이다.
>
> 공무원 역량평가의 최근 트렌드에 따르면 서류함, 발표, 역할수행 과제에서는 정답이 정해져 있고, 정답을 찾기 위한 실마리가 곳곳에 숨겨져 있다. 그러나 집단토론 과제에서는 정답을 만들어 놓을 수가 없다. 본 집단토론 과제의 가장 큰 미션은 3개 팀에서 4명의 TFT 인원을 선발하는 것이다. 정답이 정해져 있다면 특정 토론 참가자는 후보군 2명을 TFT 인원으로 보낼 수밖에 없다는 것인데, 상대방 토론자의 공격에 방어할 만한 충분한 장치가 과제 속에 담겨져 있지 않을 경우 30분간의 토론 시간을 도저히 채울 수 없다. 또한 이처럼 정답이 숨겨져 있어 한쪽이 표면적으로 손해를 볼 수밖에 없는 상황에 대해 '과제의 밸런스가 무너졌다'는 표현을 하게 되는데, 이는 역량평가에 참가한 많은 평가 대상자들에게 민원 제기의 빌미를 제공하는 셈이다. '과제의 상황이 이러이러하여 내 결과가 나쁠 수밖에 없었다'고 하는 것이다.
>
> 따라서 인력 선발 기준에 제시된 필수 및 우대 항목에 대해서는 후보군 모두가 기준을 충족하도록 설정돼 있다. 다만, 필수 항목 부분에 있어 강점을 보이는 사람이라면 우대 항목 부분에 있어 약점을 드러나도록 설정되어 강/약의 밸런스를 맞춰 놓는 것이다. 여기서 주의해야 할 점은 본인이 토론 중 주장하는 것에는 일관성이 있어야 한다는 것이다. 본인이 필수 항목과 우대 항목 중 어느 한쪽에 비중을 두어 선발해야 한다는 기준을 제시했다면(혹은 양쪽의 균형을 맞춰 선발한다거나), 이것이 토론 중 본인에게 불리하게 작용할지라도 기준을 바꾸어서는 절대 안 된다. 또한 그러한 기준을 마련하는 것에 대해서는 조직(특허청)의 비전/미션 및 IP-School에서 강조되어야 하는 사항과 연동이 되어야 한다.
>
> TFT 구성 계획 3번째에 제시된 딥러닝 연수 관련된 인력을 선발하는 것은 의외로 메시지가 단순하다. 해당 교육은 미국에서 진행되므로 영어능력 수준이 어느 정도 되는 사람을 선발해야 한다는 의미이다.

09. [첨부파일] 경과 보고서

IP-Market 경과 보고서

2021.05.01
특허청 기획조정국

☐ **IP-Market 개요**
- 지식재산권(IP: Intellectual Property Rights) 거래를 위한 오픈 온라인마켓

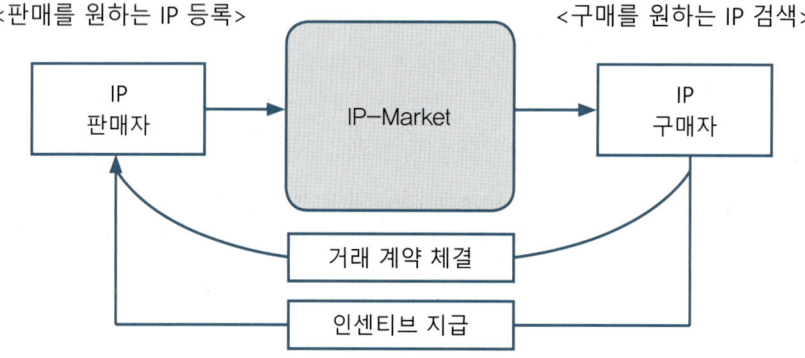

☐ **실패 원인 분석**

고객 니즈 측면	▪ IP 거래 시장을 활성화를 위해서 현재 부족한 것은 IP 거래 시장이라는 이론적 분석에 치중하였음 ▪ 실제 현장에서 고객이 필요로 하고 원하는 것에 대한 분석이 충분히 이루어지지 않았음 ▪ 결과적으로 고객지향적 서비스가 이루어지지 못한 측면이 고객의 외면을 받게 되는 결과를 낳았다고 분석됨 ▪ 각 기업의 특허 담당자의 특허 상품화 전략에 대한 이해의 수준이 성숙한 시장 형성을 이루기에 충분하지 않았음
조직 내적 측면	▪ TFT팀 스스로 사업을 기획하고 실행해야 하는 불확실성이 높은 사업 환경에서 팀의 중심을 잡아 줄 리더십이 부재하였음 ▪ 팀원들 간의 조화와 시너지를 고려한 TFT 팀원 선발이 이루어지지 않았음 ▪ TFT의 성공을 위한 청 차원에서의 팀원 역량 개발 계획이 부재하였음 ▪ 사업의 연속성이 담보되지 않는 상황에서 TFT가 일회적인 사업에 그치는지, 장기적으로 비전을 갖고 임할 필요성이 있는지에 대한 공감과 합의가 이뤄지지 않았음

 해설

주요사항

IP-Market 경과 보고서는 도식화된 해당 사업의 시스템과 함께 하단에는 실패 원인에 대해 고객 니즈와 조직 내적 측면으로 구분하여 보여 주고 있다. 이 자료는 토론 시 논리 전개를 위한 주장의 근거로 활용될 수 있다. 예를 들어, "IP-Market의 실패의 원인은 ○○○에 있으므로 이를 극복하기 위해 IP-School TFT에는 △△△를 선발해야 한다"고 주장할 수 있다는 것이다.

그러나 이전 페이지인 "IP-School 기획안"의 인력 선발 기준에서 정량화된 수치가 제시된 것과 달리 본 보고서의 실패 원인은 정성적으로 제시되고 있어 다양한 각도로 해석이 가능하다. 고객 니즈 측면을 살펴보면 ① 고객지향적 서비스가 이루어지지 못한 것, ② 기업 내 특허 담당자의 특허 상품화 전략에 대한 이해도 부족 등을 다루고 있다. 조직 내적 측면으로는 ① 불확실한 상황 속 리더십의 부재, ② 팀원 간 부조화, ③ 팀원 역량 개발 부족, ④ 사업의 연속성을 담보할 수 없는 상황 등이 실패의 원인으로 분석되고 있다.

이와 같이 실패 원인을 정성적으로 제시함으로써 IP-School TFT에 충원되어야 하는 가장 적합한 팀원에 대해 이견이 발생한다. 이 부분이 토론 전략을 구상하는 핵심이다. 곧이어 소개될 TFT 후보군 6명에 대해 평가 대상자 본인과 같은 심사1팀의 2명은 위에 제시된 고객 니즈 및 조직 내적 측면의 실패를 답습할 수밖에 없고, 심사2팀과 심사3팀의 후보군 4명은 과거의 실패를 보완할 수 있음을 주장해야 한다.

이전 페이지에서 토론 미션의 구조상 각 팀당 1명씩은 반드시 TFT에 차출될 수밖에 없다고 언급한 바 있다. 이에 대해 거론할 때는 팀당 1명씩 공평하게 차출한 이후 본격적인 토론을 시작하자고 토론 참가자들에게 권하거나 본인이 선심 쓰듯 1명을 내주는 형태를 취하지 않도록 주의해야 한다. 모든 의사결정은 토론을 통해 그리고 명확한 기준과 근거에 따라 이뤄져야 한다.

10. [프로필] 고객지원국에서 선발된 TFT 팀원

성명	박 동 현
생년월일	1986.11.12.
소속/직책	고객지원국/사무관
주요 경력	▪ [특허청 근무경력] 7년 ▪ [심사 업무] 4년 ▪ [교육 관련] 2년
조직 내 성격 특성	▪ [평소 업무 수행 시 관찰된 강점] 창의적, 독창적, 아이디어 많음 ▪ [스트레스 상황에서 관찰된 약점] 자책함, 회피적, 비판적, 실행력이 떨어짐, 현실성 없음
TFT 선발 이유	▪ 교육 관련 업무 경력 2년 이상 ▪ IP-School, 딥러닝에 대한 개인의 관심도가 매우 높음

성명	김 선 영
생년월일	1984.05.17.
소속/직책	고객지원국/주무관
주요 경력	▪ [특허청 근무경력] 4년 ▪ [심사 업무] 1년 ▪ [교육 관련] 2년, 교원자격증 보유, 교육공학 전공
조직 내 성격 특성	▪ [평소 업무 수행 시 관찰된 강점] 안정적, 침착함, 조화로움 ▪ [스트레스 상황에서 관찰된 약점] 도전적인 상황을 두려워함, 억압되어 있음, 갈등을 두려워함, 자기희생적, 속을 알 수 없음
TFT 선발 이유	▪ 교육 관련 업무 경력 2년 이상 ▪ 지식재산 교육전문가로서 성장하기 위한 전문성 함양에 개인의 의지가 매우 높음

 해설

주요사항

IP-School TFT 6명 중 2명은 이미 고객지원국에서 차출된 상태로서 해당 2명에 대한 정보가 제공되고 있다. 지금까지 나온 자료를 종합해 봤을 때 본 자료는 두 가지 측면으로 접근해야 한다. ① 추가로 선발될 특허심사국 소속 4명과의 조화, ② IP-Market 관련 고객 니즈 및 조직 내적 측면 실패 원인으로 지적된 항목 중 고객지원국 2명이 어떤 것을 충족하고 있는지 등에 대해 초점을 맞춰야 한다.

먼저 정량적인 기준을 살펴보면, IP-Market TFT 선발 기준은 필수 항목으로 심사 업무 2년, 우대 항목으로 특허청 근무 4년 혹은 교육 업무 1년 이상의 요건을 필요로 한다. 박동현 사무관은 해당 기준을 모두 충족하지만 김선영 주무관은 필수 항목인 심사 업무의 경력이 2년에 미치지 못한다. 대신에 김 주무관은 본 TFT가 교육에 초점을 맞춘 것을 감안했을 때, 교육 업무의 강점을 바탕으로 선발된 것으로 보인다. 이 부분은 다양한 각도로 해석이 가능하여 토론 시 논란이 될 수 있다. 선발 규정을 다소 위반하더라도 TFT 업무에 반드시 필요하다면 선발이 가능하다는 것 혹은 심사 업무에 취약한 교육 스페셜리스트가 선발되었으므로 이를 보완할 수 있는 심사 스페셜리스트를 선발해야 한다는 것으로도 판단할 수 있다.

다음으로 정성적인 기준과 관련된 항목인 조직 내 성격특성을 살펴보면, 박동현 사무관은 아이디어가 많은 반면, 자책, 비판적이며 실행력이 떨어지는 등의 단점을 갖고 있다. 김선영 주무관은 조화의 측면에 있어 강점을 보이나 도전정신이 결여돼 있고 갈등을 두려워 하는 등의 약점을 보인다. 특허심사국에서 4명의 TFT 팀원을 추가로 선발할 때는 고객지원국 2명의 약점을 보완해 주면서도 그들의 강점을 잘 살려줄 수 있는 사람으로 고려할 필요가 있다.

메모사항

1. 김선영 주무관은 TFT 선발 기준의 필수 항목인 심사 업무 경력이 1년 부족하나 교육 관련 업무의 전문성을 인정받아 선발되었다.
2. 박동현 사무관과 김선영 주무관의 조직 내 성격 특성 중 약점 부분

11. [프로필] TFT 선발 대상자 후보군 요약

TFT 선발 대상자 후보군 프로필 요약					
소속	이름	특허청 근무 경력(년)	심사 업무 경험(년)	교육 관련 경험(년)	영어능력 수준
심사1팀	강우영 사무관	11	9	2	하
심사1팀	유상훈 주무관	6	3	1	상
심사2팀	서정현 사무관	11	7	4	하
심사2팀	최유식 주무관	5	4	0	상
심사3팀	장한영 사무관	13	7	0	하
심사3팀	이준혁 주무관	4	2	2	상

 해설

> ### ▶ 주요사항
>
> TFT 후보군에 들어가 있는 6명 모두는 선발의 필수 기준인 심사 업무 경력 2년 이상이고, 우대 항목인 특허청 근무 경력 4년 이상이거나 혹은 교육 관련 업무 1년 이상의 경력을 보유하고 있다. 사실 실제 업무 현장에서 1~2년의 경력 차이가 성과에 반드시 큰 영향을 미친다고 보긴 어렵다. 그러나 역량평가는 현실과 달리 1~2년의 상대적인 차이에 대해서도 공격과 방어가 이뤄져야 한다.
>
> 예를 들어, 평가 대상자 본인은 심사1팀 소속으로서 심사2팀인 토론 참가자가 강우영 사무관의 심사 업무 경험이 상대적으로 2년 더 많은 것을 지적하며 그를 TFT에 선발해야 한다고 주장할 수 있다. 이때는 교육 관련 경험이 상대적으로 2년 적은 것 그리고 이어지는 페이지의 개인 인사기록 카드에 근거하여 또 다른 방어적인 항목을 찾아 강우영 사무관을 지켜내야 한다.
>
> 유상훈 주무관에 대해 심사3팀의 토론 참가자가 TFT 선발을 주장할 경우에는 특허청 근무 경력과 심사 업무 경험의 두 가지 측면에서 심사3팀 소속의 이준혁 주무관보다 우위에 있음을 지적할 수 있다. 이때는 고객지원국에서 교육 경험이 풍부한 자원을 선발하였으므로 TFT 구성원의 균형을 맞추기 위해 심사 업무 경험이 상대적으로 더 많은 심사2팀의 정유식 주무관을 선발하자는 식으로 화살을 돌리는 것도 가능하다.
>
> 영어능력수준이 본 표에서 제시된 이유는 미국에서 열리는 딥러닝 연수에 파견되는 인원을 지명하기 위함이다. 연수를 위해서는 영어능력수준이 "상"으로 표기된 주무관 중 하나가 파견되어야 하며, 모든 주무관의 수준이 동일하므로 보다 세부적인 토론을 위해서는 이어지는 개인 기록을 통해 TFT에 필수적인 사람과 그렇지 못한 사람을 구분하도록 하다.
>
> 이어지는 TFT 후보군 개인별 자료에 대해서는 설명하는 페이지를 추가하지 않는다. 제시되는 인사기록의 해석에 대해서는 역할수행 과제 파트의 유사한 포맷에 대한 해설을 참고하도록 한다.

12-1. [프로필] 심사1팀 후보군(1/2)

성명	강 우 영	
생년월일	1981.10.23.	
소속/직책	심사1팀/사무관	

조직 내 성격 특성	▪ [평소 업무 수행 시 관찰된 강점]
	  ▷ 자기주장이 강함, 자기 표현을 잘함, 리더 역할을 선호함
	▪ [스트레스 상황에서 관찰된 약점]
	  ▷ 권력 욕구, 타인에 대한 통제 욕구가 높음, 욕심이 많은 편임	

면담기록 (면담일: 2021.06.08.)	▪ TFT 참여의사: 보통 ▷ TFT 업무 자체에는 흥미가 있으나 리더 역할을 맡지 못하는 상황이 주어진다면 참여하고 싶지 않음 ▪ 딥러닝 연수과정 파견에 대한 선호도: 높음	

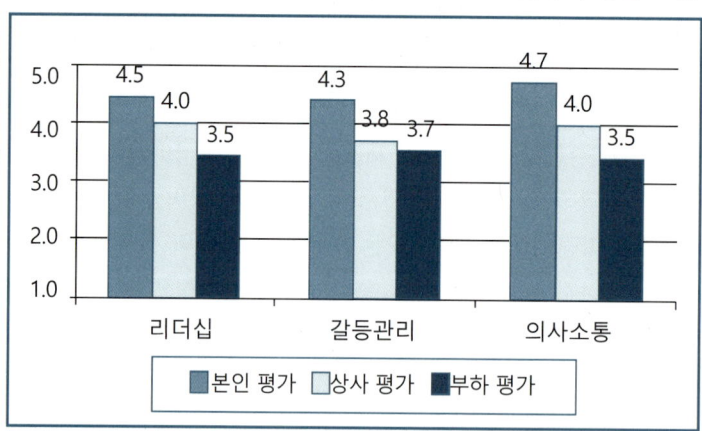

■ 2021년도 상반기 다면평가 결과 (1~5점)

전체 평균 점수: 본인 평균 4.5점/상사 평균 3.9점/부하 평균 3.6점

상사 평가	▪ 사무관에게 필요한 3개 역량 모두 보통 이상의 수준을 보유함 ▪ 특히 심사 업무에 대한 전문성과 체계성이 우수함 ▪ 타인(특히 부하)의 생각을 듣는 소통을 늘릴 필요가 있음
부하 평가	▪ 일 욕심이 많은 면이 진취적으로 보이기도 하나 때로는 부하직원에게 자신의 의견을 강요하는 측면이 있음
종합 의견	▪ 관계적 측면에서 본인 의견이 틀릴 수 있다는 점을 인지할 필요가 있으며, 자기 생각을 타인과 공유하고 소통하는 리더로서의 역량 개발이 필요함

12-2. [프로필] 심사1팀 후보군(2/2)

성명	유 상 훈	
생년월일	1987.03.13.	
소속/직책	심사1팀/주무관	
조직 내 성격 특성	▪ [평소 업무 수행 시 관찰된 강점] 　▷ 모든 사람에게 친절함, 자상함 ▪ [스트레스 상황에서 관찰된 약점] 　▷ 자기주장을 못하는 경향이 있음, 타인에게만 맞추는 성격	
면담기록 (면담일: 2021.06.08.)	▪ TFT 참여의사: 높음 　▷ 역량 개발을 위해 고객 대면 및 교육 업무의 기회를 희망함 　▷ 특히 외부 고객을 직접 대면하는 업무를 희망함 ▪ 딥러닝 연수과정 파견에 대한 선호도: 높음	

□ 2021년도 상반기 다면평가 결과 (1~5점)

전체 평균 점수: 본인 평균 4.0점/상사 평균 4.2점/동료 평균 4.3점

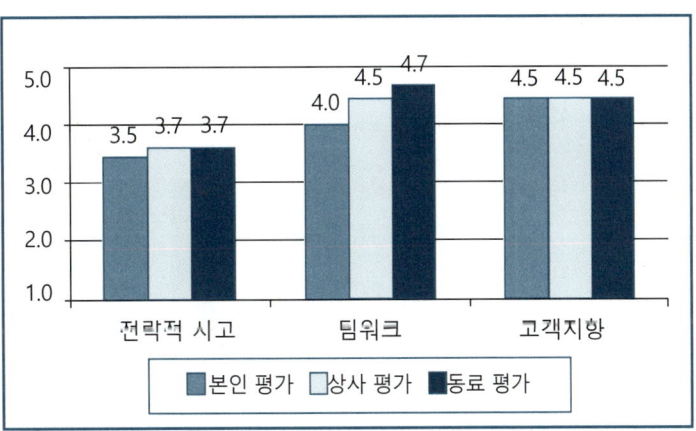

상사 평가	▪ 주무관에게 기대되는 역량 3개 중 관계적 측면의 강점이 돋보임
동료 평가	▪ 언제나 자신보다는 타인을 위하는 동료임 ▪ 늘 타인을 위하느라 자신을 돌보는 데 소홀함
종합 의견	▪ 타인에게 도움이 되는 좋은 동료, 좋은 부하임 ▪ 보다 더 자신감을 가지고 자신의 의견을 내세우길 바람

13-1. [프로필] 심사2팀 후보군(1/2)

성명	서 정 현	
생년월일	1979.04.14.	
소속/직책	심사2팀/사무관	
조직 내 성격 특성	▪ [평소 업무 수행 시 관찰된 강점] 　▷ 올곧음, 이상주의, 목적지향적 성향 　▷ 불확실한 상황에서도 침착함을 유지함 ▪ [스트레스 상황에서 관찰된 약점] 　▷ 융통성 부족, 스스로 설정한 목표에 대해 다소 강박적임	
면담기록 (면담일: 2021.06.08.)	▪ TFT 참여의사: 보통 　▷ 좋은 기회라고 생각하지만 TFT를 이끌어 가야 하는 위치가 주어진다면 부담이 됨 ▪ 딥러닝 연수과정 파견에 대한 선호도: 높음	

2021년도 상반기 다면평가 결과 (1~5점)

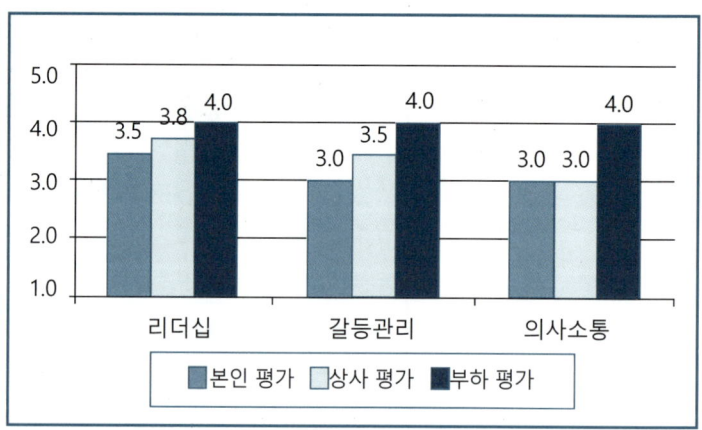

전체 평균 점수: 본인 평균 3.2점/상사 평균 3.4점/부하 평균 4.0점

상사 평가	▪ 사무관에게 기대되는 3개 역량 모두 평균 이상으로 보유하고 있음 ▪ 자신의 능력을 과소평가하여 스트레스를 받는 측면은 보완이 필요함
부하 평가	▪ 본받고 싶은 리더임 ▪ 때론 스스로에 대한 기대치가 너무 높아 힘들어 하는 모습이 안타까움
종합 의견	▪ 스스로가 생각하는 것보다 우수한 리더의 자질을 보유하고 있으므로 자신에 대해 관대해질 필요가 있음

13-2. [프로필] 심사2팀 후보군(2/2)

성명	최 유 식	
생년월일	1988.07.05.	
소속/직책	심사2팀/주무관	
조직 내 성격 특성	• [평소 업무 수행 시 관찰된 강점] ▷ 열정적, 자신감이 넘침	
	• [스트레스 상황에서 관찰된 약점] ▷ 잘난 척하거나 타인(특히 후배를 대상으로)을 지적함	
면담기록 (면담일: 2021.06.08.)	• TFT 참여의사: 높음 ▷ TFT에 합류하게 된다면 잘할 자신이 있으며, 반드시 합류하고 싶음 • 딥러닝 연수과정 파견에 대한 선호도: 높음	

□ 2021년도 상반기 다면평가 결과 (1~5점)

전체 평균 점수: 본인 평균 3.9점/상사 평균 3.8점/동료 평균 3.6점

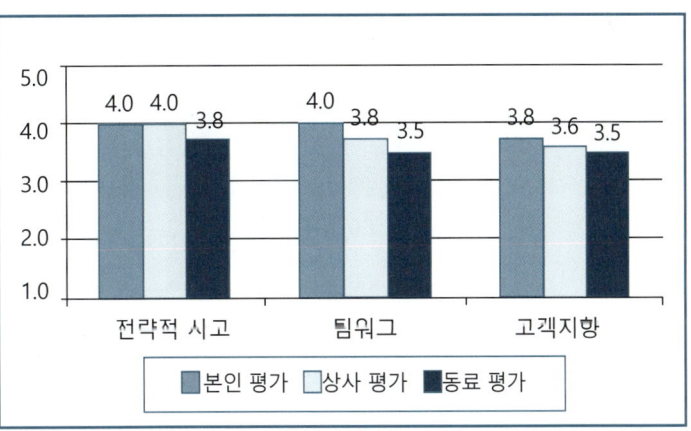

상사 평가	• 주무관에게 기대되는 역량 3개 모두 보통 이상의 수준을 보유함 • 보다 객관적인 측면에서 자신과 상황을 바라보고 일을 대하는 측면의 개발이 요구됨
동료 평가	• 언제나 열정이 넘치는 모습은 긍정적임 • 때로는 자기확신이 지나쳐 후배들에게 피드백(지적, 부정적인 내용)이 과한 측면이 있음
종합 의견	• 자신의 의견에 대한 확신도 좋고, 일에 대한 에너지도 긍정적이나 후배 직원에게 피드백을 제공하는 장면에서 보다 세심한 배려가 요구됨

14-1. [프로필] 심사3팀 후보군(1/2)

성명	장 한 영	
생년월일	1977.04.14.	
소속/직책	심사3팀/사무관	
조직 내 성격 특성	▪ [평소 업무 수행 시 관찰된 강점] 　▷ 활력이 넘침, 실행력 높음, 긍정적	
	▪ [스트레스 상황에서 관찰된 약점] 　▷ 충동성이 높고, 감정기복이 심함	
면담기록 (면담일: 2021.06.08.)	▪ TFT 참여의사: 높음 　▷ TFT가 성공할 수 있도록 함께하고 싶음. 잘 할 수 있을 것 같음 ▪ 딥러닝 연수과정 파견에 대한 선호도: 높음	

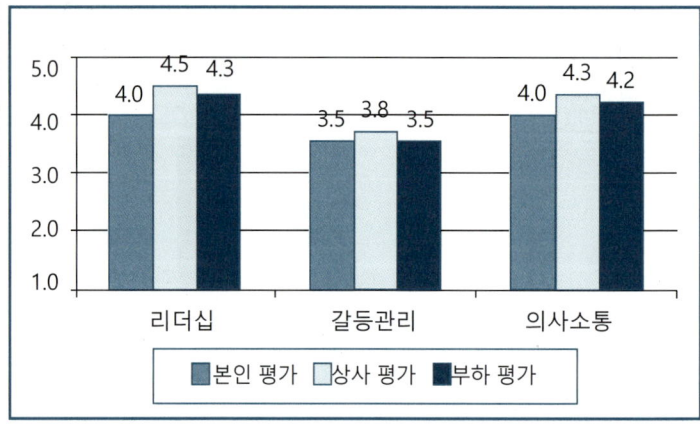

▢ 2021년도 상반기 다면평가 결과 (1~5점)

전체 평균 점수: 본인 평균 3.8점/상사 평균 4.2점/부하 평균 4.0점

상사 평가	▪ 사무관에게 기대되는 3개 역량 모두 우수한 수준임 ▪ 리더로서 긍정적인 에너지가 돋보이나 정서 조절 측면에서의 안정성은 키울 필요가 있음
부하 평가	▪ 긍정의 에너지를 느낄 수 있는 좋은 리더임 ▪ 갑작스럽게 슬럼프/우울(가정에서 안 좋은 일이 있을 경우)에 빠지는 경우가 있음
종합 의견	▪ 정서 조절의 안정성 측면의 개발이 더해진다면, 보다 더 믿음직스럽고 신뢰할 수 있는 리더로서의 역할을 잘 할 수 있을 것으로 기대됨

14-2. [프로필] 심사3팀 후보군(2/2)

성명	이 준 혁	
생년월일	1986.11.05.	
소속/직책	심사3팀/주무관	
조직 내 성격 특성	▪ [평소 업무 수행 시 관찰된 강점] ▷ 전문가/연구자 유형, 통찰력이 높음	
	▪ [스트레스 상황에서 관찰된 약점] ▷ 자신만의 세계에 갇혀 있음, 사회성 떨어짐	
면담기록 (면담일: 2021.06.08.)	▪ TFT 참여의사: 보통 ▷ IP-School에 대한 관심은 높으나 TFT 내에서도 독립적인 일이 주어지길 원함 ▪ 딥러닝 연수과정 파견에 대한 선호도: 높음	

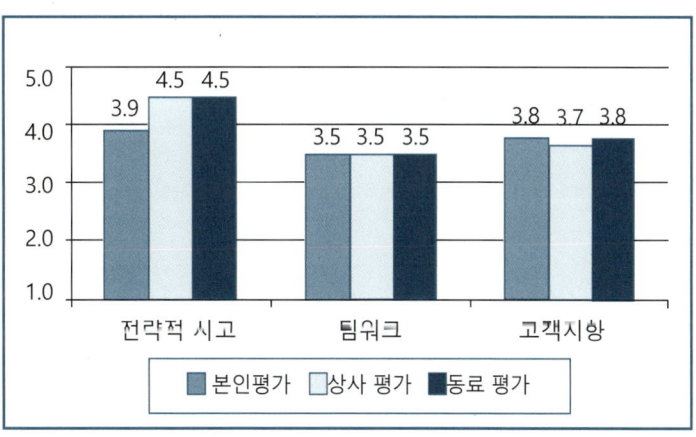

□ 2021년도 상반기 다면평가 결과 (1~5점)

전체 평균 점수: 본인 평균 3.7점/상사 평균 3.9점/동료 평균 3.9점

상사 평가	▪ 주무관에게 기대되는 역량 3개 중 사고 역량이 매우 우수함 ▪ 관계적 측면에서 타인과 더 소통을 늘려 가는 노력이 필요함
동료 평가	▪ 업무적으로 탁월한 능력을 갖고 있으나 협동해서 진행해야 하는 일에 있어서는 소극적인 측면이 아쉬움
종합 의견	▪ 일을 수행하는 과정에서 타인과 협력하여 일을 진행하는 측면의 개발이 더해진다면, 더욱 더 우수한 인재로서 성장할 수 있을 것으로 사료됨

[부록]

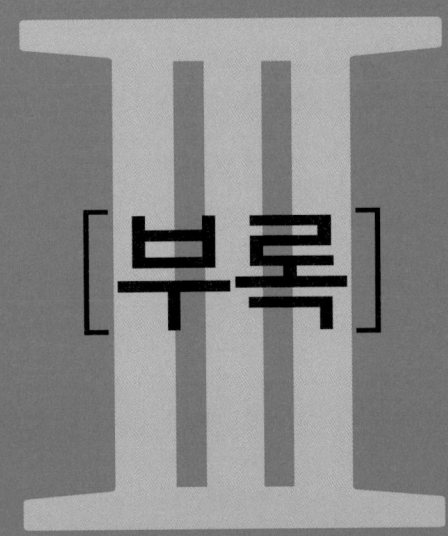

주요 정부부처/공공부문 역량평가 개요

민간기업 역량평가는 대상자, 역량모델, 시행 및 활용방안 등이 보안사항이므로 본 책에서는 관련사항 일체를 공개하지 않음.

부록 주요 정부부처/공공부문 역량평가 개요

01. 인사혁신처

대상자		고위공무원단 후보자	IB	OP	RP	GD
			○		2	○
평가역량	문제 인식	정보의 파악 및 분석을 통해 문제를 적시에 감지/확인하고, 문제와 관련된 다양한 사안을 분석하여 문제의 핵심을 규명				
	전략적 사고	장기적인 비전과 목표를 설정하고, 이를 실행하기 위한 대안의 우선순위를 명확히 하여 추진방안을 확정				
	성과지향	주어진 업무의 성과를 극대화하기 위한 다양한 방안을 구축하고, 목표 달성 과정에서도 효과성과 효율성을 추구				
	변화관리	환경 변화의 방향과 흐름을 이해하고, 개인 및 조직이 변화 상황에 적절하게 적응 및 대응하도록 조치				
	고객만족	업무와 관련된 상대방을 고객으로 인식하고, 고객이 원하는 바를 이해하고 그들의 요구를 충족시키려 노력				
	조정통합	이해당사자들의 이해관계 및 갈등 상황을 파악하고, 균형적 시각에서 판단하여 합리적인 해결책을 제시				

*OP 대신 RP를 1:1(기자 인터뷰)과 1:2(부처/부서 간 이해관계 조정)로 2회 실시

대상자		과장 후보자	IB	OP	RP	GD
			○	○	○	○
평가역량	정책기획	다양한 분석을 통해 현안을 파악하고, 개발하고자 하는 정책의 타당성을 검토하여 최적의 대안을 제시				
	성과관리	조직의 미션과 전략에 부합하는 성과 목표를 수립하고, 이를 달성하기 위해 업무 집행 과정을 점검하고 관리				
	조직관리	전체 조직 및 각 부서 간의 관계를 고려하여 목표 달성을 위한 실행계획을 수립하고, 필요한 자원을 확보하며 업무를 배분하고 조직화				
	의사소통	상대방의 의견을 경청하여 그 의미를 정확히 이해하고, 자신의 의견을 명확하고 효과적으로 전달				
	이해관계 조정	공동의 목적을 위해 다양한 이해관계자들 간의 갈등을 해결하고, 협력적인 업무관계를 구축/유지				
	동기부여	부하직원들이 같은 조직의 구성원으로서 자발적인 노력과 적극적인 자세로 업무를 잘 수행할 수 있도록 유도하고 지원				

*RP는 1:1(부하직원 면담)만 실시

*합격기준 관련하여 고공단은 역량의 평균 점수가 2.5점 이상일 경우에만 통과되나 과장급은 ① 역량의 전체 평균 점수가 2.5점 이상이거나 ② 6개 역량의 전체 평균 점수가 2.3점 이상이면서 6개 역량 중 2개 이상의 역량 점수가 3.0 이상인 경우 통과

02. 고용노동부

대상자		4급 승진후보자(300명)	IB	OP	RP	GD
			O	O	O	O
평가역량	기획력	정책, 상황 등에 대한 정보를 신속하고 정확하게 파악하여 구체적인 실행계획을 수립하는 능력				
	문제해결	업무 수행 중 발생하는 문제 및 애로점 등을 신속·정확하게 파악하고, 업무가 중단되지 않도록 조치 또는 대안을 제시하는 능력				
	의사소통(조정통합)	조직 내에서 상호간의 의견 교환이나 업무 수행상 협조가 원활하게 이루어지고 공동의 목표로 조율될 수 있도록 적극적 상호이해의 과정을 거쳐 최적의 안을 마련해 나가는 능력				
	리더십	조직의 목표를 설정하고 그 추진 과정에서 발생하는 다양한 이해관계자와의 관계를 원활하게 형성하여 목표를 달성하는 능력				

대상자		5급 승진후보자(300명)	IB	OP	RP	GD
			O	O	O	
평가역량	기획력	4급의 역량 행동 정의와 동일				
	문제해결					
	의사소통(조정통합)					
	리더십					

*RP는 1:2 방식으로 실시

03. 서울시

대상자		5급 승진후보자(500명; 10개, 기수별 50명씩)	IB	OP	RP	GD
			O		O	
평가역량	정책기획	새로운 정책을 입안하기 위해 현안에 대한 문제를 인식하고 이것을 해결하기 위한 다양한 대안을 제시하며, 이를 논리적으로 체계화하여 정책 수립				
	성과지향	정책 집행을 위해 세부 실행계획을 수립하고, 업무 달성 정도를 수시로 확인하며, 적극적으로 업무를 추진하여 목표에 부합하는 성과 도출				
	변화관리	조직 내·외부의 행정환경 변화를 적극적으로 수용하여, 필요한 업무 개선사항을 제시하고 구성원들이 이 과정에 적극적으로 참여할 수 있는 분위기 조성				
	협의조정	협의 또는 조정 상황과 관련된 이해관계자의 입장을 파악하고 이를 조정할 수 있는 기준 및 근거를 수립하여 균형 있는 협의·조정안 제시				
	의사소통	상대방의 의견을 경청하여 의도를 정확하게 파악하고, 상대방의 특성을 고려한 적절한 대화 방법 및 태도를 통해 자신의 의견을 논리적으로 전달				

*특이사항: IB 240분 실시

*서울시 5급 후보자 역량평가는 2번에 걸친 평가참여 기회가 제공되며, 2회 중 보다 높은 점수를 통해 상위득점자를 선발하고 있다. 많은 피평가자들이 그만큼 열심히 준비하고 있으나, 잘못된 방식으로 공부하고 있어 안타깝다. 예를 들어 답안 분량이 많아야 한다거나(fact. 평가위원은 단순히 분량 많은 답안을 좋아하지 않음), 평가역량별 답안 구성 카테고리가 정해져 있다거나(fact. 이는 평가위원도 모르는 답안 작성 방식임) 하는 등 잘못된 스터디가 성행하고 있다. 역량평가는 결국 문제해결 관점에서 접근해야 하는데 많은 피평가자들은 요령 암기 관점에서 속도전만 추구하여, 점차 높은 득점을 받기 어려워하는 모습이다.

04. 부산시

대상자		3급 승진후보자(32명)	IB	OP	RP	GD
			O		O	
평가역량	비전 제시	시정 방향을 인식하고 자신이 속한 조직(국)이 나아가야 할 방향과 모습을 설정하여 구성원들과 공유하고자 노력한다.				
	통합적 사고	정책적 문제 해결을 위해 상황을 면밀히 파악하고, 정책적 문제의 본질을 규명하며 다양한 관점에서 사고한다.				
	조직관리	조직 운영의 원칙과 방침을 설정하고 이를 일관되게 실행하며, 구성원 간 신뢰·협력 관계를 구축한다.				
	의사결정	결정에 필요한 다양한 정보를 수집·분석하고 대안들을 합리적으로 비교하여 시의적절하게 의사결정을 한다.				
	의사소통	상대방의 의견을 적극적으로 경청하여 그 의미를 정확히 이해하고, 자신의 의견을 명확하고 효과적으로 전달한다.				
	조정통합	현안과 관련된 이해당사자를 확인해 이해관계를 조정하고, 대내·외적 네트워크를 통해 우호적인 관계를 구축·유지한다.				

*특이사항: IB 120분 실시

대상자		4급 승진후보자(96명)	IB	OP	RP	GD
			O		O	
평가역량	방향 제시	시정 방향을 인식하고 자신이 속한 조직(과)가 나아가야 할 방향과 모습을 설정하여 구성원들과 공유하고자 노력한다.				
	정책기획	주어진 문제에 대한 정보를 수집, 분류, 정리하여 정책 및 업무의 방향성에 맞는 최적의 대안을 논리적·체계적으로 구성한다.				
	성과관리	소속 조직(과)의 전략에 부합하는 성과 목표를 수립하고, 이를 달성하기 위한 과정을 지속적으로 점검·관리하며 조직의 성과를 극대화하기 위한 방안을 모색한다.				
	실행력	담당하는 업무 목표를 성과적으로 완수하기 위해 인적·물적 자원 활용 및 제약조건을 극복해 주도적으로 주어진 과제의 목표를 달성한다.				
	구성원 육성	구성원 육성의 필요성을 인식하여 구성원의 역량 향상 및 동기 유지를 통해 발전할 수 있도록 지속적인 관심을 가지고 성장을 지원한다.				
	의사소통	상대방의 의견을 적극적으로 경청하여 그 의미를 정확히 이해하고, 자신의 의견을 설득력 있게 전달한다.				

대상자	5급 승진후보자(96명)	IB	OP	RP	GD
		O	O	O	O
평가역량	2017년 역량모델링 확정 후 현재 미공개				

05. 대구시

대상자		5급 승진후보자	IB	OP	RP	GD
			O		O	
평가역량	정책기획	정책 현안 및 핵심 쟁점을 명확하게 파악하고, 달성해야 할 정책 목표를 설정하며, 실현 가능한 추진방안을 수립하는 역량				
	협업	원활한 소통을 통해 조직 내부 및 타 기관 이해관계자들의 입장 차이를 파악하고, 합리적이고 수용 가능한 협의안을 제시하고 조정하는 역량				
	성과관리	조직의 성과 목표를 도전적으로 설정하고, 구체적인 실행계획을 수립하며, 구성원을 동기부여하고 업무 과정을 관리함으로써 성과 목표를 달성하는 역량				
	시민소통	시민의 의견을 경청하여 핵심 니즈를 명확하게 파악하고, 시정 및 현안 정책들에 대한 정확한 정보를 효율적인 방법으로 전달하고 적극적으로 홍보하는 역량				
	협치	협치와 관련된 쟁점사항을 파악하고, 민관 소통채널을 구축하며, 민관 공동경영 과정에서 발생하는 문제를 해결하면서, 다양한 민관 네트워크를 유지·확대해 나가는 역량				
	변화관리	변화가 필요한 부분을 파악하고, 변화 대상자들이 적극적으로 변화에 참여할 수 있도록 환경을 조성하며, 변화에 저항하는 사람들은 이해와 설득을 통해 변화를 추진해 나가는 역량				

06. 보건복지부

대상자		5급 승진후보자	IB	OP	RP	GD
			O	O	O	O
평가역량	문제 인식	현안 및 문제 상황과 관련된 다양한 정보를 종합적으로 분석하여 문제의 핵심을 명확하게 규명하는 역량				
	정책기획 및 집행	사안의 타당성과 실효성, 예상 문제점, 이해관계자, 구성원의 역량 수준, 업무 수행을 위해 필요한 전략 등 충분한 사전준비와 분석을 통해 종합적으로 정책을 기획하고 집행할 수 있는 역량				
	성과관리	정책 목표를 달성하고 성과를 극대화하기 위해 업무 추진 과정을 점검 및 관리할 수 있는 역량				
	협의 및 조정	이해관계자들의 입장과 쟁점사항을 파악하고 합리적인 조정안을 제시하여 대립 상황을 중재하고 적절한 합의점을 도출해 내는 역량				
	협력 및 팀워크	부서의 목표를 달성하기 위해 필요한 정보를 공유하고 부서원들과 원만한 관계를 바탕으로 서로 협력하여 시너지 효과를 이끌어 내는 역량				
	의사소통	상대방의 의견을 경청하여 언급한 내용의 의도를 정확하게 이해하고 자신의 생각과 의견을 효과적으로 전달하는 역량				

*GD 과제에 한해 직렬(행정직/간호직)별 상이한 과제 적용

07. 환경부

대상자		사무관/연구관 승진후보자(50~60명)	IB	OP	RP	GD
			O	O	O	O
평가역량	문제 인식 및 해결	수집한 정보 간의 연계성을 파악하여 발생 또는 대비할 문제를 적시에 파악하고 사안의 성격, 발생원인, 문제의 핵심을 파악하여 향후 피해를 최소화할 수 있는 효과적인 해결책을 도출하는 역량				
	조정통합	다양한 기관/부서 또는 외부 이해당사자들의 이해관계 및 갈등 상황을 파악하고 갈등을 해소하기 위해 효과적으로 설득하며, 명확한 기준 및 근거를 세워 균형 있는 조정안을 제시하는 역량				
	의사소통	상대방의 의견을 명확히 이해하고 경청하며, 자신의 의견을 논리적이고 효과적인 표현을 통해 전달하는 역량				
	전략적 사고	주어진 상황을 통합적인 시각과 장기적인 관점으로 바라보고 이를 바탕으로 향후 실행계획의 우선순위를 명확히 하여 구체적인 추진계획을 수립하는 역량				
	고객지향	업무와 관련된 내/외부의 대상 및 국민을 고객으로 인식하고 고객이 원하는 바를 명확히 이해하며, 업무 수행의 결과가 고객의 요구를 충족할 수 있도록 노력하는 역량				
	성과관리	행정위주의 사고에서 벗어나 실질적 업무 성과 향상을 위해 도전적인 목표를 설정하고, 업무 진행 과정을 지속적으로 점검하여 보다 높은 성과 목표를 달성할 수 있도록 관리하고 개선하는 역량				

08. 농림축산식품부

대상자		4급 승진후보자(36명)	IB	OP	RP	GD
			O	O	O	O
평가역량	정책기획	다양한 분석을 통한 현안 파악 및 개발하고자 하는 정책의 타당성을 검토하여 정책 실행을 위한 최적의 대안을 제시하는 역량				
	성과관리	조직의 미션과 전략에 부합하는 성과목표를 수립하고, 이를 달성하기 위해 업무 방향을 제시하고 업무 집행 과정을 점검하고 관리(모니터링)하는 역량				
	조직관리	내외부 환경을 이해하고 전체 조직 구조 및 각 부서 간의 관계를 고려하여, 목표 달성을 위한 실행계획을 수립하고 필요한 자원을 확보하며, 업무를 배분하고 자원을 조직화하는 역량				
	의사소통	상대방의 의견을 경청하여 그 의사를 정확히 이해하고 자신의 생각과 의견을 명확히 효과적으로 전달하는 역량				
	이해관계 조정	공동의 목적을 위해 다양한 이해관계자들 간의 갈등을 파악하여 해결하고 협력적인 업무관계를 구축, 유지하는 역량				
	동기부여	부하직원들의 특성을 파악하여 이들이 같은 조직의 구성원으로서 자발적인 노력과 적극적인 자세로 업무를 잘할 수 있도록 유도(피드백)하고 지원(관심과 격려)하는 역량				

09. 국가보훈처

대상자		5급 승진후보자(30명)	IB	OP	RP	GD
			O	O	O	
평가역량	효과적 피드백	동료 및 부하직원들의 업무 수행을 잘 파악하여 적절하게 칭찬, 격려 및 비판을 제공				
	의사결정	관련 정보의 체계적인 분석을 통하여 해결방안을 도출하고 구체적 사실, 논리적 직관 등을 토대로 시의적절하고 합리적인 의사결정을 내림				
	업무관리 및 조정	계획에 맞춰 적절히 업무를 배분하고 국·과 혹은 팀 간 업무 중복을 조정하며 예기치 못한 위기·돌발상황 발생 시 조직 간 갈등이 발생하지 않도록 중재				
	정책문제 인식 및 해결	정책 방향을 정확히 이해하고 이를 관할 부서 정책과 연계하여 소속 구성원들이 혼란 없이 한 방향으로 수행할 수 있도록 가이드				
	창의적 업무 수행	고정관념에 얽매이지 않고 문제의식을 바탕으로 여러 관점에서 사고하여 획기적이고 창의적인 방법을 적용				
	의사소통	우호적인 분위기에서 상대에게 자신의 의도를 명확하게 이해시키거나 상대의 의사를 경청하면서 의도를 정확히 이해하는 능력				

10. 산림청

대상자		5급 승진후보자(30명)	IB	OP	RP	GD
			O			O
평가역량	상황 인식	문제 상황과 관련된 다양한 요소들을 고려하여 문제의 원인을 명확하게 정의하고 이에 적합한 대안을 도출하고 선별하는 능력				
	기획력	새로운 정책안이나 문제 해결방안에 대하여 기대효과나 장애요인을 고려한 구체적이고 현실적인, 시행 가능한 계획으로 수립하는 능력				
	의사소통	정확한 정보를 누락이나 왜곡 없이 적절한 방법을 통해 상·하급자에게 효과적으로 전달하는 능력				
	분석력	다양한 형태의 자료를 정확하게 이해하고 이를 효과적으로 정리하며, 자료 간의 관계를 파악하여 의미 있는 결론을 도출하는 능력				
	조정능력	이해관계자들의 입장을 파악하고, 조정이 필요한 쟁점을 규명하여 합의점을 도출할 수 있는 능력				

11. 특허청

대상자		과장 후보자(12명)	IB	OP	RP	GD
			O	O	O	O
평가역량	목표 제시	• 목표 공유 • 목표 실제화				
	조직원 육성	• 성장을 위한 동기부여 • 피드백 제공				
	정책기획	• 분석 및 현안 파악 • 최적의 대안 수립				
	성과관리	• 성과목표 수립 • 업무 과정 점검 및 관리				
	의사소통	• 적극적 경청 • 명확한 의사전달				
	이해관계 조정	• 이해관계자 요구 파악 • 조정과 설득				

*특허청은 기본/리더십/직무 역량을 구분하여 역량모델링을 구성하였으며, 평가대상직급에 따라 차등 적용

대상자		5급 승진후보자(25명)	IB	OP	RP	GD
			O	O	O	O
평가역량	목표 설정/관리	• 상위 목표와의 연계 • 목표의 구체성				
	계획 수립 및 업무조직화	• 업무 단위에 대한 정확한 이해·분류 • 업무 우선순위 확인 및 위계화				
	구두 의사소통	• 쉽고 명확한 의사전달 • 상대 의견에 주목하고 경청				
	문서 의사소통	• 일목요연하고 간결한 표현 • 문서 작성 및 독자에 대한 명확한 이해				
	서비스지향	• 고객 반응 이해 및 요구 파악 • 고객 요구에 대한 사전 확인				
	분석적 사고	• 문제에 대한 명확한 정의 • 자료를 분석하여 구조화				
	팀워크/협동	• 공동 목표에 대한 신뢰와 협력 • 개인보다 조직 목표가 우선				

대상자	7급 승진후보자(10명)	IB	OP	RP	GD
			O		O
평가역량	5급 승진후보자와 동일				

12. 국민건강보험공단

대상자		1급 승진후보자(70명)	IB	OP	RP	GD
			○			○
평가역량	조직문화 구축	다양한 소통 기회를 통해 구성원 간 협력적인 분위기를 조성하여 갈등을 예방하고 관리하는 역량				
	비전 제시 및 공유	변화의 필요성에 대한 인식을 바탕으로 전사적인 관점에서 나아가야 할 방향을 제시하고 공유 및 전파하는 역량				
	전략적 사고	현상 및 상황에서 의미 있는 시사점을 파악하고 이에 대응할 수 있는 최적의 대안을 선택하는 역량				
	성과 창출	조직의 성과 목표를 관리하고, 공정한 성과평가체계를 통해 성과 목표를 관리하는 역량				
	네트워크 구축 및 활용	조직 내·외부 이해관계자들과의 관계를 구축 및 관리하기 위해 다양한 활동에 참여하고, 필요시 효과적으로 활용하는 역량				

*IB, GD와 함께 BEI(심화면접) 실시

대상자		2급 승진후보자(240명)	IB	OP	RP	GD
			○			○
평가역량	구성원 관리 및 육성	구성원의 역량 강화를 위해 필요한 자원을 제공하고, 성과 및 노력에 대해 인정함으로써 동기부여 하는 역량				
	갈등관리	팀 간 혹은 타 부서 간에 발생한 갈등 상황을 파악하여 조정하고 해결하는 역량				
	성과관리	성과관리를 위해 구체적인 업무 방향을 제시하고, 실행 과정을 관리하고 점검하는 역량				
	고객만족	고객만족을 향상시키기 위한 적합한 방안을 도출하고 실행 및 관리하는 역량				
	소통	능동적 의사소통을 통해 구성원들의 의견을 경청하고 공감하며, 제시된 의견에 대한 적절한 피드백을 제공하는 역량				

*IB, GD와 함께 BEI(심화면접) 실시

대상자		3급 승진후보자(170명)	IB	OP	RP	GD
평가역량	팀워크 구축 및 관리	구성원 간 소통을 촉진시키기 위한 다양한 기회를 마련하고, 갈등관리 및 의견 조율을 위해 주도적으로 역할을 수행하는 역량				
	구성원 육성 (동기부여)	학습 기회를 제공하거나 개별적 업무지도를 통해 구성원 업무역량을 증대시키며, 칭찬과 격려를 통해 동기부여 하는 역량				
	업무전문성	업무전문성을 향상시키기 위해 지속적으로 노력하며, 문제해결 및 업무 처리에 있어 솔선수범하는 역량				
	성과관리	담당 조직의 성과 목표를 설정하여 실행계획을 수립하고, 목표 달성 과정을 점검 및 관리하는 역량				

*3급은 BEI(심화면접)만 실시

13. 국민연금공단

대상자		1급 승진후보자(15명)	IB	OP	RP	GD
			O	O		O
평가역량	전략적 사고력	현상 및 상황에 대한 분석을 바탕으로 문제의 핵심을 도출하고 전사적, 장기적 관점에서 대안을 개발, 의사 결정하는 역량				
	비전 제시 능력	조직 내/외부 환경의 변화를 예측/파악하여 조직이 나아가야 할 방향을 제시하는 역량				
	성과 창출 능력	조직의 성과 창출을 위해 핵심 과제를 도출하고 성과창출 과정에서 예상되는 장애요인을 극복하는 역량				
	조정·통합 능력	조직 내/외부 이해당사자들의 이해관계 및 갈등 이슈를 파악하고 적극적으로 개입하여 조정안을 제시하는 역량				
	조직 리더십	조직 목표 달성을 위해 네트워크를 구축/활용하고 효과적인 조직운영을 위해 자원을 배분하며 후계자를 육성하는 역량				

대상자		2급 승진후보자(45명)	IB	OP	RP	GD
			O	O		O
평가역량	전략적 변화관리 능력	구성원들에게 변화의 필요성을 전파하고 참여를 독려하며 저항에 대한 극복방안을 제시하는 역량				
	성과관리 능력	성과를 극대화하기 위해 구체적인 방안을 제시하고, 효과적으로 역할/업무를 분장하는 역량				
	갈등관리 능력	조직 내부 갈등의 소지를 사전에 방지하고 발생 시에는 효과적으로 대응하며, 향후 재발 방지 및 관계 개선을 위해 지속적으로 노력하는 역량				
	부하 육성 능력	구성원들에게 필요한 자기개발 기회를 제공하고 행동 변화 방향 및 경력 경로를 제시하여 성장할 수 있도록 지원하는 역량				
	팀리더십	협력적인 조직문화를 형성하기 위해 노력하고 구성원들의 역량을 최대한 발휘할 수 있도록 칭찬하고 공정하게 평가/보상하는 역량				

대상자		3급 승진후보자(160명)	IB	OP	RP	GD
			O			
평가역량	변화 실행 능력	조직의 변화를 수용하고 이를 실행하기 위해 주도적 역할을 하는 역량				
	실행관리 능력	목표 달성을 위한 세부 실행계획을 수립하고 실제 업무 수행 과정을 지속적으로 관리하는 역량				
	팀워크 촉진 능력	공통의 목표 달성을 위해 구성원들이 상호 협력하도록 팀워크를 촉진하는 역량				
	부하 지도 능력	효과적인 업무 수행을 위한 방법을 제시하고 학습활동을 지원하는 역량				
	동기부여 능력	구성원 개개인의 특성 및 장단점을 파악하고 적극적인 자세로 업무를 잘 수행할 수 있도록 격려하고 힘을 북돋아 주는 역량				

14. 건강보험심사평가원

대상자		3급 승진후보자(130명)	IB	OP	RP	GD
				○	○	
평가역량	합리적 판단	객관적 기준으로 상황을 판단, 목표달성을 위한 최적의 대안, 실행방안을 모색해 나가는 역량				
	기획력	목표달성을 위해 각종 지식과 정보를 활용하여 실행 가능한 대안을 기획하는 역량				
	팀워크 구축	상하구성원들 간의 상호 입장을 전달하고 조율하여 안정적인 부(팀) 분위기를 조성하는 역량				

*심평원은 중간관리직급의 병목현상이 두드러진 탓에 직군별로 약 1:4 경쟁률의 상위득점자 선발방식을 적용하고 있다. 도입 첫 해인 2020년 역량평가를 진행하며 역량평가에 대한 노하우 부족으로 인해 ① 평가대상자가 5시간 정도 대기만 한다거나, ② 납득하기 어려운 평가역량 세팅(ex. 보고서 작성이 중요하지 않은 직군 다수), ③ 역량평가 취지에서 벗어난 일관성 없는 평가기준 적용 등 많은 시행착오를 겪고 있다.

15. 농식품공무원교육원

대상자		5급 승진후보자(108명)	IB	OP	RP	GD
			O	O	O	O
평가역량	기획력	다양한 요인을 고려하여 조직의 목표, 미션, 비전과 부합하는 대안을 제시하고 구체적인 실행방안을 수립함				
	논리적 사고	현재의 상황 또는 문제점들을 세부요인별로 분석하여 각 요인들의 관계를 파악하고, 각 요인들의 특성을 비교분석하여 대안을 마련함				
	문제해결능력	발생된 문제를 둘러싼 다양한 요소들을 고려하여 해결방안을 제시하며, 사전예방책도 고려함				
	조정능력	이해관계자들의 입장을 파악하고, 조정이 필요한 쟁점을 규명하여 합의점을 도출함				
	의사소통능력	소속 조직의 정책 방향을 명확히 이해하고, 이와 연계하여 업무의 목표와 방향을 상사, 부하, 동료에게 효과적으로 전달, 지도함				
	고객지향	업무와 관련된 내·외부 대상을 고객으로 인식하고 고객이 원하는 바를 명확히 이해하며, 업무 수행의 결과가 고객의 요구를 기대 이상으로 충족할 수 있도록 노력함				

대상자		6급 승진후보자	IB	OP	RP	GD
평가역량	주인의식	부서장의 입장에서 부서의 환경을 이해하고 전략적 방향을 판단하거나 수용하여 해결방안을 스스로 제시한다.				
	협조/협력	조직의 문제를 해결하거나 성과를 향상하기 위해 상사 및 동료와 협조적인 관계를 형성하고 각자의 역할에 따라 책임을 다하며 협력적으로 행동한다.				
	업무전문성	자신에게 주어진 업무의 현안을 정확히 파악하고 현안 문제에 대한 적합한 해결책을 찾기 위해 다양한 전문지식과 역량을 갖추어 성과를 창출하려고 노력한다.				
	자기개발	자신의 비전과 목표를 설정하고 이를 성취하기 위해 끊임없이 학습하고 자신의 성과에 대한 피드백을 통해 자신의 역량을 개발한다.				
	창의적 업무 수행	기존의 업무 방식에 만족하지 않고 새로운 방식을 적용하여 창의적으로 업무를 수행한다.				

16. 전남 교육청

대상자		5급 승진후보자(60명)	IB	OP	RP	GD
			○			○
평가역량	정책기획	역량 행동 정의는 공개하지 않음				
	성과관리					
	협력관계 구축					
	팀관리/동기부여					

*IB, GD와 함께 업무실적을 평가하기 위해 BEI를 실시
*교육전문직원(80명) 선발 시에는 BEI, GD를 실시하며, 이때는 인성과 함께 문제규명 및 대안 제시, 업무추진력, 갈등 사태에 대한 조정, 소통/협동적 관계 구축 등의 역량을 평가

17. 대구시 교육청

대상자		학교장 승진후보자(80명)	IB	OP	RP	GD
			○		○	○
평가역량	비전 제시 및 공유					
	문제해결 및 위기대응					
	인사관리					
	성과관리					
	조정통합					
	의사소통					

18. 부산시 교육청

대상자		5급 승진후보자(80명)	기획보고서	면접
			○	○
평가역량	문제해결			
	변화 주도			
	성과관리			
	고객만족			
	소통/협력			

*기획보고서 180분 작성(질의응답 없음), 구두평가 1인당 20분

19. 통계교육원

대상자	4급 승진후보자(36명)	IB	OP	RP	GD
		○	○	○	○
평가역량	정책기획				
	성과관리				
	조직관리				
	의사소통				
	이해관계 조정				
	동기부여				

20. 기상청

대상자	5급(연구관) 승진후보자(60명)	IB	OP	RP	GD
		○	○	○	○
평가역량	문제해결				
	업무추진력				
	팀워크				
	이해관계 조정				
	의사소통				

21. 해양수산부

대상자	5급 승진후보자(25명)	IB	OP	RP	GD
		○	○	○	○
평가역량	업무기획				
	현안대응				
	고객지향				
	팀워크지향				
	갈등관리				

22. 중앙선거관리위원회

대상자		5급 승진후보자(130명)	IB	OP	RP	GD
평가역량	기획력		○		○	
	상황인식 및 판단력					
	의사소통능력					

*약 1:4 경쟁률의 상위득점자 선발방식으로서, 2020년부터 평가과제 유형을 바꿔 적용하고 있다(기존. IB & RP →. 변경. IB, RP). 선관위 IB는 전통적인 서류함이라기보다 OP 과제에 가까운 것으로 볼 수 있으며, RP 과제 또한 OP 과제를 베이스(단, 당연히 답안작성 없이 대화만 진행)로 하고 있어 과제 자체만 놓고 본다면 상당히 단순한 형태이다.

Assessment Center 역량평가 실전특강

Assessment Center 역량평가 실전특강

서울고시각
수험서의 NO.1

편저자 약력

안정석

- 한국의 역량평가 도입부터 현재까지 여러 정부부처/교육청/공사/대기업 역량평가에서 주요 활동을 수행한 국내 유일의 역량평가 실전 전문가

| 주요 활동 |
① 평가과제 개발
② 역량평가 위원
③ 사전교육 강사
④ 역량모델링 및 평가제도 구축

 http://blog.naver.com/acdckorea    acdckorea@naver.com    ID: acdckorea

도움 이준걸
- 법학 학사, 산업 및 조직심리학 석사
- 리더십/역량평가 코칭 회사인 잇셀프컴퍼니 대표
- 직장 내 성격검사(Workplace personality inventoty) 개발

 http://blog.naver.com/itselfcompany

역량평가 실전 특강

인쇄일 2025년 1월 15일
발행일 2025년 1월 20일

편저자 안정석
발행인 김용관
발행처 ㈜서울고시각
주　소 서울시 마포구 양화로7길 83 2층(데이비드 빌딩)
대표전화 02.706.2261
상담전화 02.706.2262~6 | FAX 02.711.9921
인터넷서점·동영상강의 www.edu-market.co.kr
E-mail gosigak@gosigak.co.kr
표지디자인 이세정
편집디자인 김수진, 황인숙
편집·교정 이대근

ISBN 978-89-526-3724-6
정 가 20,000원

• 이 책에 실린 내용에 대한 저작권은 ㈜서울고시각에 있으므로 무단으로 전재하거나 복제, 배포할 수 없습니다.